アソシエイト
法学
【第2版】

大橋憲広・後藤光男
関 哲夫・中谷 崇

Norihiro Ohashi, Mitsuo Gotoh,
Tetsuo Seki, & Takashi Nakaya

法律文化社

はしがき

　本書は，法学・日本国憲法を初めて学ぶ学生，市民を読者として書かれています。法律や法学というと「硬い」とか「とっつきにくい」といったイメージを抱きがちですが，それは，人々の日常生活からみた法律の一面ではありますが，どの領域においても専門性の中に分け入ろうとするときには，初めの一歩は，同様ではないでしょうか。本書は一見，むずかしいという印象をもたれがちな法学への入口として親しみやすい形で始めています。初学者がむずかしいと考えがちなところをできるだけ予想して，わかりやすく導くことをめざしています。書名である『アソシエイト法学』のアソシエイトとは「初学者とともにある」，「寄り添う」という執筆者の思いを表しており，また読み進むにしたがって高度な内容まで至ることができるようになっています。

　Ubi societas ibi ius.（社会あるところに法あり）という法諺があります。法は社会の支配権力の成立とともに古い社会規範ですが，現代においては，法が社会のあらゆる領域に浸透しているという現象がみられます。古くは，宗教や道徳によって規律されていた，例えば家族や親密な関係にある人々の関係でも，法律によって規律されるようになりました。急速に進みつつある経済や科学技術の領域でも同様のことがみられます。AI関連法なども今後整備されることになるでしょう。このように現代においては，膨大な数の法が存在しています。そのうちで重要かつ基本的なものが，憲法，民法，刑法，商法，民事訴訟法，刑事訴訟法の六法ですが，本書では前三者に法分野を絞ってそれらの骨格的構造を理解します。さらに，法律は，「書かれてある」ばかりではなく社会の中で実際に働いています。そのプロセスには，裁判所があり，実際に法律を取り扱う裁判官，弁護士，検察官などの法の専門家がいます。これらについて知らなければ，社会における実際の法の全体像はつかめません。これらも取り上げています。

　法は，一面では技術であり，実務では戦略的に考えることも必要ですが，普遍的な基盤もあります。法の理念のうちでは，正義が代表的なものですが，それらにも配慮しています。法の実際を広くみるために外国の事情にもいくつか

触れています。

　本書は，5つの部からできています。第1部は，あらゆる法律に共通する内容で，法律用語，法律の条文の読み方，法と法律の違い，判決，そして法を解釈することについて取り上げています。第2部は，日本国憲法をこれも具体的な事件を多く挙げながらみます。また，民主主義のあり方として，権力分立や，アメリカの大統領制とイギリスの議院内閣制についても考えます。第3部は，日常生活に密接に関係している領域である民法です。民法の意味するところは，ドイツ語の Bürgerliches Recht，つまり「市民の法」です。サー・ヘンリー・メインは，社会の推移を「身分から契約へ」と特徴づけています。契約と不法行為，そして相続・家族を取り上げます。第4部は，刑法で犯罪と刑罰について学びます。犯罪に巻き込まれる人は少ないかもしれません。しかし，誰でも犯罪に巻き込まれる可能性はあります。そして，裁判員裁判では，市民が犯罪や刑罰について考え，判断しなければならない機会もあります。専門用語が多いかもしれませんが，一緒に考えましょう。そして第5部は，裁判所と法律家を取り上げます。

　最後に，法は「書かれてあるもの」ですから，実際の法律条文にあたる必要が多いと思います。本書とともに，ぜひ，簡単な六法全書を傍らに備えて参照されることをお勧めします。さあ，楽しみながら法の世界に入りましょう。

　　2016年8月　　　　　　　　　　　　執筆者を代表して　大橋　憲広

【第2版刊行にあたって】

　第2版では，データを最新のものとしたほかに，第3部民法は，重要な改正があった債権および相続に関する部分について，契約不適合，遺産分割のうちの預金債権の仮払い，配偶者居住権、遺留分侵害額請求などを改正に合わせて改訂しました。

　末尾ではありますが，初版刊行から今日に至るまで，著者たちの作業を寛容をもって対応してくださった法律文化社の田靡純子社長，編集部の方々に厚く感謝いたします。

（2019年12月）

目　次

はしがき

第4部┃刑　　法

第5部┃裁判所と法律家

第1部┃法・法学

1講 法律の条文を読み解く

①法律条文のむずかしさ

「私はその人を常に先生と呼んでいた。だから此処でもただ先生と書くだけで本名
は打ち明けない。これは世間を憚る遠慮というよりも，その方が私に取って自然だ
からである。私はその人の記憶を呼び起こすごとに，すぐ『先生』と云いたくなる。
筆を執っても心持は同じことである。余所々々しい頭文字などはとても使う気にな
らない。」

　この文を読んだことがある人も多いのではないでしょうか。夏目漱石の『こ
ころ』の冒頭部です。文学作品（小説）です。現代の表現から見れば，やや古
い言い回しがありますが，ここで表現されている内容は，容易に理解できるで
しょう。

　次に法律の条文を見てみましょう。いくつかの法律条文を取り上げます。日
本国憲法の条文と民法の条文を見ましょう。

日本国憲法第13条
すべて国民は，個人として尊重される。生命，自由及び幸福追求に対する国民の権
利については，公共の福祉に反しない限り，立法その他国政の上で，最大の尊重を
必要とする。

　基本的人権を定めた憲法の中の1つの条文です。これを読めば，言葉として
は，哲学の言葉や科学技術の専門用語が使われているわけではありませんから，
だいたいの意味は理解できます。

民法第5条
未成年者が法律行為をするには，その法定代理人の同意を得なければならない。（以
下略）

　この条文では，一応わかる言葉と，日常使われている言葉として受け取ると

なんとなくしっくりしない言葉があるのではないでしょうか。「未成年者」や「法定代理人」は，とりあえずは理解できる言葉ですが，「法律行為」となると「法律」と「行為」という言葉はわかるとしても，それぞれを国語辞典で調べて，組み合わせても意味がわかりません。もっとも「法律行為」という言葉で，国語辞典に出ていることもあります。ただ，あまり日常的には使われない言葉です。法律行為とは，ある法律用語辞典の項目冒頭には「一定の法律効果を欲する者に対してその欲する通りの法律効果を生じるための仕組みないし制度」とあります。これも初めて見る人には，うまくイメージできないのではないでしょうか。法律行為という言葉は，もともとドイツ語の Rechtsgeschäft という言葉を日本語にするためにつくられたものです。ですから，日本語としては熟していないと感じられるし，わかりにくいのです。

民法第 7 条
精神上の障害により事理を弁識する能力を欠く常況にある者については，家庭裁判所は，本人，配偶者，四親等内の親族，未成年後見人，未成年後見監督人，保佐人，保佐監督人，補助人，補助監督人又は検察官の請求により，後見開始の審判をすることができる。

　この法律となると，よく理解できる言葉の方が少ないのではないでしょうか。この条文で使われている言葉（概念）は，外国から輸入され，それをもともとなかった日本語の形にしたことによるのとは，別の理解のしがたさがあります。「事理を弁識する能力」とは，自らの行っている行為の結果が理解できる判断能力のことです。「親等」や「未成年後見監督人」などは，解説書などを見ないとすぐにはわからないでしょう。

　小説の文と法律の条文を取り上げました。法律の条文の意味をとろうとしたとき，引用した小説の文を読んだときよりも時間がかかったのではないでしょうか。それはなぜでしょう。小説の言葉が日常的に使用されている言葉であるということ以外に，次のようなことがあります。まず，文末に注目しますと，『こころ』の冒頭部分では「……打ち明けない」「……呼んでいた」とあります。これは事実を述べています。その次の表現では，「……だからである」と理由

を述べています。続いて「……云いたくなる」「……気にならない」とあり，自らの意思，感情を述べています。これは一人称で書かれた自分の視点からの叙述で，読者はそこに引き込まれていき，あたかも自分が文中の主人公（書き手）であるかのように感じ，読者としても理解しやすいからではないでしょうか。

　一般的な文章では以上のような文末表現に加えて，「……であろう」とか「……ではないか」などの推量が入ることもあるでしょう。文学的文章では，「行間を読む」などということもあります。先に見た日本国憲法13条は，法律で権利と義務にかかわることを表現していますから，正確に，厳密に意味を明らかにする必要があります。文の余韻やその言葉で表現されていないことまで想像させるようなことはありません。日本国憲法13条は，そのまま読んでも一応の意味はつかめます。ただ，例えば「国民」という言葉は，誰でも知っている言葉ですが，いわば常識で判断してよいことにはなりません。法的内容は，憲法の他の条文やその他の法律によって定められています。日本国憲法10条には，「日本国民たる要件は，法律でこれを定める」とあります。したがって「国民」という言葉は，10条に出てくる「法律」を読まないと正確な法的意味はわからないということになります。ここにいう法律は「国籍法」という法律で，出生や帰化による国籍の取得について，詳細に規定されています。法律は，いろいろ目を配らないとうまく理解できません。そして，もう少し範囲を広げると日本には，「国民」だけが住んでいるわけではありません。日本に住む外国人も多くなってきましたし，日本を旅行で訪れる外国人も増えました。そういう人たちに憲法13条は適用されるのでしょうか。外国人について，憲法はどこにも規定していません。それではどのように考えたらよいのでしょうか。法律は，普遍的に定められているといっても世の中に生起するすべての事柄に当てはまるわけではありません。ですから，法律に書いていないことは，「法律の解釈」や裁判で出された判例を手がかりに考えることになります。これらについては，後の講でみることにします。

　次に，法律の条文の理解のむずかしさの１つとなっているのは，前にみたように，小説などで事実や人間の情緒が表現されるのとは異なり，法律は「社会規範」であるということです。社会規範とは，「……せよ」とか「……しては

ならない」など人間の行動を方向づける働きをするものです。直接このような表現にはなっていなくとも規範内容や方針を示しています。

　法律には規範内容そのものとしては，文字通りには書いてありません。道徳もまた社会規範の１つですが，その内容は「人を殺してはならない」と直接的な表現で存在しています。法律の条文では，刑法199条で「人を殺した者は，死刑又は無期若しくは五年以上の懲役に処する」と記されています。道徳の表現の方が手っ取り早くすぐにわかります。法律条文には，その目的を示すものもあります。例えば，公害紛争処理法１条は「この法律は，公害に係る紛争について，あっせん，調停，仲裁及び裁定の制度を設けること等により，その迅速かつ適正な解決を図ることを目的とする」とあります。法律条文には，その法律に使われている言葉の定義を述べるものもあります。同法２条には「この法律において『公害』とは，環境基本法（平成５年法律第91号）第２条第３項に規定する公害をいう」とあります。法律の目的や言葉の定義を行う条文は，その法律全体の初めの部分にあります。

② 法律条文のしくみ

　法律の言葉には，前にみたようにその意味自体が難解なもの，他の法律を見ないとよくわからないものの他に，同じような言葉でもはっきりと区別しなければならないものがあります。また，同じ言葉でも日常用語として用いられる場合と法律の中で用いられる場合とでは意味が異なり，区別しなければならないことがあります。いくつかをみてみましょう。

　民法709条には，「故意又は過失によって他人の権利又は法律上保護される利益を侵害した者は，これによって生じた損害を賠償する責任を負う」とあります。ここで使われている「又は」は，故意と過失のどちらか１つという意味です。「又は」とほぼ同じ意味で用いられている日常用語に，「若しくは」という言葉がありますが，法律の中では両者は区別されます。「又は」は事柄を選択的に結びつけ，「若しくは」はその結びつけられた事柄の中でもう一度選択的に結びつけるときに用います。具体的な例を挙げましょう。民法238条は「境界線の付近において前条の工事をするときは，土砂の崩壊又は水若しくは汚液

の漏出を防ぐため必要な注意をしなければならない」とあり，図1のような括りになります。

【図1】

　もう1つよく出てくる言葉で，日常用語ではあまり区別されていませんが，法律条文では注意しなければならない言葉を挙げましょう。「及び」と「並びに」です。憲法19条には「思想及び良心の自由は，これを侵してはならない」として，「思想」と「良心」とが併合して結びつけられています。また民法729条は「養子及び配偶者並びに養子の直系卑属及びその配偶者とその養親及びその血族との親族関係は，離縁によって終了する」となっており，図2のような括りになります。

【図2】

　1つの条文の中で2つもしくは，それ以上の文があることがあります。例えば憲法53条は「内閣は，国会の臨時会の召集を決定することができる。いづれかの議院の四分の一以上の要求があれば，内閣は，その召集を決定しなければならない」となっています。前の文は「前段」，後の文は「後段」です。また，本文に加えて，条文の中で「ただし……」という例外を述べていることがあります。これを「ただし書き」といいます。例えば民法474条1項には「債務の弁済は，第三者もすることができる。ただし，その債務の性質がこれを許さないとき，又は当事者が反対の意思を表示したときは，この限りでない」とあります。

　法律の条文の形式的な構造は，「条」で終わるものもありますが，図3のように1つの「条」の中でいくつかに分かれる場合もあります。

【図3】

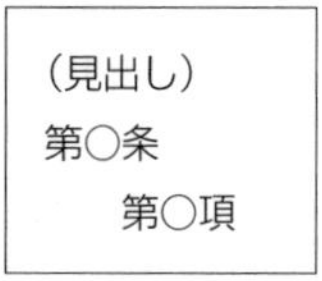

```
（見出し）
第○条
　　第○項
```

　六法全書には，このようには表記されず，項番号を，②，③……としているものもありますので，実際に見てみてください。

条文が改正された場合は,「枝番号」がつけられます。例えば,民法の特別養子に関する条文には,「第817条の2」から「第817条の11」まであります。なお,項番号には枝番号はつきません。また,すでに削除された条文には,「第〇条削除」となります。刑法には,例えば「第200条削除」となっているところがあります。

③ 法律条文の表現と法の存在形式

さて,法律は規範であり,直接間接に人間の行為を方向づけるものでした。文末表現のいくつかをみてみましょう。例えば,文字通り禁止しているものとして「……してはならない」,努力義務を定めるものとして「……よう努めなければならない」などです。ただ,これらに違反しても通常,ただちに罰せられることにはなりません。「準用する」という表現もよく出てきます。これは,同じ取り扱いをするものについて,二度同じことを言うのを避けるために使われます。民法817条には「第七百六十九条（離婚による復氏の際の権利の承継）の規定は,離縁について準用する」とありますが,民法769条が離婚について定めていることを離縁についても同じく必要な変更を加えて適用することを意味します。民法769条を見てみれば,これを他の条項（817条）でほとんど同じことをもう一度言うことは煩わしいですし,その必要もないでしょう。

日常用語として使用される言葉が,法律の中で使われると異なる意味をもつことがあります。「善意」という言葉は,法律の中では特定の事柄を「知らない」という意味で使われ,「悪意」という言葉は,これに対して「知っている」ということを意味します。民法770条1項は「夫婦の一方は,次に掲げる場合に限り,離婚の訴えを提起することができる」として,その2号として「配偶者から悪意で遺棄されたとき」を挙げています。遺棄とは,保護される必要があるにもかかわらずその必要な保護を与えないことをいいます。つまり,ここでは,そのような状態であることを「知っている」ということを意味しています。同じく例えば民法94条2項は「前項の規定による意思表示の無効は,善意の第三者に対抗することができない」とあります。

ここまでは，法律の条文の形がどうなっているかをみてきました。次に，法律はどんな形で存在しているのかということをみましょう。法の存在形式を「法源」といいます。これも普通の言葉ではありません。ドイツ語のRechtsquellen の字義通りの翻訳からきています。法として私たちが把握できるためには，何か形式を取っていなければなりません。それは何かということです。

　今日では誰でも六法全書をひも解けば，法律が読めます。しかし，歴史的にみれば，そうではありません。古くは，犯罪の疑いをかけられた者が「有罪か無罪か」を決めるのに，現代のように刑法や刑事訴訟法をみてそれに従っていたわけではありませんでした。疑いをかけられた者の手を湯の中に浸けさせて，火傷を負ったら有罪，そうでなければ無罪としていたこともありました（盟神探湯）。ヨーロッパでも同じように水や川に入れ，沈めば無罪，浮かべば有罪としていたことがあったのです。これらは，有罪無罪という法（的判断）をまず，証拠や証人によって事実を認定し，それにすでに存在している所与の法律を法の専門家である裁判官が判断するというのではなく，火傷の有無や浮沈という偶然に左右される出来事によってそのつど，有罪か無罪を決めていたのです。このような法の形をドイツの社会学者で法についても研究していたマックス・ヴェーバー（Weber, M. 1864-1920）は，「形式非合理的法の類型」といっています。つまり，形式的なメルクマール（特徴）が明確にされていない形の法類型ということです。

　現代では，立法府による法制定手続によって法律はつくり出されています。こうした法律ではないものが，法として認められる場合があります。その1つは「慣習法」です。法を制定する権力や法を制定する組織がなかった時代には，人々の日常生活や商取引は慣習規範によって行われていたことが容易に想像されます。慣習規範は，一定の条件を有すれば，国家によって効力を与えられる法規範となることがあります。現代においても「法の適用に関する通則」法3条では「公の秩序又は善良の風俗に反しない慣習は，法令の規定により認められたもの又は法令に規定されていない事項に関するものに限り，法律と同一の効力を有する」とされています。また，民法92条には「法令中の公の秩序に関しない規定と異なる慣習がある場合において，法律行為の当事者がその慣習に

よる意思を有しているものと認められるときは，その慣習に従う」とされています。これを「事実たる慣習」といいますが，ただこれらの法律の関係については，いくつかの考え方があります。

他国をみれば，イギリスやアメリカでは判例が大きな意味をもち，判決の中の重要な部分である判決理由（ratio decidendi）は先例拘束力を有します。もっともこれらの国々においても，もちろん制定された法律があり，法典化（codification）も進んでいます。

法律は立法活動によってつくられたものであり，その意味での法律を実定法（ius positivum）といっています。これとは異なる法もあるといえます。それはあらゆる時代や場所に妥当すると考えられている自然法（lex naturae）です。自然法は，欧米では人間の理性や神によってつくられた法とされています。例えば，先に挙げた「人を殺してはならない」といったものや基本的人権に属するような内容の法律です。これらは改正や廃止はできません。それでは，実定法のほかに自然法を考えることにはどのような意味があるのでしょうか。ドイツのヒトラー・ナチスが人道に反する随分ひどいことを行ったことは，よく知られているところです。しかしこうしたことは，法律を通じて行われました。ミュンヘン大学の反ナチ抵抗運動を行った学生で死刑とされた主人公を描いた映画『白バラの祈り　ゾフィーショル　最後の日々』には，当時の裁判の様子が描かれています。後に，裁判官たちは責任を問われると，「自分たちは法律がそうなっているから，それを適用しただけだ」ということができます。こうした言い分に抗するために戦後ドイツでは，「自然法」が注目されたことがあります。グスタフ・ラートブルフ（Radbruch, G. 1878-1949）の『実定法と自然法』（尾高朝雄ほか訳，東京大学出版会，1961年）が参考になります。

また，法と法律は，日本語では区別して使われることはありませんが，ヨーロッパの言語では区別されている場合があります。

法は，ドイツ語では Recht，フランス語では droit，英語では the law であり，それらには正義の価値が含まれています。これに対して法律は，ドイツ語では Gesetz で，制定されたものを意味します。フランス語では loi であり，主権者の命令という意味合いがあります。英語では明確な言葉の違いが現れませんが，法：the law と法律：law（s）となります。ポール・ニューマン主演の映画『評決』

の最後の場面で，弁護士フランキーは陪審員に向かって「You are the law.」と
いっています。陪審員の心の中にある正義に訴えようとしているのです。その
結果については，映画の鑑賞に任せることにしましょう。

さて，法の世界は何といっても「言葉（概念）」であって，似たような言葉
であっても，その違いを理解し使用することが必要であることがわかったと思
います。日常の生活からみれば，より正確に言葉（概念）にこだわっていかな
ければならないことになります。

◆参考文献
長野秀幸『法令読解の基礎知識〔第一次改訂版〕』学陽書房，2014年
林　大・山田卓生編『法律類語難語辞典〔新版〕』有斐閣，1998年
ヘルムート・オルトナー『ヒトラーの裁判官フライスラー』日水社，2017年
法制執務用語研究会『条文の読み方』有斐閣，2016年
法令用語研究会編『法律用語辞典〔第4版〕』有斐閣，2012年

2講 判決とは何か

① 判決への入口

　1講で法律の条文について考えました。刑法199条は「人を殺した者は，死刑又は無期若しくは五年以上の懲役に処する」でした。この法律の働きは，人を殺すという行為に対する禁止です。法律のこのような働きに注目するとき，法律は「行為規範」として機能しています。法律には，もう１つの働きがあります。それは，ある事案に対して紛争を解決する基準として働くという作用です。「死刑又は無期若しくは五年以上の懲役に処する」という執行は行政が行いますが，死刑から懲役５年までの間でどれくらいの重さの刑をあてるのかという判断を行うのは司法であり，具体的には裁判官です。法律のこのような働きに注目するとき，法律は「裁判規範」，つまり裁判手続において，裁判官が法律を適用し，判断（判決）を導き出す基準として機能しています。「行為規範」としての法律の働きはあらゆる人に向けられていますが，「裁判規範」としての働きは，直接には裁判官に向けられています。

　「判決」は，裁判のプロセスにおける一定の結論です。民事裁判では，そのプロセスはおおよそ次のようなものです。「民事裁判」とは，貸金の返還を求めるもの，土地の境界画定を求めるものなど一般の市民生活の中でよく生起する事件に関する訴訟です。

> （仮差押えなど訴訟提起前の手続）➡争点整理➡証拠による事実認定➡
> 裁判官の心証形成・法律の適用➡判決

　裁判で解決を求めるには，まず，訴えを提起しなければなりません。そして訴えで求める対象によって，取り扱う裁判所が異なります。裁判所の種類については，24講を見てください。原告が裁判で求めようとすることを金銭に換算したものを「訴額」といいますが，地方裁判所では，訴額が140万円を超える

事件と140万円を超えない不動産関係の事件を扱い，管轄権を有します。原告が訴額140万円を超えない事件を地方裁判所に訴えを提起したとき，被告が異議をとなえなければ，地方裁判所で手続が進められます。訴えの目的が金銭で定められない場合は，140万円を超えるものとして扱われます。どの裁判所に訴えるのかについては，被告の住所を基準とします。民事訴訟法4条1項には「訴えは，被告の普通裁判籍の所在地を管轄する裁判所の管轄に属する」とあります。同法4条2項以下には，国内に住所がない場合などその他の事例について，いくつか事例が挙げられているのでみてみましょう。

　訴えは，原告が「訴状」を裁判所に提出し，それを裁判所が受理することによって始まります。訴状とは，裁判所が審理し判決することを求める申し立てです。これには，原告および被告が誰かを特定できる氏名や住所，場合によっては商号，本店所在地がまず記載されています。これによって，裁判所は呼び出し状を送達します。次にどのような種類の事件か，また訴訟物の価格，印紙の額が記載されます。その次に，「請求の趣旨」が記載されます。これは，原告の請求がどのようなものかを示すもので，判決主文に書かれるべきことです。例えば，「被告は，原告に対し……，金○円及び○年○月○日から支払い済みまで年○割の割合の金員を支払え」となります。「請求の原因」は，この例では，その金員が何を原因とするものなのかが示されます。ただ金額だけ示されていたのでは，それが不法行為による損害に基づくものなのか，貸金の返還なのかがわかりません。その他，「証拠方法」，「附属書類」などについて記載されます。

② 訴訟のプロセス

　訴状は被告に送達されるので，被告の人数分の副本・添付書類が裁判所に提出されなければなりません。必要な記載がない場合は，裁判所は「補正命令」を出し，それに従って補正されないときには「訴状却下」になります。訴状が被告に送達されると，「訴訟係属」となります。訴訟が開始される前には，必要な場合には，証拠保全，仮差押えを行うことができます。前者は，医療事故の場合に，カルテが医師側にあり，改竄される可能性があるとき，または後に勝訴の確定判決を得ても目的の財産が失われてしまう可能性があるとき等に行

われます。なお，当事者は，訴訟の継続している間に相手方に対し，主張または立証を準備するために必要な事項について，期間を定めて，書面で回答を求めることができます。これを「当事者照会」といい，裁判所は関与せず，強制力はありません。ただし，①具体的または個別的でない照会，②相手方を侮辱し，または困惑させる照会，③すでにした照会と重複する照会，④意見を求める照会，⑤相手方が回答するため不相当な費用または時間を要する照会，などはできません。

　裁判所は原告，被告を呼び出し，裁判官の面前で当事者が対席し，権利を主張し，証拠を提出し，攻撃防御が行われます。判決が行われるための必要な事実，証拠資料の収集は，当事者自らが行うという「弁論主義」により行われます。「弁論主義」の内容は，次の3つです。

(1)　裁判所は，当事者の主張した事実のみに対して判決を行う。つまり，たとえ裁判所が証拠調べによってその事実を確信したとしても，事実としては認定してはならない。〔主張責任〕

(2)　当事者に争いのない事実は，その判決の基礎としなければならない。〔自白の拘束力〕

(3)　当事者の間に争いのある事実は，当事者が申し出た証拠方法によらなければならない。つまり，当事者から申し出のない証拠方法を職権で証拠調べを行うことはできない。（証拠方法については，後述します。）

　原告は，訴状によって陳述し，これに対して被告は「答弁書」によって陳述します。被告の応答としては次の4つがあります。①自白（認める）：この場合には，裁判所はこれを判決の基礎とします。②否認（争う）：争う事実については証拠方法によって裁判所が認定します。③不知：これは争ったものとして扱われます。④沈黙：これは自白したものとみなされます。

　迅速で適正な裁判のためには，当事者と裁判所が争点と証拠をあらかじめ整理しておくことが必要です。これが3つの「争点整理手続」です。「準備的口頭弁論」は，社会的に注目を集めている事件や当事者，関係人の多い事件に向いていて，ラウンドテーブル法廷つまり，丸いテーブルを囲んで行うものです。「弁論準備手続」は，裁判所が争点および証拠の整理を行うために必要がある

と認めるときに，当事者の意見を聞いて行うもので，ラウンドテーブル法廷以外にも裁判官室などで行われ，公開の必要はなく，裁判所が認める者の傍聴が許されます。この手続が選択される場合が多いといわれます。その他に，裁判長が行う「書面による準備手続」があります。これは当時者が出頭せずに行われ，当事者が遠隔地に居住している場合に適しています。

③ 訴訟における法の論理

　訴訟は，法の論理からいえば，三段論法です。事実（小前提）に対して，法律（大前提）を当てはめ，判決（結論）に導くプロセスです。第一歩は，主張されている事実を認定しなければなりません。当事者のやりとりの現場にいたのではない裁判官はどのようにして事実を認定するのでしょうか。そのためには，2つのやり方があります。「自由心証主義」と「法定証拠主義」です。歴史的には後者の方が古く，証拠規則によって，ある証拠があればそれに対応した事実を認定しなければなりません。これは，社会が比較的単純で，裁判官の質が確立した法曹制度によって保障されていなかった時代に，裁判官の恣意専断を防ぐことを目的としたものでした。社会が複雑化し，社会生活も多様化してくれば，詳細な規則をつくっても，必ずしもそれに対応することができず，また裁判官の能力も信頼できるようになれば，これはもはや適切なものとはいえなくなり，現在では「自由心証主義」がとられています。自由心証主義は，民事訴訟法247条に「裁判所は，判決するにあたり，口頭弁論の全趣旨及び証拠調べの結果をしん酌して，自由な心証により，事実についての主張を真実と認めるべきか否かを判断する」として示されています。つまり，裁判官が自由に判断するのです。

　ここで「証拠」という言葉の意味には，少し注意する必要があります。「証拠方法」とは，調べる対象である人または物をいいます。「証拠資料」とは，証拠方法を取り調べて得た資料です。証拠方法（民事訴訟法179条以下）には，証人，当事者，鑑定人，文書，検証物があります。証人には，証人尋問を行います。裁判所は，誰に対しても尋問できることになっています。証人と当事者との間に利害関係や職業上の上下関係などがある場合には，当事者に有利なこ

とを述べ，真実を述べないこともありえますので，証人は「宣誓」を行います。これは「宣誓書」を読み上げ，署名，捺印します。宣誓書には，「良心に従って真実を述べ，何事も隠さず，偽りを述べないことを誓います」と記されています。宣誓した証人が偽証すれば，刑法169条により3か月以上10年以下の懲役になります。裁判官は法律以外のことについての専門家ではありませんから，例えば科学技術について，詳しくはありません。このような場合には，専門的学識経験を有する鑑定人を指定し，鑑定人は裁判官を補助します。証拠方法の「文書」は，文書に記載されている意味内容を証拠資料とするものです。

　さて，以上のようなプロセスを経て裁判官の心証が形成されてきます。そうすると判決が出されることになります。「判決」は，裁判所または裁判官の判断である裁判の1つです。大きく分けますと，個別裁判官の行う「決定」と，複数の裁判官から構成される合議体や単独の受命裁判官の行う「命令」と「判決」があります。「決定」は，口頭弁論を行う必要はなく，裁判所が相当と認める方法で告知すればよいことになっています。「命令」は，裁判長他の裁判官が行います。

④ 判決の種類

　「判決」と一言でいっても，様々な種類があります。まず，「訴訟判決」と「本案判決」です。前者は，裁判所が請求の内容を審理する要件が備わっていない場合に，訴えを退ける判決です。これらの要件には，①当事者が実在し，当事者となることができる能力，当事者の適格性があること，②請求が特定していること，③日本において裁判できる事案であること，などがあります。後者は，訴訟における請求についての判決で，「請求認容」と「請求棄却」があります。請求認容には，その内容に応じて，例えば，金銭の支払い，物の引き渡しなどの判決である「給付判決」，権利または法律関係の存否を明らかにする「確認判決」，権利または法律関係の発生，変更，消滅などを生じさせる「形成判決」──例えば，「原告と被告とを離婚する」という離婚判決──があります。

　次に，裁判所は「中間判決」（民事訴訟法245条）を行うことができます。これは訴訟の進行過程の中で，その攻撃または防御の方法や，請求の原因，および

数額について争いがある場合に請求原因について判断した上で裁判所が下すことができる判決で，判決しやすいようにする場合に行われます。一方，その審級における訴訟を終わらせる判決を「終局判決」といい，「裁判所は，訴訟が裁判をするのに熟したときは，終局判決をする」（民事訴訟法243条）と述べられています。上訴があれば，確定しません。したがって効力は生じません。「全部判決」は，訴訟プロセスで審理できる請求の全部を1つの判決によって判断することをいいます。これに対して「一部判決」は，一部の請求について，裁判するのに熟したときにその一部について先に判決するものです。なお，例えば，1000万円のうちの200万円支払えという一部請求に対する判決である「一部請求の判決」は，一部判決ではなく全部判決です。似ていますが異なります。

- 訴訟判決：訴訟要件の存否などについての判決
- 本案判決：請求の当否についての判決

- 終局判決：その審級，例えば地方裁判所での訴訟を終了させる判決
- 中間判決：その審級の途中で，審理を容易にする等のために行う判決

- 全部判決：いくつかの請求がある事件を1つの判決で行う判決
- 一部判決：いくつかの請求がある事件の一部を判決する

- 給付判決：金銭の支払い，物の引き渡しなどの判決
- 確認判決：権利または法律関係の存否を明らかにする判決
- 形成判決：権利または法律関係の発生，変更，消滅などを生じさせる判決

「判決」というと終局判決がイメージされますが，様々な判決があることを確認しておきましょう。

⑤ 判決の効果

さて，判決が確定するとどのような効果があるでしょうか。判決は，司法という公権力の行ったことですから効果をもちます。まず，「既判力」です。これは当事者の法律関係が判決の内容通りに拘束され，後に訴訟が提起された場合にはその訴訟での基準になることです。敗訴した方がその判決に対して不満

をもっていても蒸し返すことはできません。つまり，法的な争いは収まることになります。とりあえず秩序は回復され，法的安定性が得られます。給付判決では，既判力のほかに「執行力」が生じ，金銭の支払いを命ずる判決が出たときは，国家（執行機関）が強制執行できることになります。強制執行を行うための証書（債務名義）が必要ですが，確定判決はそのうちの１つです。実際の強制執行は「執行官」が行います。執行官については，25講を見てください。

　なお，執行力は判決が確定してからの話であり，上訴審がある場合は時間がかかります。そのため必要な場合には，裁判所は「仮執行宣言」を行うことができるようになっています。

　執行力のほかに形成訴訟では，確定判決で法律関係が発生・変更・消滅することになります。先の例の「原告と被告とを離婚する」という判決では，原告と被告の婚姻関係という法律関係が消滅します。

　判決がどのようなものかを見てみましょう。

　　令和○○年（ワ）○○○○号　不当利得返還請求事件
　　口頭弁論終結日　令和○○年○○月○○日
　　　　　　判決
　　東京都△△区△△・△△丁目△△番△△号
　　　　原告　　XXXX
　　同訴訟代理人弁護士　　□□□□

　　東京都○○区○○・○○丁目○○番○○号
　　　　被告　　YYYY
　　同訴訟代理人弁護士　　■■■■

　　　　　　主文

一　被告は，原告に対し，……円及びこれに対する令和○○年○○月○○日から支払い済まで年五分の割合による金員を支払え。
二　訴訟費用は，原告の負担とする。
三　この判決は，仮に執行することができる。

　　事実及び理由

第一　請求

```
        主文と同旨
  第二  事実の概要
        略
  第三  当裁判所の判断
        一  認定事実
            前記前提事実，括弧内掲載の証拠及び弁論の全趣旨によれば，以下の
            事実が認められる。……
        二  上記認定事実によれば，……
        三  よって原告の請求には理由があるから，これを認容することとし，訴訟費
    用の負担につき，民事訴訟法第六十一条を，仮執行宣言につき同法第二百五十九
    条をそれぞれ適用して，主文の通り判決する。


  東京地方裁判所民事◇部
    裁判官  ・・・・
```

　冒頭の「令和〇〇年（ワ）〇〇〇〇号　不当利得返還請求事件」は記録番号
で，各審級裁判所ごとに付されています。事件の種類によって詳細に決められ
ており，例えば民事事件は，地方裁判所の第1審通常事件では（ワ），控訴事
件では（レ），高等裁判所の控訴事件では（ネ），最高裁の上告事件では（オ），
上告受理事件では（受）となっています。刑事事件では，公判請求事件では（わ），
証人請求尋問事件では（か），高等裁判所では，控訴事件は（う），第1審事件
では（の）（高等裁判所が第1審になる場合があります）。最高裁判所は上告事件で
は（あ），再審請求事件は（き）となっています。こうした事件番号をつける
ことによって，事件が重複することなく特定されます。
　判決の中でも重要度が高いものは最高裁判所の判決で，文献によく引用され
ます。その形式は次のようになっています。

　「最大判　令和〇年〇月〇日　民集〇巻〇号〇頁」

「最大判」は，最高裁判所大法廷です。大法廷と小法廷については，24講を参
照してください。小法廷の判決の場合は，「最小判」になります。その次の年
月日は，判決が言い渡された日付です。「民集」は判例集の略語で正式には「最
高裁判所民事判例集」です。同じく刑事については「刑集」があります。なお，

最高裁判所のホームページでは，すべてではありませんが検索できます。そしていくつかの判例については，「最近の主な最高裁判所の判例」の項に載っています。判例集によらなくても，一般の法律雑誌定期刊行物である『判例時報』（判例時報社），『判例タイムズ』（判例タイムズ社）によって知ることができます。

　これまで判決についてみてきましたが，民事事件では，裁判所に提起された事件がすべて判決をもって終了されるわけではありません。訴えの取り下げや「訴訟上の和解」によるものも多いのです。和解には，「訴訟上の和解」のほかに「即決和解」（起訴前の和解）があります。前者は，裁判所において訴訟が係属している間に当事者が出席して行われます。「和解調書」をつくると，確定判決と同じ効力をもちます。「即決和解」は，訴えを提起するのではなく，簡易裁判所に当事者が申し立て，和解期日に和解条項を和解調書に記載することによって行われ，この調書は確定判決と同じ効力をもちます。

判例時報社『判例時報』／判例タイムズ社『判例タイムズ』
池田真朗編著『判例学習の A to Z』有斐閣，2010年
中野次雄編『判例とその読み方』有斐閣，2009年

法を解釈する

① 法律解釈の必要性と基準

　法律は，そのままでは生きていません。法律は抽象的な概念で書かれていま
す。具体的事案に適用する作業が必要となってきます。法律解釈が必要なのは，
世の中に生起するそれぞれの事案にいわば個性があるからです。そして，法律
は，一度制定されると簡単には改正・廃止はできません。社会は時とともに移
り，その法律が制定された当時に前提とされた事情が変化して，法律が適用で
きないこともあります。有名な例では，「電気窃盗」があります。旧刑法では，
電気についての窃盗は想定されていませんでした。窃盗の対象は有体物，つま
り空間に一定位置を占めているものと考えられていました。電灯会社が契約量
を上回る電気を使用した契約相手を告訴しましたが，電気は物ではないとされ，
無罪とされました。これでは，電気を供給している会社は損害を被るばかりで
す。戦前の最高裁判所に当たる大審院は，電気（電流）は，有体物ではないが，
五感の作用によってそれがあることを認識でき，容器に収容して独立に存在さ
せることができるから，刑法235条にいう，財物を窃取したものとするとし，
有罪としました。この判決は，本来「財物」に含まれない電気を管理可能性を
引き合いに出して財物と同じであるとしており，条文から類推しているといえ
るでしょう。ただ，電池などで容器に収容できることを理由の１つとしていま
すが，その電池で管理できるのは電気という存在のごく一部にすぎません。こ
の判決は，法律条文を直接適用できないために文字通りの法律の意味を膨らま
せています。その後法律は，改正されて「この章（第36章　窃盗及び強盗）の罪
については，電気は財物とみなす」（現在の刑法245条にあたる）となりました。
　古い時代には，法律をあたれば何でも解釈の規準が出てくると考えられてい
ました。法律は社会に生じたあらゆる事案をカバーできるいわば網であり，欠
缺，つまり隙間がないものと考えられていました。しかし，実際には，とりわ

け社会が複雑化し，様々に利害が複雑に絡まり合い，社会変化が早い場合には
そうではありません。適用できる法律がまったくない場合には，どうしたらよ
いでしょうか。スイス民法の1条は「法律に，適用できる規定がない場合には
裁判所は，慣習法により，その規定も欠く場合には，法制定者が制定するであ
ろう規則により，判決を行う」としています。こうなると裁判所の裁量の問題
が出てきます。ただ，これは民法の解釈適用についての問題であって，刑法の
適用では，当然には当てはまりません。スイス民法1条の背景には，この法律
が制定された当時のヨーロッパ社会は近代社会へと変容し，前近代的な身分制
が崩れ，社会階層とその利害の複雑化が進行し，かつ科学技術の発展が急激に
進んで，その展開に法律が追いついていけなかった事情があります。法社会学
という研究領域では，ヘルマン・カントロヴィッツ（Kantorowicz, H. 1877-
1940）の「自由法運動」やオイゲン・エールリッヒ（Ehrlich, E. 1862-1922）の「生
きた法」が注目された時代です。

　法の解釈とは法律条文から実際の事案に対する妥当な結論を導く判断プロセ
スです。裁判官や法律研究者が勝手に行えるものではありません。何を導きの
糸，手がかりとすればよいでしょうか。まず，法律条文の日本語としての正確
な意味が明らかにされなければなりなません。これは，日本語文法や語義をも
とにすることです。これが基礎です。これを「文理解釈」といいます。次に，
「立法者の意思」を依りどころにすることがあります。立法者といっても個人
のことではなく，制定当時のその法律をつくった人たちの総体といってよいで
しょう。立法者のもともとの言葉は Gesetzgeber というドイツ語で，これも日
常語としてはしっくりしませんが，よく出てくる言葉です。立法者の意思には，
その法律が他の法律とどのような関係にあるのかを考えたことが含まれます。
また，その法律が，制定当時の社会的事件がきっかけとなった場合には，その
事件の社会的背景やその時代の社会通念も間接的には考慮されます。より大き
な視点では，法律の背負っている歴史的背景も考慮されるでしょう。

　法律は単独で存在するわけではありませんから，他の法律の内容との整合性，
論理的一貫性，法的安定性が考慮されます。論理的一貫性のない法律の解釈は，
混乱を生じさせることになります。法律の世界には，個別法律のほかに「法原
理」や「法原則」があります。例えば私法には，「私的自治の原則」があります。

これは，形式的に自由平等な個人が自らの権利義務をつくり上げるのは自らの自由な意思であって，国家などから干渉されるものではないという原則です。法律は，法原理や法原則に適合して解釈されなければなりません。法律の解釈は，その後の同様の事案に対して「前例」となりますので，このことも考慮される必要があります。

② 法律解釈の種類

いくつかの例を考えましょう。１つは，「反対解釈」です。死刑制度は，日本において存置されており，毎年数名，多いときには10名以上の死刑が執行されています。死刑は，当然ながら，法律に基づいています。死刑が規定されている法律条文は，刑法に12，「航空機の強取等の処罰に関する法律」などの刑法に対する「特別法」に３あり，これらは「人を殺した」ことに対するものです。刑法199条は「人を殺した者は，死刑又は無期若しくは五年以上の懲役に処する」としています。死刑は人の命を奪う究極の刑ですから，様々な考え方が存在します。刑法は，より上位の法規範に合致していなければなりません。日本国憲法98条１項は「この憲法は，国の最高法規であつて，その条規に反する法律，命令，詔勅及び国務に関するその他の行為の全部又は一部は，その効力を有しない」と規定します。なお，憲法の中に直接死刑制度について触れている条文はありません。ただ36条には「公務員による拷問及び残虐な刑罰は，絶対にこれを禁ずる」とあります。とすると死刑は，憲法に違反しており，この条文は無効であると解釈できる可能性があります。しかし，現在でも死刑を刑罰の１つとして定める法律は存在しており，実際に執行されています。こうした現状は，どのような解釈によって根拠づけられるのでしょうか。

憲法31条は「（法定手続きの保障）何人も，法律の定める手続によらなければ，その生命若しくは自由を奪はれ，又はその他の刑罰を科せられない」とあります。この条文の１つの解釈によれば，ある人は，法律の定める手続によれば，自由を奪われまたはその他の刑罰を科せられうる，と理解できる。したがって憲法31条は，死刑制度は正当化されるとするものです。また，憲法13条によれば，「（個人の尊厳・幸福追求権・公共の福祉）すべて国民は，個人として尊重され

る。生命，自由及び幸福追求に対する国民の権利については，公共の福祉に反しない限り，立法その他の国政の上で，最大の尊重を必要とする」とあります。これは，「公共の福祉」という基本原則に反する場合には，国民の権利であっても立法上その他において制約されると解されます。そうすると死刑制度を存置する理由となりえます。「反対解釈」です。この解釈は，死刑制度の合憲性が，争われたときの最高裁判所大法廷が出した解釈です（刑集2巻3号191頁）。詳しくは，最高裁判所のホームページにありますので参照してください。この憲法31条の反対解釈は，その条文の眼目（中核命題）に対して行われるべきものであって，「手続が必要でないのはどういう場合か」についてのものであり，可能なのは，〈生命・自由その他に関わる刑罰を免除する場合には，そうした手続の遵守〔裁判など〕は，必要でない〉といった解釈です。つまり，憲法31条は国家行為に規制を加えた条文であって，国家を規制するというくらいの条文を，国家に死刑の権限を与えた条文とするのは，その目的外使用である，つまり，手続を重視することが条文の眼目であって，死刑権限付与が眼目ではないという解釈もありえます。

　なお，同最高裁判決の意見の中で，憲法36条における残虐（性）という概念について，「若し死刑について，火あぶり，はりつけ，さらし首，かまゆでの刑のごとき残虐な執行方法を定めたとするならば，その法律こそは第36条に反するものというべきである」としています。刑法11条1項には「死刑は，刑事施設内において，絞首して執行する」と規定されていますが，絞首による執行が残虐ではなく，火あぶり等による執行が残虐であるとするのは，現代においても，また判決当時の通念上もきわめて疑問といえましょう。なお，最高裁判所は，国家の文化が高度に発達して正義秩序を基調とする平和社会が実現したあかつきには，死刑も国民感情により否定されるに違いない旨を述べています。現在，国連では，死刑制度廃止を求める動きがあり，先進国で死刑制度が存置され，かつ執行されているのは日本と米国の一部の州だけといわれています。日本における死刑制度についての政府の世論調査では，約80％が死刑制度の存在に賛成といわれていますが，アンケートの質問項目に賛成と受け取られる可能性が高い表現があり，これについては，日本弁護士連合会が質問項目の表現の変更を提案しています。回答するにしても，死刑の執行の現実，死刑囚の生

活などの情報を知ることなく死刑の抽象的観念で回答するほかなく，限られた条件での回答です。死刑についての情報はプライバシーを理由に情報公開によっても知ることはできません。なお，これまでに死刑が確定して拘置所に収容されていて，その後再審で無罪となった例もあります。

　ここでもう一度まとめますと，「反対解釈」とは，AとBという事実があってAについてだけ規定されているときに，BについてAと反対のことを解釈するものです。これに対してBについてもAと同じことをして解釈するのが「類推解釈」です。類推解釈と似ている解釈方法として「勿論解釈」があります。これは法律条文にBという事実を適用するのに似ているAがあるので，それを使って処理するものです。類推解釈と似ていますが，その理由として，それが似ているということではなく，その程度や価値が高い等の理由で解釈することです。日常的な例を挙げますと，「この土地に自転車を入れてはならない」という規則がある場合に，「オートバイも入れてはならない」とする解釈です。その理由は，自転車の危険性はオートバイの危険性よりも低いから，それよりも危険性が高いオートバイについては規定されていないけれども，オートバイは乗り入れてはならないとするものです。

　法律の具体的な例では民法738条があります。事理を弁識する能力を欠く成年被後見人は結婚をするのに成年後見人の同意を必要としないことを規定していますが，それよりも行為能力の欠けるところの低い被保佐人については，もちろん，保佐人の同意を必要としないとするものです。

　解釈にはさらに，「拡張解釈」と「縮小解釈」があります。拡張解釈は，その条文の内容が適用対象に含まれないけれども，立法者の意思，法律が制定された当時の社会的背景，他の法律条文との関係，制度の趣旨などを考慮して，その法律に含まれていない対象に拡張して当てはめることです。刑法129条では，過失について，汽車，電車もしくは艦船の往来の危険を生じさせた犯罪を規定していますが，汽車にガソリンカーを含めるという過去の判例があります。これに対して縮小解釈は，Aに入るaについて，上記のような立法者の意思等を考慮してaを除外する解釈です。例えば民法177条には「第三者」という言葉が出てきますが，それを第三者すべてではなく，権利義務関係を確かなものにするための要請から，「正当な利益を有する第三者」に限定する解釈です。

ここで少し整理しますと，「反対解釈」，「勿論解釈」，「類推解釈」はある事実について適用できる法律がない場合であり，「拡張解釈」と「縮小解釈」は法律条文に適用できるものがあることから出発しています。

　解釈の種類にはもう1つ，解釈を行う主体の社会的な位置によって「有権解釈」と「学理解釈」があります。前者は，国家が行う解釈，つまり司法，行政，立法が行う解釈であり，後者は，法律研究者が行う解釈です。国家は大きな権限を有していますから，法律研究者の解釈は国家の解釈よりもプレステージが低いという印象があるかもしれませんが，裁判所の行う解釈を批判したり，他の視点の意見を述べたりして，その解釈（学説）が裁判所の判決に影響を与えることもありますから，そういうわけではありません。古い時代には法律研究者（大学教授）の意見が裁判所にきわめて大きな影響を与えていた時代が，ドイツにはありました。1532年のカロリーナ刑法典（Constitutio Criminalis Calolina）では，困難な事件にあたるときは，上級裁判所，政府は場合により大学その他の法学者（Rechtsverständigen）に解説を求めることができると定められていました。

③ 法律解釈の「正しさ」

　以上，法律の解釈の必要性とその方法，種類をみてきました。法律の解釈は，具体的な事案に「適切な」，「正しい」結論が出るように考えることといってよいでしょう。これまで述べてきたところからも，法律解釈には複数の解釈がありえます。地方裁判所での判決が，上級裁判所で新たな証拠や法の解釈で覆されることはあります。とすると，上級裁判所での判決が「正しい」判決・法の解釈でしょうか。法律に様々な解釈がある場合，どれが正しい（適切な）解釈なのでしょうか。法律の研究や解釈は「学」ですから，論理的一貫性や体系性が求められます。この点では他の研究領域・学問と変わるところはありません。ただ，法学は，事実の認識・理解を目的とする自然科学と異なり，1つの説を事実で反証したり，実験・追試験したりすることはできません。ですから法学における「正しさ」とは，自然科学におけるそれとは同一ではありません。法律の解釈を行うのは人間であって，その人間には，様々な思考・価値判断があり，その背景には，とりわけ複雑で移り変わりの早い現代社会が存在します。

唯一絶対の正当性ではなく社会一般が納得して受け入れることが、その法律解釈の妥当性を基礎づけるといってよいでしょう。

それでは、その妥当性を導く方法は何でしょうか。つまり、その法律解釈の合理性を基礎づけ、法律の専門家ではない社会を構成する人々が納得する方法は何かということです。今日に至るまで、大きな影響力がある考え方の1つは、「利益衡量論」という考え方です。これは、法律の解釈を、条文そのものや概念の論理的演繹によってではなく、そのつどの事件の特性に応じて判断し、どのような利益があるのかを分析し、それぞれのどの利益が優先され、また後退するのかを考察し、そのように考えることがどのような価値判断によるのかを明らかにしたうえで決定するというものです。その過程では、立法当時の制度のあり方も考慮されます。他の1つは、法律解釈、法的判断は価値判断であるということを前提としつつも、それを基礎づける客観性・「科学性」は、「国民の全体意思」・「歴史進歩の方向」、そして社会学的歴史研究に基づくべきものであるという考え方です。前者については、実際は裁判官に解釈・法的判断を「預ける」ことになるのではないかという批判があります。また後者については、「歴史の進歩」、そして「歴史法則」といったア・プリオリ（先験的）の前提がそもそも存在するのかという疑問、そしてそれは1つのイデオロギーにすぎないのではないかという批判があります。これら2つの考え方の違いは、「機能主義」と「普遍主義」の違いといってよいでしょう。

ここで法的事実と法的判断とは何かということについて、少しみてみましょう。家族（親子）についての具体的事案を取り上げます。以下の概要は、必要でない部分は省略してあります。

親（父）と子の関係についての事例です。A女は、Xと交際しその性関係でYを妊娠しました。同じ頃、A女は他の男性B男とも交際しており性関係をもっていました。Yは、A女が未婚であったためA女の両親P1P2の嫡出子（婚姻関係にある男女間の子）として届け出られ、Yの養育はA女が行っていました。XはA女との結婚を希望しました。A女は、YがXの子かB男の子か不明であると話すと、Xは、B男の意思を確認した上で、重ねて婚姻を申し入れ、XとA女は結婚しました。Xは、Yを自分の子であると心に決め、父親として

接し，Yを慈しみました。その後，Xは，YとP1P2との間の親子関係不存在の審判を申し立て，これによってXがYをA女との間の嫡出子として出生届けを出しました。その後，XとA女との間に長女C女が出生し，Y，A女，X，長女Cの4人で形成された家族の中でXはYとC女の父親として存在し，周囲の者は，XとYとは父子関係にあるものと思い，またそのようにふるまいました。Yは，高校卒業まで同居しXの子として生活しました。

　その後，Xが不貞行為を繰り返したことから，夫婦仲が悪くなり，他方A女の不貞関係が発生して，XとA女は離婚しました。そしてXは，A女と不貞行為の相手方を被告として損害賠償請求の訴えを提起しました。この過程で「YはXの子ではない」と述べ，これを受けてXはYと父子関係がないことを明確にしようと考え，23歳になったYとXの間に血縁上の父子関係がないことを確認する訴訟を提起しました。Yはこの訴え提起に強い衝撃を受け，裁判所に出席することが困難な状態でした。血液型鑑定とDNA鑑定を行った鑑定人は，血液型鑑定では親子関係が外見上存在するが，より精度の高いDNA鑑定ではXとYとの間に親子関係は存在しないとしました。

　この件に関する大分地方裁判所の判決は，YがXに対して，Xが自分の父としての地位を要求することをXは拒否することはできないとし，「XY間に法律上の父子関係が存在する」と判示しました。その理由として，①血液型鑑定では父子関係が存在するとして，矛盾がないというものである，②この訴訟提起は，XとA女との紛争に由来するもので，YがXから不利益を受けなければならない事情は認められないと述べ，さらに念のためにとしてDNA鑑定の結果は100％信頼のおけるものではないとしています。請求は，理由のないもので棄却するとしました。この判決を書いた裁判官は，自然科学的な事実としての親子関係の存在よりも，XとYとの間での23年間にわたる親子としての営みという社会的事実の価値を重くみているといってよいでしょう。そしてそのような判断の基礎となっているのは，裁判官の「法的価値判断」ということになります。

　「法の解釈」，「法的判断」は，実践的性格を有する「人間くさい行為」であって，裁判官であれ，法学研究者であれ，それを行う人間の人格や法的素養が大

きくものをいう営為であるといえます。

◆参考文献
来栖三郎「法の解釈と法律家」日本私法学会『私法』第11号，1954年
笹倉秀夫『法解釈講義』東京大学出版会，2009年
原島重義『法的判断とは何か　民法の基礎理論』創文社，2002年
平井宜雄『法律学基礎論の研究』有斐閣，2010年

第 2 部 | 憲 法

4講 憲法とは何か

1 主権国家と憲法

　憲法とは，国家のしくみ（統治の組織）と国民の権利（基本的人権）を定める法のことです。国家の最高位にある法規範です。憲法の根本には，国家権力の乱用を防止し，国民の権利・自由を守ろうとする考え方があり，これを立憲主義といいます。

　最近，国会やニュースで，憲法改正の問題，特定秘密保護法の問題，集団的自衛権の問題など憲法のあり方について論じられる機会が多くなっています。この講ではそもそも憲法とは何か，大まかにつかめるようみていきます。憲法とは，政府のしくみと人々の権利を定める法のことをいいます。具体的には，政治組織と活動（例えば，国会（議会），内閣（大統領），裁判所，地方自治）および基本的人権について定めています。

　今日ではどこの国においても，このような国家の基本に関する定めを文章に書き表し，「憲法典」という形にして人々に示しています。このように形としてある憲法を特に成文憲法といいます。日本においても大日本帝国憲法（明治憲法）と現在の日本国憲法の２つが成文憲法に当たります。一方，なかには憲法と名前のつくものをもっていない国もあります。例えばイギリスです。イギリスには「イギリス国憲法」といったものはありません。これを不文憲法といいます。ただ，憲法という名前がつく法典がないだけで，実際には伝統的な各種の法が憲法としての役割を果たしています。

　こうした憲法を誰が制定したのかによって憲法を分類することができます。ひとつは君主および特定の支配層が単独で制定する憲法で，これを欽定憲法といっています。これに対して，国民の意思を反映して制定する憲法を民定憲法といいます。日本では，明治憲法は欽定憲法，日本国憲法は民定憲法に分類されています。

② 立憲主義とは

　憲法に基づいて国家権力の乱用を防止して，国民の権利・自由を守ろうとする考え方を立憲主義といいますが，こうした考え方は，君主や大地主が国家を支配していた時代が終わりをつげる頃に，イギリスのジョン・ロック（Locke, J. 1632–1704），フランスのジャン・ジャック・ルソー（Rousseau, J-J. 1712–78）などの思想家によって展開されます。そして，市民が政治にかかわる権利を獲得することにより，アメリカのヴァージニア権利章典（1776年），アメリカ独立宣言（1776年），フランス人権宣言（1789年）などの形となって具体化されていきます。

　なかでもイギリスの政治哲学者であるジョン・ロックの近代立憲主義思想は，現代憲法の大もとになる代表的な考え方です。まず，個人があらゆる権力的な拘束を受けない完全な自由な「自然状態」を考えます。人間が生まれながらに当然与えられているもの（自然権）としての生命，自由，財産を保障されている状態です。この自然権を守るために，人間はお互いに対等な関係で「社会契約」を結んで国家・政府をつくりあげます。社会契約においては，もしも政府が自然権を侵害することがあれば，こうした政府をつくりかえることができるとロックは考えます。このようなロックの思想は日本国憲法においても，「そもそも国政は，国民の厳粛な信託によるものであつて，その権威は国民に由来し，その権力は国民の代表者がこれを行使し，その福利は国民がこれを享受する」（前文１段）とか，あるいは，「基本的人権は，侵すことのできない永久の権利」（11条），「生命，自由及び幸福追求に対する国民の権利」（13条）というような規定に表れています。

　つまり，憲法は，「個人の権利や自由」を国家権力が侵害しないように命じて，国家権力の乱用を防止し，国民の人権を守り，憲法に基づいた政治が行われることを立憲主義と呼んでいるのです。また，日本国憲法99条には，誰が憲法を尊重し擁護する義務を負うのかが規定されています。「天皇又は摂政及び国務大臣，国会議員，裁判官その他の公務員は，この憲法を尊重し擁護する義務を負ふ」と規定されています。ここには「国民」という言葉は書かれていません。

これは当然のことです。天皇をはじめとして国家権力担当者に対して，憲法を守りなさい，憲法政治を行いなさいと，国民が命じているのです。ここにも立憲主義の特質が表れています。

③ 憲法は国家の最高法

もともと憲法という言葉には，国家の基本に関する法という意味はなく，単に人に示す掟というぐらいの意味でした。現在のように，国家の根本法・基本法という意味で用いられるようになったのは明治以降です。欧米では，国の根本法・基本法として，Constitution（英語，フランス語），Verfassung（ドイツ語）という言葉が使われていました。それが日本に輸入され，最初は当時の思想家によって，それぞれの著書の中で「律令」（福沢諭吉），「根本律法」（津田真道），「国憲」（加藤弘之），「憲法」（箕作麟祥）などと訳されていました。

日本で憲法という言葉が公の用語となったのは，1882年3月，憲法を制定するための諸国の憲法調査で，伊藤博文がヨーロッパへ行くときに用いられたのが初めてです。日本では憲法といえば，古くは聖徳太子の17条憲法（604年）があります。ただし，これは公務員の守るルールを定めたもので，国家の基本法としての憲法ではありません。

それでは，憲法の本来の意義は何なのでしょうか。それは国民の権利・自由を保障する目的で，統治者の権力を抑制する手段となるものです。これが立憲主義を実現するという意味での憲法です。1789年のフランス人権宣言にも，16条で「権利の保障が確保されず，権力の分立が定められていない社会は，憲法を持つものではない」として明記されています。

日本国憲法98条1項には「この憲法は，国の最高法規であつて，その条規に反する法律，命令，詔勅及び国務に関するその他の行為の全部又は一部は，その効力を有しない」と規定されています。憲法に反する一切の法律を許さず，無効となるということです。要するに，どのような法律，命令（行政立法）など下位の法よりも憲法が優先するということを宣言しているのです。

4 憲法の基本的な価値は「個人の尊重」

　国民の権利・自由を守るという立憲主義に基づいた憲法の基本にあるのは，国民の一人一人がかけがえのない存在であるという「個人の尊重」という考え方です。憲法はこの目的を実現するためにあり，国の秩序を守る（具体的には，国民の安全と豊かさを保障する）ための最高法規です。それゆえ，憲法に違反するような法律，命令，規則または処分など一切の国家行為は認められないということになります。この憲法の最高法規としての地位を確保するための制度として，国家の行為が憲法に違反しているかどうかを判断する違憲審査制という権限が裁判所に与えられています。憲法81条で次のように規定しています。「最高裁判所は，一切の法律，命令，規則又は処分が憲法に適合するかしないかを決定する権限を有する終審裁判所である。」

　憲法はどのような日本社会をつくっていくのか見取り図を描いています。ただ，私たちが安全で豊かな生活をするためには細かいルールが必要となります。この社会生活を規定するルール（法の種類）には，憲法を頂点として，法律，命令，条例などがあります。これらのルールを憲法に違反して制定することはできません。というのも，憲法はこれらのルールの制定手続を定め，その内容が憲法違反にならないように規制し，ルールとしての根拠を与えるものだからです。

　すでに述べましたが，憲法は，国家機関（国会，内閣，裁判所など）の権力の活動の内容とその権力の及ぶ範囲を決めて，権力が乱用されないように限定する役割を担っています。つまり，国民の権利・自由が侵されないように国家権力の発動をチェックして監視する働きをもっているのです。

5 日本国憲法が制定されるまで

　次に日本の憲法の歴史をみておきましょう。日本では，初めての成文憲法として大日本帝国憲法（以下，明治憲法という）が1889年に成立します。この明治憲法は，君主が定め国民に与える欽定憲法として制定されました。明治憲法は

天皇の名による前文（上諭という）と本文の76か条で構成されていました。その特色は，天皇に強い権限を与える専制的なものであった点です。国民の権利についても定めていましたが，条文では「臣民権利」と表記されました。これは天皇の恩恵によって与えられた権利であることを意味し，人権としては不十分なものでした。「国家統治ノ大権ハ朕（天皇自身）カ之ヲ祖宗（先祖代々の君主）ニ承ケテ之ヲ子孫ニ伝フル所ナリ」と示し，国の政治のあり方を天皇が決める天皇主権という考え方が根本にあったためです。

　このような明治憲法も，建前上は国家権力を分立させる形をとっていました。しかし，立法権は天皇が帝国議会の協賛の下でこれを行い，司法権も天皇の名において裁判所が行い，行政権も国務大臣の助言を受けて天皇が行うというものでした。つまり，それぞれが天皇の機関として分立していたにすぎなかったのです。

　明治憲法は制定されてから一度も改正されることはありませんでした。しかし，日本は第二次世界大戦で敗戦し，1945年8月14日，連合国側からのポツダム宣言を受諾し降伏します。このとき日本は戦前の体制の変革を求められたため，天皇主権の明治憲法を改正せざるをえなくなりました。このポツダム宣言の内容は，日本の政治が戦前の状態を改め，軍隊の武装解除，民主主義の復活・強化，基本的人権の確立，平和的かつ責任ある政府の樹立を実現するよう要求するものでした（その中の第10項では「日本国政府は日本国内での民主主義の復活を妨げてはならず，言論，宗教，思想の自由並びに基本的人権の尊重を確立すること」，第12項では「10項に掲げられたことが実現し，平和的で責任ある政府が樹立されたとき，占領軍は日本国より撤収する」を定めました）。日本はこの要求を忠実に果たすため，天皇主権の明治憲法を改正せざるをえなくなります。

　このポツダム宣言につき，日本政府が悩んだのは，日本の「国体」が維持されるかどうかということでした。国体とは天皇主権の国家体制のことで，天皇が統治権を総攬し，一手に治めるという意味です。当初，日本政府は，ポツダム宣言は国民主権を求めるものではなく，明治憲法の運用によって，従来通りの国体を維持することができ，ポツダム宣言の趣旨に沿った政府をつくることができると誤解をしていました。

　その後，日本政府は GHQ（連合国軍総司令部）の指示によって憲法の改正に

着手します。1945年10月 9 日，幣原喜重郎内閣が誕生し，すぐに GHQ を訪問し，そこで GHQ 最高司令官のマッカーサーから明治憲法を自由主義化するよう示唆を受け，そこで憲法問題調査委員会（委員長；松本烝治）を設け，憲法改正の検討に着手します。翌1946年 2 月，政府は松本草案といわれる改正案を準備しました。

　ところが，この松本草案は GHQ に提出される前に，1946年 2 月 1 日，毎日新聞がスクープするところとなります。これが明治憲法の原則を受け継いだ内容であったため，GHQ は日本の民主化のために不適当であると考えます。そこで独自の立場からマッカーサーは総司令部独自の憲法草案（マッカーサー草案）を起草し，これを日本政府に示して採用を求めます。その際，マッカーサーが GHQ 民生局に対して，憲法草案のなかに盛り込むよう命じたのがマッカーサー 3 原則といわれるもので，その内容は，①天皇は国の元首の地位にある，②国家の主権的権利としての戦争を放棄する，③日本の封建制度は廃止される，というものでした。わずか 1 週間の期間で総司令部案がまとめられ，2 月13日に完成した総司令部案が日本政府に手渡されました。

　日本政府は，予想もしなかった内容の草案を手交され，それに沿った憲法改正を行うよう進言されたため驚き，日本側改正案の採用を求めますが，一蹴されたため，総司令部案に基づいて改正案を作成することとなります。3 月 6 日，日本政府はマッカーサー草案に基づく「憲法改正草案要綱」を起草し，発表します。この草案が日本国憲法の母体ともいうべきものです。

　この憲法の改正案が 6 月20日，第90回帝国議会の衆議院に提出され，審議と若干の修正を加えたのち，8 月24日に圧倒的多数で可決し，貴族院へと送付され，10月 6 日に圧倒的多数で可決されました。そして，11月 3 日に「日本国憲法」という名の下に国民に公布され，翌1947年 5 月 3 日に施行されました。これが現在の日本国憲法です。日本の決意を述べた前文と，具体的な規定の11章103条から構成されています。

日本国憲法の制定過程

1945年 8 月14日	ポツダム宣言を受諾し降伏
10月	政府は，憲法問題調査委員会（松本烝治委員長）をつくり，憲法

                    改正作業を進める
1946年 2 月 1 日　毎日新聞が憲法問題調査委員会の「試案」をスクープ
　　　 2 月 3 日　GHQ の最高司令官マッカーサー，3 原則を示し，民生局に GHQ
                    草案の作成を指示する
　　　 2 月13日　GHQ は草案を日本側に渡す
　　　 3 月 6 日　政府が GHQ 草案に沿って起草した「憲法改正草案要綱」を発表
　　　11月 3 日　「日本国憲法」として公布

⑥ 日本国憲法の基本原理

　現在の日本国憲法は，このように複雑な過程を経て成立しました。ここでは
その基本にある 3 つの重要な原理についてみておきます。重要な原理とは，国
民主権，基本的人権の尊重，永久平和主義の 3 つです。1 つ目の国民主権とは，
国の政治のあり方を最終的に決める力を国民がもつという考え方です。日本国
憲法はその前文と 1 条で「主権が国民に存する」ことを宣言しています。条文
の最初の部分で示されるほど重要な考え方なのです。
　主権とは，一般的には政治のあり方を決める力をさし，それを誰がもつかに
よって，政治の主役が変わります。君主（天皇）がもつ場合を君主主権，天皇
主権といいます。明治憲法は天皇主権の憲法といえます。国民がもつ場合を国
民主権といいます。日本国憲法は国民主権の憲法ということになります。
　それでは「国民」とは誰のことをいうのでしょうか。憲法10条は「日本国民
たる要件は，法律でこれを定める」と規定しています。これを受けて，法律と
して「国籍法」がつくられています。これによると日本国籍を有するものが日
本国民とされています。もっとも国籍を取得する場合として，血統主義という
方法と生地主義という方法があります。日本は血統主義をとっています。これ
は親が日本国籍を有する場合，その間に生まれた子どもは日本国籍を自動的に
取得することとなります。生地主義の場合は，日本で生まれれば親の国籍に関
係なく日本の国籍を取得することができます。そうすると国民の範囲が血統主
義か生地主義かで異なってくることとなります。「日本国民」とか「国民」を
憲法が定義しないで，それを法律に丸投げすることが許されるのでしょうか。
この点，多くの人はあまり疑問をもたないようです。

しかし，この点で問題になるのが定住外国人の参政権です。国民主権の具体的な表れは，選挙権を行使できることです。定住外国人は国籍を有せず，国民主権の国民には入らないので参政権を有しないということになるのでしょうか。憲法15条は「公務員を選定し，及びこれを罷免することは，国民固有の権利である」としています。これに対して，憲法93条2項は「地方公共団体の長，その議会の議員及び法律の定めるその他の吏員は，その地方公共団体の住民が，直接これを選挙する」と規定しています。最高裁は，定住外国人の選挙権について，国政選挙権は認められないけれども，地方選挙権は認めても憲法違反にはならないという考え方をとっています。外国人がその地方公共団体と特段に密接な関係をもつに至っている場合には認められるとしています。定住外国人は，国民ではないが住民ではあるということになるのでしょうか。

　2つ目の基本的人権とは，人間が人間である以上，当然にもつ自由や権利のことです。人間が生まれながらにもっているという意味で天賦人権ともいわれます。日本国憲法は，基本的人権について，誰も「侵すことのできない永久の権利として，現在及び将来の国民に与へられる」（11条）と定め，また，「立法その他の国政の上で，最大の尊重を必要とする」（13条）として最大の価値を認めています。

　ここでも外国人の人権が大きな問題となります。基本的人権が人間としての権利であるとするならば，国籍をもっているかどうかによって人権の享有を区分することは理屈に合わないのではないかということです。これについては，基本的人権といってもいろいろな性格のものがあり，国家をつくる性格の権利，すなわち参政権は外国人には認められず，その他の人間の権利は認められるとする考え方です。つまり，人々はそれぞれ所属する国家をもっているのであり，参政権は自分が所属する国家で行使するのが妥当であるということになります。それでは定住外国人の場合，どのようになるのでしょうか。先に紹介した最高裁判決は，国政選挙権は認められないけれども，地方選挙権は認められるとしています。これは読者の皆様がどのような考え方が妥当なのか考えていただきたいところです。

　3つ目の永久平和主義とは，前文と9条に示される考え方です。一切の軍備と一切の戦争を放棄するという徹底した平和主義です。これは第二次世界大戦

による日本国内の悲惨な状態およびアジア地域で侵略的な戦争を行ったことの深い反省に立ち，二度とこのようなことを繰り返さないという一大決心が表現されたものです。

　平和主義は人権の問題なのか，統治の問題なのか，どちらの領域の事柄として理解すればよいのでしょうか。日本国憲法は平和を人権の問題として考えているといえます。こうした考え方を平和的生存権とか「人権としての平和」といっています。平和がなければ人権は成立することができません。戦争状態は人権侵害の極致といえるでしょう。人々は国家に命を捧げることを要求され，戦争相手国に対しては殺人を行うことを強要されることとなるからです。日本国憲法によって理想の国家を追求するのか，憲法9条を改正することによって近代国家，普通の国家になるのかが，いま問われているといえるでしょう。

7 憲法の改正と国民投票法

　国家と憲法の関係，憲法の重要性と基本原理，日本国憲法の制定過程などを説明してきました。憲法は国の最高法規であるため，簡単に改正されることは望ましくありません。しかし，社会情勢の変化や不都合が生じた場合，改正が必要になる状況があるかもわかりません。憲法は，このような場合を予想して改正手続を定めています。憲法の改正とは，憲法自体に定められた手続によって，条項を修正・削除したり加えたりして，憲法を意識的に変更することをいいます。憲法は最高法規ですから，通常の立法手続よりも厳格な要件を定めるのが普通です。憲法のこのような性質を硬性憲法と呼んでいます。

　日本国憲法は96条で，改正に必要な条件や手続について定めています。まず，「各議院の総議員の3分の2以上の賛成で国会が発議」します。発議とは，憲法改正案を決定し国民に提案することです。次に，この国会の発議を踏まえて国民投票を行い，国民の承認を得ます。これがないと改正の効力は生じません。こうして過半数の国民の承認を経た憲法改正は，天皇によって公布されます（7条）。

　この憲法改正条項がにわかに注目を浴びるようになったのは，2012年末の選挙で，自由民主党（自民党）が政権を奪取してからです。自民党は憲法改正を

党是としています。

　日本国憲法96条の条文を確認しておきましょう。「①この憲法の改正は，各議院の総議員の三分の二以上の賛成で，国会が，これを発議し，国民に提案してその承認を経なければならない。この承認には，特別の国民投票又は国会の定める選挙の際行はれる投票において，その過半数の賛成を必要とする。②憲法改正について前項の承認を経たときは，天皇は，国民の名で，この憲法と一体を成すものとして，直ちにこれを公布する。」

　この発議は，発案・審議・議決の三段階を経て行われ，最終的な議決には，衆参両議院で総議員の３分の２以上の賛成が必要とされています。現在の政権は，この発議要件を３分の２から過半数に引き下げて改正をしやすくする動きをしているため，にわかにこの憲法96条に注目が集まっています。

　憲法96条に規定されているように，憲法改正に当たっては国民投票を行う必要があります。しかし，日本国憲法制定以来，国民投票に関する法律は制定されてきませんでした。それは国民が憲法改正の必要性を感じなかったからです。ところが1993年に連立政権が誕生することによって55年体制が崩れます。このことにより国民投票法案に向けた動きが出てきます。こうして2007年５月，「日本国憲法の改正手続に関する法律」（国民投票法）が成立し，公布から３年後の2010年５月18日に施行されることになりました。

　この法律は，憲法の改正のみを国民投票の対象としており，投票権者は18歳以上の日本国民で，国会発議後60日以後180日以内において，国会の議決した期日に国民投票を行い，最低投票率制度は設けないこととなっています。

　それでは以上のような手続を経れば，どのような改正も可能なのでしょうか。これを肯定する考え方もありますが，一般的には，憲法の基本的性格である国民主権原理に反するような改正は許されないと考えられています。これは，憲法の根本にある３大基本原理に反する改正は許されないことにつながっています。

　現在問題となっているのが，2012年４月に自民党が公表した「日本国憲法改正草案」です。その中心的な問題点は，憲法96条の国会発議要件を「３分の２以上の賛成」から「過半数の賛成」に変更して，改正要件を緩和していることです。改正の中身で注目を引くのが９条の改正であり，自衛隊を「国防軍」に

改め，集団的自衛権を行使できるように自衛権を明記しています。また，天皇を「元首」と位置づけ，国旗・国歌の尊重義務を規定し，「家族はお互いに助けあわなければならない」ことも規定されています。さらに国民の義務が現行憲法より多く規定されています。こうした規定は立憲主義の観点から見れば大きな疑問があるといえます。こうして今日，憲法とは何か，立憲主義とはどういう考え方かが，社会の大きな関心事となっているのです。

◆参考文献
芦部信喜・高橋和之補訂『憲法〔第 7 版〕』岩波書店，2019年
後藤光男『いま知りたい学びたい日本国憲法』日本文芸社，2013年
渋谷秀樹『憲法への招待〔新版〕』岩波書店，2014年

5講 平和主義と安全保障

① 日本国憲法における平和主義

　日本国憲法は，前文と９条で平和主義を採用しています。この原理が採用されたのは，日本が第二次世界大戦によって世界中を戦争に巻きこみ，世界各国の国民に悲惨な状態をもたらしたという歴史的な反省と，日本自体が世界で唯一，原爆被爆という悲惨な体験をしたことに基づいています。

　憲法の条文では，前文１段で「政府の行為によつて再び戦争の惨禍が起こることのないようにすることを決意」します。また，前文２段で「日本国民は，恒久の平和を念願し，人間相互の関係を支配する崇高な理想を深く自覚するのであつて，平和を愛する諸国民の公正と信義に信頼して，われらの安全と生存を保持しようと決意した。……われらは，全世界の国民が，ひとしく恐怖と欠乏から免れ，平和のうちに生存する権利を有することを確認する」と定めています。このように前文では，憲法の基本原理としての平和主義と，それに基づく人権としての「平和のうちに生存する権利」，すなわち平和的生存権について宣言しています。

　このことをさらに，憲法９条で具体化しています。そこでは，あらゆる戦争の遂行，戦力の保持，交戦権の行使を否定します。このように，一切の戦争を放棄して軍備を撤廃するという徹底した平和主義を明確にしたのは，世界の憲法史上，日本国憲法が初めてです。この点で，日本国憲法は画期的な意義をもっているといえます。

② 憲法９条の戦争放棄・戦力の不保持・交戦権の否認

　それでは　憲法９条を具体的にみていきましょう。次のように規定しています。「①日本国民は，正義と秩序を基調とする国際平和を誠実に希求し，国権

の発動たる戦争と，武力による威嚇又は武力の行使は，国際紛争を解決する手段としては，永久にこれを放棄する。②前項の目的を達するため，陸海空軍その他の戦力は，これを保持しない。国の交戦権は，これを認めない」。このように１項であらゆる戦争の放棄を定め，２項後段では交戦権の否認を規定し，完全な非武装主義を宣言しています。徹底した戦争否定の態度を打ち出している点が，各国の憲法との違いです。２項前段で戦力をもたないことを宣言して，１項における戦争の放棄を具体的に裏づけています。さらに２項後段で，「国の交戦権は，これを認めない」と定めています。交戦権の意味については，①国家が戦争を行う権利，②戦争中に国家が交戦国として国際法上認められる権利，という理解があります。どちらの考え方をとるにしても，日本国憲法は交戦権を否定しているのです。

　いずれにしても多くの憲法学者は，９条１項・２項によって，日本は一切の戦争を放棄し，自衛戦争も含めて一切の戦争をすることができず，戦力を放棄したと解釈してきました。ただ，一部の憲法学者は，憲法９条が放棄したのは侵略戦争であって自衛戦争は放棄していないという解釈をとっています。このような解釈に立てば，「自衛のための戦力」は保持することができることになります。しかし，解釈としては苦しい解釈で，政府もこのような解釈を採用していません。

　そこで憲法で保持を禁止された「戦力」と自衛隊との関係をみておきましょう。「戦力」とは何かを考えるとき，自衛隊の存在が問題となります。それでは「戦力」とは何でしょうか。一般的には「戦争を遂行する目的と機能をもつ多少とも組織的な武力または軍事力（軍隊）」と考えられています。こうした考え方に立てば，自衛隊は戦力に該当して憲法違反ということになりそうです。しかし，政府は決してこのような言い方はしません。それではどのように理屈づけてきたのでしょうか。

　政府は自衛戦力合憲論を採用してきました。これは「戦力について，『自衛のための必要最小限度』の実力にとどまる限り，自衛力として，保持することは憲法上禁止されていない」（1972年11月13日政府統一見解）という考え方です。こうした考え方に立てば，自衛隊は必要最小限度の実力であって，戦力に該当しないということになります。

しかし，学説では，「自衛力」という弁明は，「軍事力」の拡充に対する論理的な歯止めそのものを消し去ってしまう危険性をはらんでいると考えます。世界有数の装備と規模をもつ現在の自衛隊は，その目的・装備等からして必要最小限度の実力を超える軍事力にほかならず，憲法がその保持を禁止する「戦力」であるといわざるをえない，という解釈が学説の常識的な理解であるといえます（[渋谷，2014：188] 参照）。

　それでは，世界各国の戦争放棄の規定はどのようになっているのでしょうか。第二次世界大戦後に成立した多くの憲法が具体的な規定を設けています。例えば，1946年フランス第4共和制憲法（「征服のための戦争」を放棄する），1946年のイタリア共和国憲法（「国際紛争を解決する方法」としての戦争を放棄する），1949年の西ドイツ憲法（「侵略戦争の遂行を準備する行為」を違法化する）などが挙げられます。しかし，これらはいずれも一定の条件の下で自衛戦争や制裁戦争を行うことを認めています。こうした国とは異なり，独自の憲法をもつ国を紹介しておきましょう。中南米の人口約360万人のコスタリカです。この国は1949年に憲法を制定しますが，常設制度としての軍隊の廃止を宣言しました。そして今日まで軍隊は設置されていません。軍隊の維持にかかる予算を福祉や教育に回していることで知られています。1983年には「コスタリカの永世的・積極的な非武装中立に関する大統領宣言」を行い，軍隊をつくることは絶対に行わない宣言をしました。日本とは異なり，憲法の条文だけではなく，現実に平和の実践を行っているのです。

③ 自衛隊は戦力か，自衛権の範囲内か

　自衛隊の問題について，歴史的にみておきましょう。1950年6月に朝鮮戦争が起こると，GHQの指令により，政府は「警察力を補う」ことを目的として7万5千人からなる警察予備隊をつくりました。これはあくまでも国内の治安を維持するための部隊であるとしていました。そして1952年，すなわち旧日米安保条約が発効した年，警察予備隊を保安隊に，海上保安を担当していた海上警備隊を保安庁警備隊に改編し重装備化を進め，定員を11万人に増強します。政府は，この年の統一見解において，憲法が禁じている「戦力」とは「近代戦争

遂行に役立つ程度の装備，編成を備えるもの」であると説明し，保安隊・警備隊はまだ近代戦争遂行能力を備えていないから「戦力」ではないと説明しました。

さらに1954年，政府は自衛隊法と防衛庁設置法を制定し，定員12万人の自衛隊を誕生させました。以後，毎年，着実に増強が図られ，今日では世界の水準からいっても相当に強力な軍隊となっています。近代戦争遂行能力を十分に備えることとなります。それでは先の戦力の定義によれば，憲法違反となってしまいます。そこで政府は戦力の定義を変更し，自衛隊は「自衛のための必要最小限の実力」つまり「自衛力」に当たり，これは憲法にいう「戦力」ではないというものです。こうした考え方に立てば，世界の多くの国家は「戦力」をもっていないということになります。9条の解釈で言及しましたが，苦しい解釈というほかありません。

④ 自衛権の許される範囲：個別的自衛権と集団的自衛権

次に憲法が予定する安全保障とはどのようなものであるかを考えてみましょう。国際社会における自国の防衛について，日本国憲法はどのような立場をとっているのでしょうか。当初は，9条が自衛戦争をも放棄した絶対的平和主義をとっていると解釈し，憲法が予定した安全保障の方式は，世界連邦，世界国家を目標とし，その段階に至るまでは非武装中立の方式によるべきであり，これが現実的でないというなら，2つの陣営の対立をこえたすべての「平和を愛する諸国民」の組織としての国際連合による安全保障という方式が最低線であるという考え方が有力でした。しかし実際には，日本の安全保障は自衛隊の容認と日米安保条約を軸とする方式でした。

ここでもう一度，政府の見解を振り返っておきましょう。政府は憲法の範囲内での自国の防衛について，自衛隊の誕生以来，国家が自衛権をもつのは当然であり，必要最小限度の実力は認められると考えてきました。ここでいう自衛権とは，国家が自国または自国民を守るために，差し迫った不正な危害を除く目的でやむをえず行動するという個別的自衛権を意味します。

これに対し，同盟関係にある国が他国から武力攻撃を受けた場合に共同で防衛に当たることを集団的自衛権の行使と呼びます。集団的自衛権とは，「ある

国が武力攻撃を受けた場合に，その国と密接な関係にある国が，この攻撃を自国の平和と安全を脅かすものとみなして，攻撃された国を援助し共同して防衛に当たる権利のことで，自国への武力攻撃に対して防衛する権利である個別的自衛権と対比される」ものです。日本政府は従来，憲法上集団的自衛権は認められないという立場をとってきました。政府の立場からいえば，憲法が認めているのは個別的自衛権だけだとしてきたのです。しかし，あとで言及しますが，政府は，憲法解釈を変更して集団的自衛権の行使を認める閣議決定を行ったのです。まさに解釈改憲といえるもので，内閣の違憲行為というほかありません。

⑤ 自衛隊の国際貢献

　先述したように，日本は，東西冷戦下での現実的な対応として，西側陣営に属し，アメリカとの連携をとりながら，安全保障政策を形づくってきました。しかし，1989年のベルリンの壁の崩壊後，1991年のソビエト連邦の解体により東西冷戦構造が終結します。このことは日米安保体制と自衛隊のあり方にも影響を及ぼします。

　1990年8月のイラクによるクウェート侵攻に端を発する湾岸戦争が翌1991年1月に勃発すると，政府はアメリカを中心に結成された多国籍軍に130億ドルの財政支援を行い，湾岸地域に自衛隊の掃海艇を戦闘以外の目的で派遣しました。また，1992年6月には，自衛隊の海外派兵を可能とする国連平和維持活動協力法（PKO協力法）が成立しました。この法案の審議過程では，自衛隊の海外派兵を行わないとしてきた政府方針との矛盾，あるいは，戦争の放棄をうたった憲法との矛盾などが議論されました。この法律に基づき，1992年9月，国連カンボジア暫定統治機構（UNTAC）に向けて初めて自衛隊の派遣が行われました。その後，1993年5月アフリカの国連モザンビーク活動（ONUMOZ）に，1994年9月国連ルワンダ支援団（UNAMIR）に，1995年8月ゴラン高原の国連兵力引き離し監視軍（UNDOF）に，1999年11月東ティモールの避難民救援に，それぞれ自衛隊員が派遣されました。

　また，2001年9月のアメリカにおける同時多発テロの後には，より踏み込んだ協力を可能とするテロ対策特別措置法が制定されました。また，2003年には

有事に関する基本法の性質をもつ「武力攻撃事態対処法」とともに，「改正自衛隊法」，「改正安全保障会議設置法」の有事3法を成立させ，有事法制の枠組みをつくりました。その後，2009年，「海賊対処法」（海賊行為の処罰及び海賊行為への対処に関する法律）が制定され，特別の必要がある場合，自衛隊の部隊に海賊対処行動を命ずることができるようになっています。この法律は集団的自衛権行使の容認への道をひらいたものと評価されています。

6 安全保障関連法の成立と集団的自衛権

(1) 防衛庁から防衛省へ

2007年1月9日，防衛庁は防衛省へ移行しました。省への移行により，主任の大臣は防衛大臣となり，指揮監督は内閣総理大臣ではなく防衛大臣が行うこととなります。しかし，行政の長が内閣総理大臣であることに変わりはありませんし，シビリアンコントロールの重要性も何ら変わるものではありません。

(2) 2014年閣議決定によって集団的自衛権を容認

2014年7月1日，内閣は「国の安全を全うし，国民を守るための切れ目ない安全保障法制の整備について」を閣議決定し，歴代内閣が長年禁じてきた集団的自衛権を容認する，憲法9条の解釈変更を行いました。憲法9条の下で許容される自衛の措置としての武力の行使の新三要件として，①わが国に対する武力攻撃が発生したこと，またはわが国と密接な関係にある他国に対する武力攻撃が発生し，これによりわが国の存立が脅かされ，国民に生命，自由および幸福追求の権利が根底から覆される明白な危険があること，②これを排除し，わが国の存立を全うし，国民を守るために他に適当な手段がないこと，③必要最小限度の実力行使にとどまるべきこと，を挙げています。しかし，こうした基準が示されているとはいえ，憲法の解釈を変更することになる事柄を，閣議決定という手段で変更したことについては解釈改憲といえるものです。違憲行為であるとして，多くの批判があります。

(3) 安全保障関連法の成立

　2015年9月19日，集団的自衛権の行使容認を含む安全保障関連法が参院本会議で採決され，可決・成立しました。関連法の成立により，自衛隊の海外での活動が質的変化を遂げ，活動範囲が大きく拡大します。

　安全保障関連法は2014年7月の閣議決定の内容を具体化したものです。日本の存立が脅かされる「存立危機事態」で集団的自衛権の行使が可能となります。法改正は多岐にわたっていますが，米軍と自衛隊の運用面での協力を強化し，他国が日本への攻撃を踏みとどまるよう，抑止力を高めるのが目的です。また，海洋進出の動きがめざましい中国や，核兵器・長距離弾道ミサイルの開発を進める北朝鮮への対応を念頭においているといわれています（以上の記述につき，毎日新聞2015年9月19日朝刊・夕刊を参照して構成）。

　しかし，元最高裁長官や憲法学者から「違憲」の指摘を受けた安全保障関連法は，今後，同法が憲法違反ではないのかどうかの判断を裁判所に求める違憲訴訟が相次ぐことになると予測されています。三権分立の一翼を担う司法権は，これまで憲法判断に消極的といわれてきましたが，安全保障関連法にどのような判断を行うのか注目されるところです。

◆参考文献
後藤光男『憲法』ナツメ社，2004年
後藤光男『いま知りたい学びたい日本国憲法』日本文芸社，2013年
渋谷秀樹『憲法への招待〔新版〕』岩波書店，2014年
三浦一郎『リアルタイム法学・憲法〔改訂5版〕』北樹出版，2019年

6講 基本的人権の保障

① 基本的人権とは

　基本的人権は，人権（human rights）あるいは基本権（fundamental rights）と呼ばれます。日本国憲法11条で，「国民は，すべての基本的人権の享有を妨げられない。この憲法が国民に保障する基本的人権は，侵すことのできない永久の権利として，現在及び将来の国民に与へられる」と規定し，また，97条で「この憲法が日本国民に保障する基本的人権は，人類の多年にわたる自由獲得の努力の成果であつて，これらの権利は，過去幾多の試練に堪え，現在及び将来の国民に対し，侵すことのできない永久の権利として信託されたものである」と規定しています。基本的人権が憲法に保障されるゆえんは，ひとつに人類普遍の政治的道徳の原理に基づいているといえます。国政に国民の意思を反映させるためには，国民一人一人の人権が尊重されなければなりません。基本的人権が無視されては正しい国政を行うことができません。また，基本的人権の尊重は平和主義の保障ともなります。国内的にも国際的にも人権が無視されるのは戦争の場合であり，基本的人権と国民主権と平和主義は不可分の関係にあります。

　基本的人権が「人類の多年にわたる自由獲得の成果」であるとするならば，それがどのように発展してきたかをみておかなければなりません。基本的人権の歴史を知るために，人権宣言または権利宣言といわれるものの歴史を概観することにしましょう。

　一般に人権宣言の源は，イギリスにおける1215年のマグナ・カルタ（Magna Carta），市民革命前後の1628年の権利請願（Petition of Rights），市民革命の所産である1689年の権利章典（Bill of Rights）に求められます。しかし，近代的な意味での人権宣言は，18世紀におけるアメリカとフランスの諸宣言に始まります。1776年のアメリカ独立宣言はトマス・ジェファソン（Jefferson, T. 1743-1826）に

よって起草されました。

　これらの諸宣言は，ジョン・ロック（Locke, J. 1632–1704），トマス・ペイン（Paine, T. 1737–1809）あるいは，ルソー（Rousseau, J-J. 1712–78）などの思想家の影響を受け，自然権思想および社会契約論に基づくものです。

　ジョン・ロックは『国政二論』（1690年）において，個人個人が自然状態でもつ，生命・自由・所有への権利を〈property〉と呼び，各人の〈property〉を保全するために，諸個人が契約を結んで政治社会＝国家をつくり，契約違反が起こった場合には，最終的な対抗手段として，抵抗権が発動されると説いたのです。

　近代市民革命期の人権宣言は，国家からの経済的自由・精神的自由・人身の自由を保障する自由権が中心でした。これは個人の生活領域に国家が介入してはならないことを前提とするものです。これらの権利は自由主義経済の発展を導きましたが，反面，社会に貧困や失業などの問題を起こす一因ともなってきました。そこで，20世紀，貧困・失業問題などを克服するための生存権ないし社会権といわれる権利が登場します。社会権とは，貧しい人や失業者など社会的・経済的弱者が「人間らしい生存」を保障されるように，国家に積極的な配慮を求める権利です。日本国憲法も自由権とともに社会権を保障しています。

② 国家権力から人権を守る

　従来，国民の権利を侵害するのは国家でした。そこで近代憲法は，国家権力が乱用されて，国民の権利・自由が侵害されないように，いろいろな種類の基本的人権を掲げて保障しています。

　18世紀から19世紀にかけて近代市民革命期の人権は，どこにでも好きなところに移住することができる居住・移転の自由，好きな職業を選択することできる自由といった経済的自由，好きな宗教を信仰する自由，言いたいことを言う自由などの精神的自由，不当に身体を拘束されることのない人身の自由などを保障する自由権が中心でした。これらの自由権を侵害するのは国家権力です。自由権は国家権力が過剰に私たちの自由に介入することによって侵害されるところに特徴がありますが，社会権は，自由権と異なり，国家が何も配慮しない

ことによって侵害される権利です。

　例えば，日本国憲法25条の生存権を考えてみましょう。25条では「国民は，健康で文化的な最低限度の生活を営む権利」を保障しています。しかし，憲法に規定されるだけではこの権利は実現しません。具体的に，国会が生活保護法という法律をつくり，行政が生活保護基準という給付する具体的な金額を設定し，これに基づいて，要生活保護者のところに金額が給付されて初めてこの権利が実現するといえます。逆にいえば，国会が生活保護法をつくらない場合，あるいは不十分な法律しかつくらなかった場合に生存権は侵害されるといえます。

　このように自由権では国家権力の作為によって権利が侵害されますが，逆に生存権・社会権では国家権力が何もしない不作為によって権利が侵害されるという事態が起こります。こうした人権の特徴を理解しておくことが必要でしょう。

③ 社会的権力から人権を守る

　国家と国民との関係については以上のように人権が保障されています。それでは，私人と私人との関係はどうでしょうか。この関係には国家が介入しないという建前がとられています。これを私的自治の原則とか契約自由の原則といいます。

　しかし現代においては，中間的な社会団体・社会的権力（例えば，企業・労働組合・政党など）の占める位置が増大し，これらの社会的権力が個人の基本的人権を侵害するという状況が出てきます。

　契約の自由は，私人と私人が対等な関係であればうまくいきます。しかし，対等な関係でない場合には不都合なことが起きます。資本主義が発達すると，持てる者はどんどん豊かになっていくのに対して，持たざる者は貧困にあえぐという状況が出てきます。例えば，労働者が会社に雇われる場合を考えてみましょう。労働者は自分の賃金・労働条件などについて，会社と対等に交渉するには弱い立場にあります。雇われる側はとにかく生活がかかっているため，会社側の条件をのんでしまいがちになります。会社側はできるだけ安い賃金で雇

い長時間働かせようとします。これでは，雇われる側の豊かに生きる権利は保障されるとはいえません。

　そこで憲法は，こうした私人と私人との関係にも目配りをし，企業などの大きな民間団体が個人の人権を侵害しないように規定をおいています。つまり，憲法が私人と私人との関係で人権侵害が起きそうな場合を想定して，これに関する規定を前もって準備しておくというものです。例えば憲法27条です。2項では「賃金，就業時間，休息その他の勤労条件に関する基準は，法律でこれを定める」と規定しています。本来ならば，賃金とか就業時間は，雇う者と雇われる者が契約の自由を使って自由に交渉するというのが建前です。しかし，これでは力関係が対等でないため，雇われる人の賃金が安く買いたたかれるという状況が出てきます。そこでこの関係に国家が介入して，最低賃金法であるとか労働基準法をつくって，労働者の人権を守るために法的介入を行うというものです。28条の労働者の団結権，団体交渉権，争議権も同じ理屈です。一人一人では弱い労働者も団結して当たれば，雇う側と対等な力関係に立つことができます。これが私人相互間の人権保障の問題であり，憲法では重要な問題領域となっています。

　憲法で私人相互間の人権保障を予想した規定として，上記27条2項，28条以外に，憲法15条4項「すべて選挙における投票の秘密は，これを侵してはならない。選挙人は，その選択に関し公的にも私的にも責任を問はれない」，18条「何人も，いかなる奴隷的拘束も受けない」，24条「婚姻は，両性の合意のみに基いて成立し，夫婦が同等の権利を有することを基本として，相互の協力により，維持されなければならない」等の規定があります。あとは立法による解決（例えば，労働基準法3条，4条，5条，7条など）があります。憲法にも規定がなく，法律もない場合は，憲法の解釈により，相互の人権を比較衡量して解決する以外にないということになります。

　以下では，私人と私人との関係が問題となった代表的な判例を紹介して，私人相互間の人権保障という問題の理解を深めていただきたいと思います。

(1)　三菱樹脂事件（最大判1972年12月12日民集27巻11号1536頁）
　本事件は，大学を卒業して三菱樹脂株式会社に3か月の試用期間を設けて雇

用された者が，入社試験の際，学生運動に関する経歴を秘匿し虚偽の申告をしたことを理由として本採用が取消されたことを争ったものです。

最高裁は，憲法が思想・信条の自由や法の下の平等を保障しているのと同時に「22条，29条等において，財産権の行使，営業その他広く経済的活動の自由をも基本的人権として保障されている」と指摘し，「それゆえ，企業者は，かような経済活動の一環としてする契約締結の自由を有し，自己の営業のために労働者を雇傭するにあたり，いかなる者を雇い入れるか，いかなる条件でこれを雇うかについて，法律その他による特別の制限がない限り，原則として自由にこれを決定することができるのであって，企業者が特定の思想，信条を有する者をそのゆえをもって雇い入れることを拒んでも，それを当然に違法とすることはできない」と述べ，試験採用による思想調査を容認しました。

(2)　昭和女子大事件（最判1972年7月19日民集28巻5号790頁）

本事件は，保守的な校風をもって教育の指導精神とする私立大学の「生活要録」に反して，政治活動を行った学生を退学にしたことが，学生の思想の自由（憲法19条）や政治的表現の自由（憲法21条）等に違反するかが争われたものです。

最高裁は，「私立学校においては，建学の精神に基づく独自の伝統ないし校風と教育方針のもとで教育を受けることを希望して当該大学に入学するものと考えられるのであるから，右の伝統ないし校風と教育方針を学則等において具体化し，これを実践することが当然認められるべきであり，学生としてもまた，当該大学において教育を受けるかぎり，かかる規律に服することを義務づけられるものといわなければならない。……私立大学のなかでも，学生の勉学専念を特に重視しあるいは比較的保守的な校風を有する大学が，その教育方針に照らし学生の政治的活動はできるだけ制限するのが教育上適当であるとの見地から，学内及び学外における学生に政治活動につきかなり広範な規律を及ぼすこととしても，これをもって直ちに社会通念上学生の自由に対する不合理な制限であるということはできない」とした上で，結局「本件退学処分は，懲戒権者に認められた裁量権の範囲内にあるものとして，その効力を是認すべきである」としました。

(3)　日産自動車事件（最判1981年3月24日民集35巻2号300頁）
　本事件では，日産自動車株式会社の男女の定年年齢に5歳の差を設ける会社
の就業規則の違法性が争われました。最高裁は「女性の定年年齢を男性より低
く定める就業規則は，性別による不合理な差別を定めるものとして民法90条の
規定により無効である」としました。

　以上のほかに，今日では，表現の自由とプライバシー，例えば，マスメディ
アの出版・報道とそこで取り上げられる私人の名誉・プライバシーの衝突，作
家の小説で取り上げられた人の名誉・プライバシーの衝突など多くの問題が出
てきています。私人相互の間の問題であれば，どちらの権利・自由を重視する
のかという一種の利益較量ぬきに当然に憲法違反であると結論づけるわけには
いかず，侵害される人権との関係において侵害する側の自由が制約されるべき
ものかどうか，また，どこまで制約すべきであるのかという判断に帰着するこ
とになります。究極的に裁判官が問題解決を行う際に，いかなる人権が，いか
なる私人間の関係に，いかなる程度で及ぶのかという法準則（ルール）を体系
化することが必要になるといえるでしょう。

④ 人権が侵害された場合の救済方法

　人権が侵害された場合，その救済を求めることが必要となります。もし紛争
の解決を当事者同士に任せると，どういうことになるでしょう。そこでは力の
強い者が勝ったり，声の大きい者の言い分が通ったりして，必ずしも正しい方
が勝つという保障はありません。そこで，具体的には裁判所に救済を求めるこ
とになります。憲法32条は「何人も，裁判所において裁判を受ける権利を奪は
れない」と定めています。この裁判を受ける権利は，ヨーロッパ諸国の封建制
あるいは絶対王政の下で行われた恣意的・専断的な裁判に対して，人々の権
利・自由を守ろうとする要求に由来します。
　これは，国民の権利・自由が恣意的・専断的な不法状態に代わって，法の支
配による司法的保護を受けることを意味しています。法の支配とは，裁判官が
原告（訴える側）と被告（訴えられる側）の間に立ち，あらかじめ作られた法に

照らして判決を下すしくみです。このためには，独立した裁判所を前提に，司法権の独立，特別裁判所による裁判の禁止，公正な裁判のための手続が必要となります。

　憲法32条では，自分の権利を守るために裁判所に訴え，裁判を受ける権利が保障されています。また刑事事件については，裁判所の裁判によらなければ刑罰を科せられません（憲法31条）。人々に裁判請求権が認められる一方で，裁判所は，適法な手続で提訴された事件について裁判を行うことを義務づけられています。また，裁判は公正を期すために，公開の法廷で審理し，判決を下すという形式によって行われることが必要です（憲法82条）。ただし，離婚や相続にかかわる家事審判事件では，当事者のプライバシーを侵害する危険があるため，公開せずに行うこともできます。

⑤ 憲法尊重擁護義務

　近代憲法の本質は，国家権力を制限することに意義があります。国家権力の行使の主体は公務員です。この公務員の権力行使を拘束するのが憲法です。そこで憲法の明文で，憲法尊重擁護義務を公務員に課することによって，権力の乱用を防ごうとするものです。憲法12条が「国民の不断の努力」による自由・

日本における輸血拒否に関する著名な事例として，少し古いケースですが次のようなものがあります。新聞では次のように報じられています（朝日新聞1985年6月8日）。

1985年6月6日午後，川崎市で，自転車の小学生がダンプカーと接触，両足骨折などで5時間後に死亡した。その際，両親がキリスト教の一宗派と称する「エホバの証人」であり，信仰上の理由から救急病院の医師に「決意書」を出して輸血を拒否した。医師は，両親を説得し続け，最後の手段として医師が意識のあった子どもに，親に輸血してもらうよう呼びかけ，子どもも苦しい息の下で「生きたい」と訴えたが，親は「聖書にある復活を信じているので輸血には応じられない」と拒み通し，出血多量で死亡したというものです。このような事例はその後も時に起こりうることです。なお，「エホバの証人」の信者は国内に約20万人いると報道されています。

この事例は，成人が本人の自由意思で輸血拒否を行ったのとは異なり，親の信仰上の理由で輸血が行われなかった点において微妙な問題があります。本件では，医師は救命の責任を負うが，宗教的信仰を尊重しなければならず，その結果，法的責任をも抱えこむというジレンマに陥ることとなります。医師と患者という立場において，医師は治療を最大の使命とするのであり，医師の生命尊重・救命義務からいって，最善の措置，すなわち，子どもを助けるための輸血を行うという立場をとることになります。そうすると，医師と両親が対立することになります。また，子どもの生命にかかわる輸血拒否については，子どもの権利と親権が対立する構造になります。

このケースは，成人の輸血拒否と異なり，子どもの人権がかかわってくるので問題点が複雑になってきます。すなわち，本事例の提示した問題は，子どもの自己決定権がないがしろにされたという面はなかったのか，親の宗教的確信をもって子どもを従わせることができるのか，そのような形で，子どもの生存権・人格権が侵害されているときに，それを救済する法的手続が存在しないことに問題はないのか，あるいは，子どもが宗教的良心的決定を行いうる成熟性を獲得するのは何歳ぐらいであるのか，などがあります。

権力の保持を強く呼びかけながら，憲法全般の尊重擁護に関する99条において国民を含めなかったことには，それなりの理由があると理解すべきでしょう。立憲主義の理念からいうと，主権者たる国民が憲法という最高法規をつくって，統治権の担当者が守るべき義務を課したということになります。それゆえ，憲法から国民に課される義務を引き出すのは，立憲主義の精神に反することにな

ります。99条に「国民」という言葉が書き込まれなかったことには大きい意味があるのです。

　判例も，百里基地訴訟控訴審判決では以上と同様のことを次のように述べて，国民の憲法尊重擁護義務を否定しています（東京高判1976年 7 月 7 日判例時報1004号 3 頁）。憲法99条は，公務員の憲法尊重擁護義務を規定しているが，本条が憲法第10章の最高法規の項の中に規定されていることからみて明らかなように，特に「天皇又は摂政及び国務大臣，国会議員，裁判官」など，国家の象徴としてあるいは国政を担当する重責にある公務員として，憲法の運用にきわめて密接な関係にある者に対し，憲法を尊重し擁護すべき旨を明らかにしたものであって，国政を担当する公務員以外の一般国民に対して，こうした義務を課したものではないのであると。

◆参考文献

高木八尺・末延三次・宮沢俊義編『人権宣言集』岩波書店，1957年
常本照樹「治療拒否の自由―自分の身体は自分のもの？　輸血拒否事件」棟居快行・松井茂記
　　ほか『基本的人権の事件簿〔第 6 版〕』有斐閣，2019年
樋口陽一『〔 6 訂〕憲法入門』勁草書房，2017年
藤本富一「私人相互間の人権保障」後藤光男編著『法学・憲法への招待』敬文堂，2014年

7講 男女の平等と個人の尊厳

① 夫婦別姓と氏名権

　民法750条が夫婦同氏制を規定しているため（戸籍法74条1号も参照），それぞれの氏の変更を希望しない男女は，法律婚を諦めるか，いずれか一方が意に反する氏の強制を受け入れざるをえない状況に置かれることになります。夫婦同氏については，今日では，憲法13条の氏名権，憲法24条「婚姻の自由」，および「夫婦の同等の権利」の侵害が問題とされることとなります。

　この点に関する訴訟において，原告は婚姻に際して夫婦の一方の氏の変更を強いる民法750条は，憲法13条（氏の変更を強制されない自由）および24条（婚姻の自由）に保障されている権利を侵害し，また，女子差別撤廃条約16条1項（b）（g）に反することが明白であるから，国会は，民法750条を改正し選択的別氏制度を設けることが必要不可欠であるにもかかわらず，何ら正当な理由なく長期にわたって同条を改正しなかったことが違法になるとして，国を相手に慰謝料の支払いを求めたのです。しかし，裁判所は，憲法13条や24条が夫婦別姓のような権利を保障していることが明白とはいえないとして，請求を棄却しました。

　それでは本事例はどこに根本的問題点があるのでしょうか。それは民法750条が，夫婦の一方に氏の変更を強制している点にあります。これは憲法13条の人格権としての氏名権を侵害するのではないかという点にかかわってくるものです。

　1989年6月23日に岐阜家庭裁判所が審判を下した際，夫婦同氏に関し，「親族共同生活の中心となる夫婦が，同じ氏を称することは，主観的には夫婦の一体感を高めるのに役立ち，客観的には利害関係を有する第三者に対して夫婦であることを示すのを容易にするものといえる。したがって，国民感情または国民感情および社会的慣習を根拠として制定されたといわれる民法750条は，現

在においてもなお合理性を有するものであって，何ら憲法13条，24条１項に違反するものではない」と述べています。

　民法750条は，婚姻に際し，夫婦が同じ姓にしなければならないことを定めています。この規定は，夫婦いずれかの姓を選択できるようになっているので，形式上は男女平等になっています（しかし，結婚によって姓を改めるのは98％が女性であり，改姓による不利益は女性が負担してきたといわれます）。この点をみれば，実質的には男女平等ではないともいえます。このことは憲法の保障する法の下の平等が形式的平等で十分なのか，それとも結果の平等を図る実質的平等まで要求するのかという問題ともかかわってきます。そこで，憲法は男女の平等についてどのように規定しているのか，まず，確認しておきましょう。

②　法の下の平等と性別などによる差別の禁止

　平等とは，個人個人を尊重し，等しく公平に扱うことです。自由と平等は近代民主主義を支える２つの大きな柱でした。例えば，1776年のアメリカ独立宣言は「すべての人間は平等に創られ」といっています。また，1789年のフランス人権宣言も「人は，自由かつ権利において平等なものとして出生し，かつ生存する。社会的差別は，共同の利益の上にのみ設けることができる」と述べています。ここでいう平等とは，中世封建社会における身分制度を廃止するために主張されたものです。その内容は生まれによる差別を禁止するところにあります。したがって，近代憲法の平等の内容は，自由と財産の保障であり，形式的な平等であったといえます。

　しかし資本主義の発展の中で，富の偏り，労働者の貧困・失業などの社会問題が起こり，実質的には不平等な状態が生じました。現代国家においては，社会に存在するこうした事実上の不平等を除去しなければならないという考え方があります。ですから，平等権は，単に差別されない自由（＝出発点の平等）だけでなく，社会的・経済的強者と弱者の事実上の平等（＝結果の平等）を図ることも含んでいます。このことは日本国憲法の社会権規定（25条，26条，27条，28条）にみることができます。1948年世界人権宣言においても１条で「すべての人間は，生まれながらにして自由であり，かつ尊厳及び権利について平等で

ある」と定め，2条，6条，7条においても平等について言及しています。

　日本において，第二次世界大戦後の民主化を支えた基本原理の1つは平等権です。それを憲法14条1項において保障し，明治憲法下の不平等を廃止しました。14条1項では，「すべて国民は，法の下に平等であつて，人種，信条，性別，社会的身分又は門地により，……差別されない」と定めています。「人種」とは，人間の人類学的な区別をいうとされています。「信条」とは，宗教的信仰だけではなく，人生や政治についての信念をも含みます。「性別」は男女の区別です。「社会的身分」は，出生によって決定される社会的地位などを意味します。「門地」とは，華族・士族・平民などのように人の出生によって決定される家族的な身分をいいます。これらによって差別することはできません。

　以上の事柄は，今まで差別されることが多かったという経験に基づいて挙げられています。もっとも，何でも機械的に等しく扱うことを定めているわけではありません。例えば，労働条件上，女性を優遇すること（産前産後休暇，育児休暇，生理休暇など），各人の資力に応じて税額に差異を設けること（累進課税），年少者のみに特定の法律を適用すること（未成年者の喫煙禁止など），このように法律上の別異取扱いが「合理的な区別」であれば，その取扱いを定めた法律は憲法上14条1項に違反するものではないと考えなければなりません。そこで「合理的な区別」であるかどうかを判断する基準が必要となります。その基準として，①立法目的と②その目的を達成するための手段について，合憲性を検討する必要が出てきます。この方法によれば，立法目的に合理的な根拠があり，その目的と手段との間に合理的な関連性があれば，その法律の合憲性の推定を行って立法府の判断を尊重することになります。ただし，立法目的と立法手段の合理性がどの程度まで要求されるかは，法律の規制対象や規制要件の定め方にも依存することとなります。人種や性別など特定の事項を要件とする規制や優越的地位にある憲法上の権利を規制する法律については，より厳格に審査を行うべきであると考えられています。

　男女平等の領域において，大きな役割を果たしてきたのが，女子差別撤廃条約です。日本は1985年に本条約を批准しました。この条約を契機にして男女平等の状況が飛躍的に進展しました。それは妊娠・出産以外の差異を男女間に認めないとする考え方をとったからです。同時にこの条約では，社会および家庭

における伝統的な役割分担の廃止が男女平等に不可欠であると認識しています。さらに，「男女の事実上の平等を促進することを目的とする暫定的な特別措置をとることは，この条約に定義する差別と解してならない」として，アファーマティブ・アクションを認めたことです（[植野, 2006] 参照）。

③ 男女の平等に関する問題

　平等については，現在でもいろいろな問題があります。ここでは特に男女の平等を取り上げてみましょう。日本国憲法が制定され，刑法や民法における男女に対する差別的定めは廃止されました。ただ，男女の肉体的な差異により，女性を保護する目的で，男女の扱いを変えることは必ずしも男女平等の原則に反するものではないとされてきました。こうした合理的な区別を法律で認める例として，例えば，強姦罪（刑法177条），女性の坑内業務の就業制限（労働基準法64条の２），女性の出産休暇・育児休暇（労働基準法65条・67条）などがあります。これらの規定は女性の身体保護を目的としており，合理的な区別と考えられますので，違憲ではないとされています。そのほかに，性別による異なった取扱いをしている規定には，女性のみに再婚禁止期間を定めている規定（民法733条），婚姻年齢に男女差を設けている規定（民法731条），夫婦同氏に関する規定（民法750条）などがあります。これらの規定が合憲であるかについては異論も多く，問題視されています。

(1) 結婚退職制や男女別定年制
　性別による差別が争われた裁判として，女性結婚退職制や男女別定年制に関するものがあります。前者では，女性は結婚すると退職しなければならないとする会社の就業規則が問題となりました。裁判所は，憲法14条が禁じる性差別に該当するとして無効にしています（住友セメント事件，東京地判1966年）。後者では日産自動車事件があります。男女の定年年齢に５歳の差を設ける会社の就業規則の違法性が争われました。最高裁は「女性の年齢を男性より低く定める就業規則は，性別による不合理な差別を定めたものとして民法90条の規定により無効である」と判断しました（最判1981年３月24日民集35巻２号300頁）。女性の

地位は男性よりも低いところにおかれがちでした。

(2) 産前産後の就業について定めた労働基準法65条

産前産後の就業について定めた労働基準法65条は，従来女性は妊娠・出産・授乳を行うために，労働力の観点から社会的差別を受けてきた経験により，男女の肉体的・生理的差異に基づき，男女の実質的平等達成のために，形式的に不平等な取扱いをするもので，これを認めることができます。

まず，①同条の立法目的は，妊娠後期における母体の生理的負担からくる妊娠中毒症等の疾病の予防，および胎児の順調な発育ならびに産後の母体の回復および乳児の健全な発育を図るというものですから，この目的は重要なものといえます。次に，②立法目的達成手段については，産前休業6週間・産後休業8週間を定めていますが，この休業期間は母体・胎児・乳児の健康のためには必要であり，立法目的達成のために実質的に関連しているといえます。したがって，同条による男女別異の取扱いは，合理的なもので，憲法14条1項に反せず，憲法上許されると考えることができます。

(3) 再婚禁止期間を定めた民法733条

民法733条は女性に6か月の再婚禁止期間を規定しています。まず，①同条の立法目的は，下級審判決によりますと，女性のみが妊娠・出産するという肉体的・生理的差異のみに基づき，主として父子関係の混乱を防止し，子どもの法的地位を安定させることにあるわけですから，この立法目的はやむにやまれぬほどの重要性があるといえます。次に，②立法目的達成手段ですが，再婚禁止期間は100日で足りるにかかわらず期間が長すぎ，③すべての女性に6か月間，再婚を禁止しているので（例えば高齢者が再婚する場合，妊娠可能性がなく父子関係の混乱ということは起きない），立法目的達成のために必要不可欠であるとはいえません。したがって，同条による男女別異の取扱いは不合理な差別であり，憲法14条1項に違反し，憲法上認められないということになります。最高裁大法廷は，2015年12月16日判決で，民法733条の離婚後6か月の再婚禁止期間の100日を超える部分を違憲としました。

(4)　婚姻年齢を定めた民法731条

同条の立法目的は，男女の生理的成熟差に基づき，成熟度に応じて婚姻適齢を定めようとするところにあります。従来の判例・学説は，男女の肉体的成熟度の違いを理由とする男女の区別的取扱いであるから合理的であるとしてきました。しかし，男女の生理的成熟差が現在明確に存在しているとはいえません。総合的に判断するとこの立法目的には，やむにやまれぬほどの必要性があるとはいえないといえます。その合理性はかなり疑わしいものです。学説では，「戦前の旧民法下での妻の無能力制度を背景に，社会的・経済的に独立しえない16歳の女性による成人擬制を認めていたことの影響が残存しているように思われる。立法目的がこのような『夫への妻の依存性』に依拠する場合にはもちろんであるが，それ以外の場合でも，個人差の大きい肉体的成熟度や女性の特性を理由にあげること自体合理性は乏しい」（[辻村，2011：208]）と指摘されています。

(5)　女性の地位の向上（男女雇用機会均等法など）

このような実態を改善する動きとして，先に言及したように，日本は1985年に女子差別撤廃条約を批准しました。この条約により国内法の整備等が進められ，男女雇用機会均等法が勤労婦人福祉法を全面改正するという形で成立します。1995年には，育児休業法が育児のみならず介護にも適用できるよう改正され，育児・介護休業法が成立します。さらに，1997年，男女雇用機会均等法はセクシュアル・ハラスメントに対する事業主の配慮義務を定めて内容が拡充されてきています。また，同年，労働法上の女性の労働に対する保護規定の見直しが迫られ労働基準法が改正されて，女性のみを対象とする母体保護以外の一般女性保護規定が撤廃されます。

その後，1999年には男女共同参画社会基本法が制定されます。2000年には「ストーカー行為等の規制に関する法律（ストーカー規制法）」，2001年に「配偶者からの暴力の防止及び被害者の保護等に関する法律（いわゆるDV法＝ドメスティック・ヴァイオレンス法）」が制定され，女性に対する暴力に対しての関心が高まり，女性に対する人権侵害をなくし男女共同参画社会をつくるための取組みが各方面で行われることとなります。

今日，セクシュアル・ハラスメントという言葉が定着していますが，日本では1992年に福岡セクハラ訴訟判決が出されています。この訴訟は，女性の職場内外での異性関係に関する行状について悪評を言い立てられたため，退職を余儀なくされた原告が，上司と会社に対して損害賠償の請求を行ったものです。判決では，上司の行為は「原告の意思に反し，その名誉感情その他の人格権を害するものである」として，民法709条の不法行為責任が認められました。また，会社に対しても使用者責任を認め，「使用者には……職場が使用者にとって働きやすい環境を保つよう配慮する注意義務もある」として損害賠償を命じています（福岡地判1992年4月16日判例時報1426号49頁）。

　セクシュアル・ハラスメントには，環境型（性的言動による嫌がらせや中傷等によって職場環境を堪えがたいものとする）と，対価型・報復型（上司が労働条件を盾に性的行為を要求し，何らかの差別や経済的不利益を与えるもの）があるとされますが，女性の地位向上の重要な課題です。

(6) 同性婚

　東京都渋谷区は2015年3月31日，同性カップルを「婚姻に相当する関係」と認め，「パートナーシップ証明書」の発行を盛り込んだ「男女平等及び多様性を尊重する社会を推進する条例」を賛成多数で可決，成立させ（自民党は反対），4月1日から施行されました。全国で初めての条例です。条例は，性的少数者への偏見や差別解消を訴え，性的少数者が個人として尊重され，多様な生き方を選択できるよう求める趣旨が盛り込まれています。20歳以上の渋谷区在住の同性カップルに夫婦と同等の関係を認める「パートナーシップ証明書」を区が発行します。なお，「パートナーシップ証明書」は，公正証書の作成が条件となっています。法的拘束力があるわけではありませんが，渋谷区では「婚姻関係相当」とみなされるため，家族向け区民住宅へ申し込むことができます。

　性的少数者（LGBT）の権利を保障する動きは世界的に広がっています。多様な家族のあり方をめぐる議論の深まりが期待されます。LGBTとは，女性同性愛者（Lesbian），男性同性愛者（Gay），両性愛者（Bisexual），性同一性障害者（Transgender）の人々を意味する頭文字をとって総称されています。世界でも同性婚を認める動きは急速に広がっているといわれています。2013年にはイギリ

スとフランスが同性婚を法制化しました。アメリカ連邦最高裁も，2015年6月27日，同性婚を認めていないオハイオ州など4州の州法を憲法違反とする判断を示しました。判決により，4州だけでなく他の禁止州も含めて全米で同性婚が認められることとなりました（毎日新聞2015年6月27日夕刊）。

　同性婚を法的に認めている国では法制化に先立ち，同性カップルに結婚に準ずる法的保障を与えるパートナーシップ法を制定したケースが多いといわれています。ちなみに，オランダのように同性婚を認める国が20か国近くに上ります。婚姻に準じる権利を法律上認めるパートナーシップ制度をもつ国も20か国以上あります。また，国連人権委員会は2011年，性的指向や性同一障害を理由とする暴力や差別への「由々しき懸念」を決議しました。この点から渋谷区の取組みが注目されます（朝日新聞，毎日新聞2015年2月12日，15日）。

◆参考文献
植野妙実子「第14条」小林孝輔・芹沢斉編『憲法〔第5版〕』［基本法コンメンタール（別冊法学セミナー）］日本評論社，2006年
片上孝洋「平等権」後藤光男編著『法学・憲法への招待』敬文堂，2014年
駒井寿美「家族・国籍と平等」後藤光男編著『法学・憲法への招待』敬文堂，2014年
辻村みよ子「国籍・家族と平等」樋口陽一・山内敏弘ほか『新版　憲法判例を読みなおす』日本評論社，2011年
辻村みよ子『憲法〔第6版〕』日本評論社，2018年

8講 表現の自由とその限界

① 表現の自由の意義

　明治憲法は29条で「日本臣民ハ法律ノ範囲内ニ於テ言論著作印行集会及結社ノ自由ヲ有ス」と定めていましたが，実際には，治安維持法，治安警察法，新聞紙法，出版法等によって様々の厳しい制限を受け，言論，出版等の表現の自由はきわめて限定されたものでした。日本国憲法は，こうした反省に基づき，言論，出版その他の一切の表現の自由を，どのような制限をも許されないものとして保障しています。

憲法21条
① 集会，結社及び言論，出版その他一切の表現の自由は，これを保障する。
② 検閲は，これをしてはならない。通信の秘密は，これを侵してはならない。

　このように憲法21条によって，言論・出版のほか「その他一切の表現の自由」には，新聞・雑誌・テレビ・ラジオ等の大量伝達手段を用いるものはもとより，映画・演劇・音楽・写真・彫刻等芸術的表現のようなもの，さらには容易に活動できる大衆表現形態として，ビラ貼り，ビラ配り，個別訪問，街頭演説，インターネットなど表現としての要素を含む一切の表現行為が含まれます。

　思想・良心の自由（19条）の延長として，自らの思想・信条を他者に伝達し，また，他者からの思想・信条を受け入れることは，社会的精神生活を営む人間にとって不可欠のことであり，表現の自由は人間の本来的要求ともいえるものです。このように思想・信条の自由な交換市場を保障されることによって，人々の見解は，よりよい見解へと発展させる可能性をもつこととなります。

　また，表現の自由は，民主政治の基盤としても不可欠の条件としての意義をもちます。主権者である国民が国家権力担当者を監視し批判することを抑えられるなら，真の主権者とはいえませんし，民主制国家は破壊されることになり

ます。それゆえ，表現の自由を制約するにあたっては慎重さが要求されること
となります。

② 表現の自由の制約

　表現の自由は，内心の自由と異なり，本質的に社会的なものです。他の人権
と衝突する場合には，制限される可能性があります。しかし，その場合におい
ても必要最小限で，明確で合理的な基準による制約でなければなりません。表
現の自由は，他の市民的自由に比べて，特に「優越的地位」（preferred position）
が与えられており，制約の必要性は制約を行う側が立証しなければなりません。
　ところが，かつて，最高裁判所は「公共の福祉」というきわめて不明確な基
準を用いて，表現の自由の制約を行ってきました。しかし，公共の福祉による
制約は，あまりに漠然としており，表現の自由の保障に資するより，むしろ事
実上保障されないに等しいものとなってしまいます。このため，表現の自由を
最大限に保障し，他の人権との調整を見出そうとする視点で，公共の福祉に代
わる基準を模索することとなります。
　例えば「明白かつ現在の危険」の基準があります。表現の自由を制限するに
は，表現行為が単に社会的害悪をもたらすおそれがあるというだけでは不十分
で，表現行為によってもたらされる実質的害悪が明白であり，その害悪の発生
が切迫し，危険なものでなければならないとするものです。アメリカのホーム
ズ最高裁裁判官が1919年の Schenck　v. U.S. 事件で主張し，諸判決の中で用い
られるようになったものです。その他には，実体的な判断基準として，表現行
為のもつ利益とそれを制約することによって得られる国家的・社会的利益を個
別具体的に比較することによって，人権制限の基準の合憲性を判断する比較衡
量の理論などがあります。

③ ヘイトスピーチとは

　ヘイトスピーチとは，示威活動を行い，特定の人種や民族への憎悪や差別を
あおる言動です。近時，在日朝鮮人が多い東京の新大久保や大阪の鶴橋で繰り

返され大きな社会問題となってきています。

　この問題について裁判所はどのように考えているのでしょうか。第1審の京都地裁は，在特会（在日特権を許さない市民の会）らの示威活動は本件学校の教育活動を妨害するものとして違法であり，その映像をインターネット上に公開したことにより学校法人京都朝鮮学園の名誉を毀損したと判断し，在特会らに損害賠償および差止めを認めました（京都地判2013年10月7日判例時報2208号74頁）。在特会は第1審判決を不服として控訴しましたが，第2審判決も，京都朝鮮学園の請求を認容し，在特会の控訴を棄却しました（大阪高判2014年7月8日判例時報2232号34頁）。そこで判決の論理をみておきます。

　この事例は，国家対個人の関係の問題という事例ではなく，私人相互間における人権保障という問題です。大阪高裁判決は次のように述べています。

　①在特会の示威活動の発言は，その内容をみると，もっぱら在日朝鮮人を日本から排除し，日本人や他の外国人と平等の立場で人権および基本的自由を享有することを妨害しようとするものであり，民族的出身に基づく区別または排除であり，人種差別撤廃条約1条1項にいう「人種差別」に該当する（ちなみに，人種差別撤廃条約〔あらゆる形態の人種差別の撤廃に関する国際条約〕1条1項は「この条約において，『人種差別』とは，人種，皮膚の色，世系又は民族的若しくは種族的出身に基づくあらゆる区別，排除，制限又は優先であって，政治的，経済的，社会的，文化的その他のあらゆる公的生活の分野における平等の立場での人権及び基本的自由を認識し，享有し又は行使することを妨げ又は害する目的又は効果を有するものをいう。」）。②在特会の発言内容は，在日朝鮮人を劣悪な存在であるとして嫌悪・蔑視し，日本社会で在日朝鮮人が日本人その他の外国人と共存することを否定するものであり，在日朝鮮人を嫌悪・蔑視してその人格を否定し，在日朝鮮人に対する差別意識を世間に訴え，日本の社会から在日朝鮮人を排斥すべきであるとの見解を声高に主張することにあったというべきであり，公益を図る目的であったということはできない。③在特会らの活動は，全体を通じ，在日朝鮮人およびその子弟を教育対象とする京都朝鮮学園に対する社会的偏見や差別意識を助長し増幅させる悪質な行為であることは明らかである。

　この判決の論理は妥当なものといえるでしょう。なお，最高裁は2014年12月9日，在特会側の上告を退ける決定を下しました。

人種差別の撤廃を求める人種差別撤廃条約は1965年に制定され，加盟国にヘイトスピーチを犯罪と認めるよう，法整備を求めています。ただ，日本は1995年の加盟以来，「憲法で保障された表現の自由を制約するおそれがある」として，この条項を留保しています。アメリカも表現の自由を重んじる立場から法規制には慎重です。そこには「表現の内容に基づく規制は，表向きは正当な理由，立法目的を掲げているものの，経験的に言って，政府の側に特定の党派や思想を抑圧しようとする不当な動機があって導入される蓋然性が高い。そうすると，思想や情報の流通がゆがめられ，思想の自由市場がうまく機能しなくなる。だから，表現の内容に基づく規制は，原則許さない，というのが憲法学のオーソドックスな考え方。ヘイトスピーチも表現活動であり，その規制は表現内容に基づく規制ということになる。やはり，慎重の上にも慎重に，規制の必要性や合理性を考えねばならない」（朝日新聞「報道と人権委員会」長谷部恭男発言2015年7月21日）とする考え方があります。

　今後の重要な課題といえるでしょう。

④ 象徴的言論とは

　沖縄国体での開始式で，日の丸旗掲揚に反対する住民Ａが，運動場のセンターポールに掲揚された日の丸旗を引きずり降ろし焼却したことを理由に器物損壊罪等に問われた事件（日の丸焼き捨て事件）があります。本事件では，表現の自由のうちで純粋な言論活動とはいえない行為について，憲法上どのように評価することができるかが問われています。すなわち，「日の丸旗を焼くという行為が抗議行動の1つの手段として認められるのか，はたして表現の自由の保護を受けるのか」という問題です。本事件の日の丸焼き捨てを行ったＡの行為が，そもそも表現行為といえるかという問題が生じます。次に，仮に表現行為として認められたとして，処罰の対象とすることが許されるかが問題となります。

(1) 憲法21条の表現の自由と象徴的表現行為

　Ａは，「本件日の丸旗焼却行為は，日の丸旗の掲揚の強制に抗議し，その不当性を社会に訴える目的でされたものであり，客観的にも右目的でされたもの

と受け止められたものであるから，憲法21条で保障された表現の自由に基づく象徴的表現行為に当たり，他方，これによって公共の危険は生じておらず，侵害された法益は3500円の布切れとロープの財産権にすぎず，右布切れが日の丸旗であることは特段の意味を持たないから，象徴的表現行為の法益が優先されるべきであり，また，本件建造物侵入，威力業務妨害の各行為は，日の丸旗焼却行為に不可避的に付随するものであり，これと一体として評価されるべきであり，他方，それにより侵害された法益も小さく，本件行為は全体的に象徴的表現行為に当たり，正当行為として違法性が阻却されるものである」と主張しました。

　象徴的表現行為の法理は，おおむね次のようなことを内容とする理論と解されています。すなわち，象徴的表現行為とは，通常の文字または言語による表出方法に代えて，通常は表現としての意味をもたない行為によって自己の意思・感情等を表出することをいい，①行為者が表出する主観的意図を有し，②その表出を第三者（情報受領者）が表現としての意味をもつものと理解することを必要とする，というものです。

　Aの行動が日の丸旗掲揚に対する抗議の意思表明であったことは周囲にも容易に理解される状況にあったといえるので，本事例は②の要件を満たすと考えることもできるという見解があります。

　しかし，判例は，「本件行為が象徴的行為といえるかどうかについてみるのに，Aは，日の丸旗について，沖縄戦の惨禍を招いた皇民化教育の象徴であり，その掲揚に反対している読谷村民の意思を押さえつけて本件競技会の開始式に日の丸旗を掲揚することはふさわしくないと考え，これに抗議するために本件行為に及んだものと認められるが，その態様は，本件競技会の開始式が整然と行われている最中に，本件スコアボード屋上に侵入し，日の丸旗を焼却するなどしたというのであるから，①の要件にいうAの主観的意図が存在していたとしても，②の要件については，球場内の観客らにおいて，Aの本件行為をもって，開始式における単なるハプニング又は妨害行為としてではなく，日の丸旗掲揚反対行動として理解しえたかどうか疑問なしとしない」と考えるのです（福岡高裁那覇支判1995年10月26日）。

(2)　象徴的表現行為を法律によって処罰できるか

「本件行為が象徴的表現行為に該当するとしても，これに適用される器物損壊罪は個人の財産を，建造物侵入罪は私生活の平穏を，業務妨害罪は業務の安全を，それぞれ保護法益とするものであるから，①右各罪による規制目的・対象は表現効果に向けられておらず，表現の抑圧とは無関係といえ，しかも，②我々の社会においてそのような各法益が十分に保護されることは極めて重要なことというべきである。そして，③本件行為は，整然と行われている本件競技会の開始式の最中に，本件スコアボード屋上に侵入し，諸旗掲揚台に掲揚されている日の丸旗を引き降ろし，これを焼き捨て，競技会の進行を妨害するなどしたというものであり，これにより，財産権，平穏な管理，安全な運営がそれぞれ侵害されたものであるから，これに対し各罰則を適用することにより，被告人の表現行為を不当に規制することにはならない。④日の丸旗掲揚反対の表現活動としては言論を中心に様々なことが可能であり，会場周辺において許された手段により横断幕を示して観客や地元住民に日の丸旗掲揚反対を訴えることも有効な表現行使であったと考えられる。以上によれば，仮に象徴的表現行為の法理に従ったとしても，本件行為は象徴的表現行為として不処罰とされるための要件を欠くものであり，これに対し各罰則を適用することは何ら表現の自由を侵害するものではないというべきである」として判決が下されています。

　那覇地裁判決（1993年3月23日判例時報1459号157頁）は「民主主義社会においては，自己の主張の実現は言論による討論や説得などの平和的手段によって行われるべきものであって，たとえ本件競技会における日の丸旗の掲揚に反対であったとしても，その主張を実現するために，……被告人の実力行使は手段において相当なものとはいい難く，これが正当行為であるといえない」との判断を示しました。しかし，日本において本件のAのような行動を憲法上で保護する可能性はまったくないのかどうか，象徴的言論として問題になります。

◆参考文献

芦部信喜・高橋和之補訂『憲法〔第7版〕』岩波書店，2019年
樋口陽一・大須賀明『日本国憲法資料集〔第4版〕』三省堂，2000年
師岡康子『ヘイト・スピーチとは何か』岩波書店，2013年

9講 思想・良心・信教・政治的行為の自由

　本講では，憲法19条，20条，21条，23条で保障されている精神的自由権の問題を扱います。まず，20条の信教の自由の保障からみていきましょう。

1 信教の自由と政教分離の保障

　日本国憲法は信教の自由の保障について周到な規定をおいています。「信教の自由は，何人に対してもこれを保障する」（20条1項前段），「何人も，宗教上の行為，祝典，儀式又は行事に参加することを強制されない」（20条2項）と定めています。信教の自由を反面から保障するものとして政教分離の原則があります。信教の自由と政教分離は同一のコインの裏表の関係にあります。「いかなる宗教団体も，国から特権を受け，又は政治上の権力を行使してはならない」（20条1項後段），「国及びその機関は，宗教教育その他いかなる宗教的活動もしてはならない」（20条3項）と定め，さらに，89条で「公金その他の公の財産は，宗教上の組織若しくは団体の使用，便益若しくは維持のため，……これを支出し，又はその利用に供してはならない」と財政面から政教分離を保障しています。

　信教の自由の内容については，第1に，宗教的信仰の自由を意味します。信仰の自由とは，特定の宗教を信ずる自由，沈黙する自由，宗教を信じない自由が含まれます。第2に，宗教上の行為の自由を意味します。礼拝，祈祷，祝典，儀式，行事など，宗教上の儀式を行い，これらに参加する自由，あるいは，それらを行わず，参加を強制されない自由を含みます。第3に，宗教上の集会，結社の自由を意味します。信仰を同じくする者が，宗教活動のために集会し，教会，教団など宗教上の団体を結成する自由をいいます。第4に，宗教を布教する自由を意味します。自己の信ずる宗教を宣伝し，信者を獲得する自由，他の宗教を批判し，改宗をすすめる自由も含まれます。

このように宗教の自由が保障されていますが，宗教的行為が外形的表現となって現れる場合には，市民法秩序との関係で一定の制約に服することとなります。そこで，この信教の自由と政教分離の関係をどのように考えればよいのか（両者の価値が衝突すると思われる場合，どのように調整するのがよいのか），一定の整理が必要となります。国の行為が政教分離原則に違反するかどうかが争われたのが津地鎮祭訴訟です。この裁判の判断基準として，最高裁判決は目的効果基準を採用しました（最大判1977年7月13日民集31巻4号533頁）。目的効果基準は，国に禁じられる宗教的活動であるかどうかの判定基準であり，憲法20条3項にいう宗教的活動とは，宗教とのかかわりあいをもつすべての行為をさすものではなく，「当該行為の目的が宗教的意義をもち，その効果が宗教に対する援助，助長，促進又は圧迫，干渉になる」というような行為をいう，とするものです。

② 信教の自由と政教分離の調整

　この問題に関しては，神戸市立高専剣道授業拒否事件があります。学生が信仰上の理由で必修科目の剣道授業を2年間拒否し，退学処分になったという事案です。校長は，「エホバの証人」という宗教を信仰している学生の剣道授業の拒否を認めると，宗教に恩恵を与えることになり，政教分離原則に抵触すると考えました。こうした事例においては，校長が寛容の精神をもって，エホバの証人である学生に代替的授業を与えて信教の自由を尊重することが必要となるといえます。この措置は政教分離に反するというものではありません。もっとも，代替授業を行わないで単位を認定すれば政教分離に反するでしょう。こうした事例は信教の自由と政教分離の価値の調整が可能です。

　フランスで問題となったスカーフ論争も，信教の自由と政教分離の価値の調整に関係するものです。フランスの公立学校でイスラム教徒の女生徒にスカーフの着用を認めるかどうかが問題となりました。フランス国民議会（下院）は，2004年2月10日，公立学校で宗教色の強いものの着用を禁止する法案を圧倒的多数で可決しました。この措置について，フランス国内では「公共機関での政教分離を守る試み」として肯定的に受け止められています。しかし，国外で戸

惑いも広がっているといわれていると報道されています（朝日新聞2004年2月12日）。この法案は，宗教的所属を「これ見よがしに示す標章」として，イスラム教のスカーフやベールのほか，ユダヤ教の帽子キッパ，十字架などを挙げています。この事例の場合は，信教の自由と政教分離の価値が相克するむずかしい問題を提起しているといえます。信教の自由の価値が上回るのか，政教分離の価値が上回るのか，どちらの価値が上と考えるかによって結論が異なってきます。

③ 思想・良心の自由の保障の意義

　憲法19条は「思想・良心の自由は，これを侵してはならない」と規定しています。思想・良心の自由の保障内容について，①何人も，国家から，ある特定の思想をもつように強制されたり，あるいは禁止されたりすることはない，②何人も，ある思想を有すること，または有していないことを理由に，国家から何らかの不利益を受けることはない，③何人も，国家からいかなる思想・良心を有しているかを表明することを強制されない＝沈黙の自由の保障，④思想，良心に反する外部的行為の強制禁止，などです。

　入学式で「君が代」伴奏を拒否した教員Aが，教育委員会から戒告処分を下されたのは，思想・良心の自由を保障する憲法19条に反しているとして争われた訴訟があります（「君が代」伴奏拒否訴訟）。本件の問題は，①自己の内心に反する行為でありながら，あたかも自分が内心において是認したかのように受け止められることに伴う苦痛，②内心に反する行為を強制されることに伴う苦痛，ということです。本件は，式自体は問題なく進行したにもかかわらず懲戒処分がなされました。Aの思想・良心を理由に不利益が課された事案ではないという前提を疑う必要があります。「一見外部的行為の規制であっても，その趣旨が『思想及び良心』の規制にあると解されるときは，19条違反たるを免れない」といえるでしょう（[佐藤，2011] 参照）。

4 憲法19条の思想・良心の自由とその制約

　上記判決は，憲法19条の保障する思想・良心の自由がいかなる場合に制約されたと捉えるのかにつき，検討する必要性を示した重要なケースです。最高裁判決の藤田宙靖裁判官の反対意見は，本件における真の問題は，入学式において「君が代」をピアノ伴奏することは，自らの信条に照らしＡにとってきわめて苦痛なことであり，それにもかかわらずこれを強制することが許されるかどうかという点にあると指摘しています。本件で問題とされるべきＡの「思想及び良心の内容」としては，「『君が代』が果たしてきた役割に対する否定的評価という歴史観ないし世界観それ自体」もさることながら，それに加えてさらに「『君が代』の斉唱をめぐり，学校の入学式のような公的儀式の場で，公的機関が，参加者にその意思に反してでも一律に行動すべく強制することに対する否定的評価（従って，また，このような行動に自分は参加してはならないという信念ないし信条）」といった側面が含まれている可能性があるのであり，また，後者の側面こそが，本件では重要なのではないかと考えられるというものです。

5 国旗・国歌の問題

　日本では，1999年に「国旗及び国歌に関する法律」が制定されるまで，国旗および国歌に関する法律がなく，「日の丸」「君が代」を慣習的に使用してきたのです。こうした法律がなかなか制定されなかった背景には，国民にすでに定着しているという考え方と，「日の丸」「君が代」は，戦前の天皇主権国家の軍国主義のシンボルとして重要な役割を担ってきたので受け入れられないという考え方が対立してきたためです。

6 集合住宅への政治ビラ配布と憲法21条
——立川反戦ビラ配布事件と葛飾政党ビラ配布事件

　立川反戦ビラ配布事件の事実は次のようなものです。本件被告人３名は，反

戦平和活動を展開してきた「立川自衛隊監視テント村」に属していました。自衛隊イラク派遣に反対するビラを配布する目的で，東京都立川市の自衛隊官舎の施設および共用部分に2回無断で立ち入り，住戸の玄関ドアの新聞受けにビラを配布し，刑法130条の住居侵入罪で起訴されました。

　第1審判決（東京地裁八王子支判2004年12月16日判例時報1892号150頁）は，被告人の行為の動機は政治的意見の表明という正当なものであり，立入り行為の態様も官舎の「正常な管理及びその居住者の日常生活にほとんど実害をもたらさない，穏当なもの」であり，被害の程度も「極めて軽微なもの」であるといい，「被告人らが立川宿舎に立ち入った行為は，法秩序全体の見地からして，刑事罰に処するに値する程度の違法性があるものとは認められない」として無罪を言い渡しました。上告審の最高裁2008年4月11日判決（刑集62巻5号1217頁）は，「本件では，表現そのものを処罰することの憲法適合性が問われているのではなく，表現の手段すなわちビラの配布のために『人の看守する邸宅』に管理権者の承諾なく立ち入ったことを処罰することの憲法適合性が問われているところ，本件で被告人らが立ち入った場所は，防衛庁の職員及びその家族が私的生活を営む場所である集合住宅の共用部分及びその敷地であり，自衛隊・防衛庁当局がそのような場所として管理していたもので，一般に人が自由に出入りすることのできる場所ではない。たとえ表現の自由の行使のためとはいっても，このような場所に管理権者の意思に反して立ち入ることは，管理権者の管理権を侵害するのみならず，そこで私的生活を営む者の私生活の平穏を侵害するものといわざるを得ない。したがって，本件被告人らの行為をもって刑法130条前段の罪に問うことは，憲法21条1項に違反するものではない」として，被告側の主張を退けました。こうした最高裁判決は表現の自由における「受け手」の権利・自由に対して配慮がなされていない点が特徴的です。

　「葛飾政党ビラ配布」事件（一市民がマンションに政党の機関紙を配布した事件）と「立川反戦ビラ配布」事件につき，判決に従えば，ビラを配るために集合住宅に入ることは多くの場合，犯罪と認定されることになるでしょう。そのことで得られる「平穏」と，表現の自由という市民の大切な権利の行使を萎縮させる影響とを比較すると，判決はあまりに形式的で表現の自由の意義に対する考慮が希薄であるという指摘が妥当します（朝日新聞2009年11月30日夕刊）。

7 国家公務員の政治的行為の制限
―――社会保険庁職員政党機関紙配布事件と猿払事件

　時どきの政党政治からの政治的中立性と職務の中立性・継続性を確保するために，一定の政治活動の自由を制限することは許されます。しかし，公務員も労働者であり市民であるわけですから，政治的自由は最大限保障されなければならないことも確かです。公務員の政治的行為を制限するにおいては，行政の政治的中立性という目的を達成するために必要最小限度にとどまらなければならず，制限を認める必要性，制限の態様および程度，制限の方法について，個別具体的に慎重に判断しなければならないといえます。政治活動の自由は個人の人格実現と国民の適切な主権行使を担保するに不可欠であり，その制約は合理的で必要最小限でなければなりません。

　本事例について，猿払事件のような労働組合の組織的な選挙運動と違って，公務員が個人的に単独で職場と無関係に非公然と政治ビラを郵便受けに投函した事案（社会保険庁職員政党機関紙配布事件）では，国家公務員法および人事院規則の合憲的限定解釈により被告人を無罪とするか，あるいは国家公務員法および人事院規則の適用違憲であるとの考え方により被告人を無罪とすることもできます。もっとも，表現の自由という民主過程の維持に不可欠で重要かつ傷つきやすい権利への萎縮的効果を防ぐためには，法令それ自体が違憲（法令違憲）であると宣言されるべきだと学説では指摘されています。

◆参考文献
小林武・後藤光男『ロースクール演習憲法』法学書院，2011年
佐藤幸治『日本国憲法論』成文堂，2011年
樋口陽一・大須賀明『日本国憲法資料集〔第4版〕』三省堂，2000年

10講 生存権・社会権の保障

1 老齢加算の廃止から憲法25条の生存権を考える──老齢加算廃止訴訟

(1) 原告の主張と行政・裁判所の考え方

　原告Aは，厚生労働大臣が保護基準を改正して老齢加算を廃止したこと，およびこれに基づいて福祉事務所長が給付を減額する決定を行ったことが違法（生活保護法56条ならびに憲法25条，生活保護法1条，3条，8条2項，9条等に違反）であると考えました。Aは，「厚生労働大臣が保護基準を被保護者に不利益に変更した場合には，被保護者の生活状況に照らして，健康で文化的な最低限度の生活を営むことに支障がないといえる事情が判明した場合に初めて正当な理由，合理的な理由がある場合に当たるといえるのであり，そのようにいえるのは，もともと定められていた保護基準自体が，最低限度の生活の需要を超える不当なものであることが判明した場合，社会経済情勢の変化によって最低限度の生活需要が減った場合に限られるところ，本件においては，そのいずれに当たるとも認められないから，結局，老齢加算の廃止という保護基準の変更には，法56条にいう『正当な理由』は存しないというべきである」と主張して（判例時報2014号57頁），最高裁の決定は，生活保護法56条（「被保護者は，正当な理由がなければ，既に決定された保護を，不利益に変更されることがない」）に違反し，憲法25条，生活保護法1条，3条，8条2項，9条，「経済的，社会的および文化的権利に関する国際規約」（「社会権規約」）等に違反し，厚生労働大臣の裁量権行使に逸脱・濫用があるとの理由から，違憲・違法であると主張しました。

　これに対し，行政や裁判所の考え方は次のようなものです。「憲法25条1項の『健康で文化的な最低限度の生活』は，きわめて抽象的・相対的な概念であり，この規定を現実の立法として具体化するに当たっては，国の財政事情を無視することができず，しかも高度な専門技術的な考察とそれに基づいた政策的判断を必要とするものである。厚生労働大臣が保護基準を定立するに当たって，

何をもって健康で文化的な最低限度の生活であると認定判断し，保護基準をどのようなものとするかについては，厚生労働大臣の合目的的な裁量に委ねられている。そうすると保護基準の改正に関しては，厚生労働大臣が，現実の生活条件を無視して著しく低い基準を設定するなど，憲法および生活保護法の趣旨・目的に反し，法によって与えられた裁量権の範囲を逸脱し，または裁量権を濫用した場合に初めて違法と判断されるのである。」

(2) 老齢加算の廃止と厚生労働大臣の裁量

　生活保護基準の設定に関する裁量については，朝日訴訟最高裁判決（最大判1967年5月24日民集21巻5号1043頁）は，「何が健康で文化的な最低限度の生活であるかの認定判断は，いちおう，厚生大臣の合目的的な裁量に委されており，その判断は，当不当の問題として政府の政治責任が問われることはあっても，直ちに違法の問題を生ずることはない。ただ，現実の生活条件を無視して著しく低い基準を設定する等憲法および生活保護法の趣旨・目的に反し，法律によって与えられた裁量権の限界を超えた場合または裁量権を濫用した場合には，違法な行為として司法審査の対象となることをまぬかれない」と述べています。

　生活保護法56条は「正当な理由がなければ，既に決定された保護を，不利益に変更されることがない」と規定しています。この規定が保護基準の改定に適用されるのか，適用されるとした場合，「正当な理由」が具体的に認められるのはどのような場合かが争われることとなります。

(3) 老齢加算の廃止と憲法25条の生存権

　老齢加算の廃止は，「健康で文化的な最低限度の生活」を侵害しないでしょうか。本事例は，朝日訴訟と同様，大臣による保護基準の設定（生活保護法8条）と憲法25条との関係が問われてくることとなります。憲法25条の生存権が確保しようとするのは「健康で文化的な最低限度の生活」です。老齢加算の廃止という基準の後退が，この水準を下回ってしまう場合には憲法25条違反を主張することができることとなります。

　それでは，「健康で文化的な最低限度の生活」水準を確定することができる

のでしょうか。具体的権利説に立って客観的に確定可能とした場合，給付水準（基準生活費）が下回っている場合には憲法違反となります。こうした議論は生存権の法的性格の理解・議論と関係してくることとなります。

朝日訴訟とは次のような事例です。朝日茂さんが，1942年から肺結核で国立岡山療養所に入所し，生活保護法に基づく医療扶助および月額600円の日用品費を内容とする生活扶助を受けていました。ところが1956年7月に実兄が見つかり，津山市社会福祉事務所所長はこの実兄に月額1500円を仕送りするように命じます（同年8月）。次いで同所長は，1500円から600円を日用品費に充当させることとして生活扶助を打ち切り，残額900円を医療費の一部自己負担額として，保護の変更を決定しました。これを不服とした朝日さんは，岡山県知事に，さらに厚生大臣に申し立てをしましたが，却下されたため，1957年8月15日に不服申し立て却下の取消しを求める訴訟を起こしました。その際，厚生大臣が定めた生活保護基準による日用品費600円は，憲法25条で保障する「健康で文化的な生活」を維持することができないものである，と主張しました。朝日さんは上告中に死亡したため，最高裁は訴訟の終了を言い渡しましたが，この判決の中で，憲法25条はプログラム規定であるという考え方を示したもので，憲法裁判上，重要な判決となりました。判決は，プログラム規定とは政府の努力目標の規定ということであって，すぐに法的義務が生まれるのものではないとするもので，国側にとっては都合の良い考え方です。

この問題の解決には，憲法25条の生存権の法的な性格をどのように理解するかによって結論が異なることがわかります。生存権をどのように理解すればよいのでしょうか。以下で整理しておきましょう。

2 憲法25条で保障されている生存権とは何か

日本国憲法は基本的人権の1つとして社会権を保障しています。具体的には，25条で「すべて国民は，健康で文化的な最低限度の生活を営む権利を有する」と定めて，生存権を保障しています。ここで権利を保障する義務を負うのは国（統治機関）です。国は具体的な政策を立案し，実行する義務があります。例えば，生活保護（公的扶助）や社会保障（医療保険，社会保険）などがあります。

日本では国民皆保険および国民皆年金を実現し，社会保障制度の充実を図っています。

25条の生存権の法的性格をめぐっては考え方が分かれています。1つは前述したプログラム規定説です。この考え方は，生存権は国民に法的権利を与えたものではなく，国に対して政治上の努力目標を宣言したものにすぎないという考え方です。このプログラム規定説は，最高裁が朝日訴訟判決の中で採用した立場です。朝日訴訟では，生活扶助の金額が，憲法が保障する生存権に照らして妥当かどうかが争われた事件です（1967年判決）。なお，この見解については，生存権は生活保護法などの具体的な法律を根拠として国民に法的権利を保障したものであるとする立場からの批判があります（法的権利説）。

憲法は社会権として，生存権のほかに26条で「教育を受ける権利」を，さらに，27条・28条で労働基本権を保障しています。

③ 社会権とは何か

(1) 社会権という考え方の登場

人々が基本的人権を獲得した近代市民革命期の人権宣言は，自由権を中心に据えていました。自由権とは，人が生まれながらにもっている自由（精神活動や経済活動の自由）を国家権力に侵されない権利です。18・19世紀の近代憲法は，自由権の尊重を第1に考える自由主義の政治思想に基づいていました。自由主義の考え方では，個人個人の生存は各自の責任に委ねられていました。つまり，自由を尊重したために自分の責任で豊かになる人が出てきます。しかし，その反対に豊かになれない人も出てきますが，貧困も各自の自己責任として放置されていたのです。

こうした自由主義の考え方に基づいて資本主義経済が発展すると，社会には貧困，疾病，失業などの問題が発生します。そして20世紀になるとこれらの社会問題によって生じた社会的・経済的弱者の生存を守るために，国家が積極的に介入すべきであるという考え方が出てきます。この考え方では，国家が経済活動の自由に積極的に介入することが前提となっています。ここに，この経済的自由への介入と裏腹の関係にある生存権や社会権といわれる権利が成立しま

す。その象徴的な憲法が1919年のワイマール憲法です。その151条1項で「経済生活の秩序は，すべての者に人間たるに値する生活を保障する目的をもつ正義の原則に適合しなければならない」として，生存権を憲法上の権利として位置づける先駆的なものです。日本国憲法もこうした流れの中に位置づけられる憲法です。

　社会権とは，「人間らしい生存」が保障されるように，社会的・経済的弱者が国家に対して積極的な役割を果たすよう求める権利です。こうした人権に対する考え方の歴史的な潮流を反映して，日本国憲法も自由権とともに社会権の規定をおいています。自由権は国家権力が私たちの自由に過剰に介入することによって侵害されるという性格をもっています。これに対して社会権は，逆に，国家権力が何もしないことによって権利が侵害されるという性格をもっています。例えば25条の生存権を保障するためには，きちんとした生活保護法がつくられ，それに基づいて行政が健康で文化的な生活が送れるような生活保護の金額を設定して，具体的にそのお金が生活できない人のところに届けられて初めて権利が実現します。具体的な法律がつくられなかったり，行政が動かなかったりする不作為によって権利侵害が起こるところに，この権利の特徴があります。

　また，この権利は財政の裏づけによって実現する権利です。ところが予算配分は内閣が国会の承認のもとに決定すべきであり，裁判所が判断すべきではないとするのが，前述の政府・裁判所が採用しているプログラム規定説です。憲法上，権利と定めてあっても保障されないというのですから，これでは「絵に描いた餅」にしかすぎません。この考え方はやはり行き過ぎたもので，権利をプログラムと読み替えることはできません。

(2)　教育を受ける権利
　社会権の1つとして「教育を受ける権利」があります。憲法26条1項は「すべて国民は，法律の定めるところにより，その能力に応じて，ひとしく教育を受ける権利を有する」と定めています。これは，すべての国民がそれぞれの個性を伸ばし，人間として成長・発達することを国家に要求することができる権利です。

国は社会権を実現するために，教育制度を整えること，教育条件を整備することが必要となります。また条文にある「法律」とは，教育基本法，学校教育法などの教育関係法をさし，これらの法律で教育についての事柄を定め，「教育を受ける権利」を具体化することとなります。

　教育の重要性を考えると，経済的余裕のない人が教育の機会を奪われることがあってはなりません。そのために，憲法26条 2 項は「すべて国民は，法律の定めるところにより，その保護する子女に普通教育を受けさせる義務を負ふ。義務教育は，これを無償とする」と定めています。私たちは家庭を選択して生まれることはできません。生まれた家庭がたまたま豊かであったり，そうでなかったりします。豊かな家庭に生まれたら十分な教育ができるが，そうでない家庭に生まれた場合には十分な教育ができないということは不合理なことです。このようなことが起こらないように，国家は公教育制度を準備して，「これを無償としなければならない」義務を負っているといえます。

　それでは，学校教育の具体的な内容は誰が決めるのでしょうか。国家がどの程度権限をもっているのか，また，国民はどの程度関与できるのか，という点が問題となります。この点について，文部省（現在の文部科学省）が実施した全国一斉学力テストは違法か否かが問題となった旭川学力テスト事件があります。最高裁は，この判決で，「国は必要かつ相当な範囲で教育内容を決定する権限を有する」として，教育内容は子どもを中心として，国，教師，親が関与して決定するという結論を示しています。また，最高裁が教育の中心にあるのは「子どもの学習権である」という考え方を打ち出した点については評価されています（1976年）。

(3)　勤労の権利と労働基本権

　人は働いて対価を得ることで，日々の生活を立てています。このことに関して憲法27条 1 項は「すべて国民は，勤労の権利を有し，義務を負ふ」と定めています。ここでいう「勤労の権利」とは，個人が労働する自由を侵してはならないことに加え，国家には労働者に働く機会を保障する義務があることを意味しています。また，勤労の「義務」とは，資本主義という経済のしくみの下で，国民が働くことで生存を確保しなければならないという意味です。ただし，労

働能力をもっている人が民間企業に就職できない場合は，国から職業紹介などのサービスを受けることができます。これが勤労の社会権的な性格です。

憲法27条2項では「賃金，就業時間，休息その他の勤労条件に関する基準は，法律でこれを定める」と規定しています。例えば，賃金とか労働条件を，雇う側（使用者）と雇われる側（労働者）が契約の自由を行使してお互いに自由に決めると，どういうことが起きるでしょうか。とにかくどこでもよいから雇ってもらって，生活をしていかなければならない労働者は，安い賃金で，長時間働かざるをえない労働条件をのまないといけない場合が出てきます。このような状況で，労働者の健康で文化的な生活を維持することができるでしょうか。やはり国家が契約の自由を修正して，契約の自由に一定程度，介入するということが必要となります。すなわち，最低賃金法とか労働基準法というような法律を定めて，不利な立場にある雇われる側（労働者）の健康で文化的な生活を確保することが必要となるというわけです。これが「法律でこれを定める」ということの意味です。

さらに，憲法27条3項は「児童は，これを酷使してはならない」と規定しています。この規定は明治憲法時代に児童が酷使されたことの反省の上に立っています。この保障は，国家だけではなく，雇う側（使用者）に対しても向けられています。私人相互間における人権侵害をあらかじめ憲法が想定して禁止しているもので，児童に対する酷使は絶対的に禁止されます。

憲法28条では「勤労者の団結する権利及び団体交渉その他の団体行動をする権利は，これを保障する」と規定しています。憲法はこのように勤労者の団結する権利，団体交渉をする権利，そしてその他の団体行動をとる権利が保障されています。これら3つをまとめて労働三権とか労働基本権といっています。

それではなぜ，労働者にはこのような保障がなされているのでしょうか。先にも言及したように，雇われる側の労働者は，使用者（雇う側）との関係では弱い立場にあるといえます。かつて自由主義の下で経済の発展ばかりが重視された時代には，低賃金によって雇われ，長時間の労働を強いられる場合が多くみられました。しかし，これでは労働者の健康で文化的な生活は確保されません。そこで弱い立場にある労働者にはこの三権が保障されることによって，雇う側と対等な立場に立って労働条件を交渉することができるようになります。

このように弱い立場にある労働者には，使用者と対等に交渉できる権利が必要となるのです。

一人一人では弱い立場にある労働者も団結・協力すれば使用者に与える影響力も大きくなり，対等な立場に立つことができます（団結権）。また，労働者は団結して労働組合を結成し，労働条件について使用者と交渉することができます（団体交渉権）。さらに，労働条件の改善を実現するために，使用者に労働力を提供しないなどの団体行動をとることができます（争議権・ストライキ権）。

これら労働三権によって，使用者と対等な立場で，労働条件改善の交渉が可能となります。また労働三権を具体的に保障するために，労働条件の最低基準を定めた労働基準法，団結権を保障した労働組合法，労働争議の解決を図る労働関係調整法がそれぞれ設けられています。これら3つをまとめて労働三法と呼んでいます。

◆参考文献
大林啓吾「生存権―生活保護費削減の合憲性」『ディベート憲法』信山社，2014年
佐藤幸治『日本国憲法論』成文堂，2011年
渋谷秀樹『憲法への招待（新版）』岩波書店，2014年
高木八尺・末延三次・宮沢俊義編『人権宣言集』岩波書店，1957年
常本照樹「生存権―生活保護のデザインは国に任せて・老齢加算違憲訴訟」棟居快行・松井茂
　記ほか『基本的事件の事件簿〔第6版〕』有斐閣，2019年

11講 権力分立の意義

① 権力分立の意義と三権分立

権力分立という考え方は,「国家がやるべき仕事を,複数の機関に分けて担当させて,それらの機関相互の抑制と均衡によって権力の腐敗や濫用を防ぎ」,人々の自由保障に仕えるという構想です。1789年のフランス人権宣言16条は「権利の保障が確保されず,権力の分立が定められていない社会は,憲法を有しない」と規定しています。このように近代憲法の重要な原理として,権利の保障とともに,権力の分立が考えられていたということです。

(1) モンテスキューの三権分立論

権力分立については,国家権力を立法・行政・司法に分ける三権分立制がよく知られています。この三権分立制はモンテスキュー (Montesquieu, C.L. 1689-1755) の理論を基礎に発展してきました。モンテスキューはその著『法の精神』(1748年) の中で「すべて権力をもつ者はそれを濫用しがちである。彼は極限までその権力を用いる。権力の濫用をなしえぬようにするためには,権力が権力を抑制するよう事物を按配することが必要である」と説いています。モンテスキューは権力を「立法権」,「万民法に関する事項の執行権 (行政権・執行権)」,「市民法に関する事項の執行権 (裁判権・司法権)」に分け,それぞれを異なった機関に分担させる三権分立制を説きました。モンテスキューは,裁判権について,「人びとの間でかくも恐るべきものだ」と述べています。

(2) アメリカの厳格な三権分立制

アメリカの1787年合衆国憲法は,立法権を連邦議会に,執行権を大統領に,司法権を裁判所にという厳格な三権分立制を採用します。立法権と執行権は完全に分離され,大統領は議会に出席することができず,立法に関与することは

できません。また，議会は大統領を辞めさせるということも基本的にはできません。このように立法権と執行権は完全に分離されています。

　アメリカの植民地時代に，イギリス議会は植民地側の事情を考慮せず一方的に重い税金をかけるということを押しつけます。こうしてアメリカでは，議会は放っておくととんでもないことを行うという意識が市民の間に醸成されるようになります。また同時に，独立後の州議会が，農民たちの借金を棒引きにするとんでもない法律をつくることによって，市民の間に，議会不信が強まります。こうしてイギリスのような議会優位の統治体制がアメリカでは受け入れられず，三権が対等な関係に立つという三権分立制が採用されることになります。その裏返しとして，裁判所に対する信頼という形で表れます。それが裁判所による違憲立法審査制という制度に行きつくこととなります。

②日本国憲法における権力分立

　日本国憲法は，41条で国会を唯一の立法機関と定め，65条で行政権を内閣に，76条で司法権を裁判所に属させ，権力分立制をとっています。日本の権力分立は，国会と内閣との協働関係を重視する議院内閣制をとっています。

（1）　立法権（国会）

　3つの国家権力のうちで立法権を担う国会についてみておきましょう。憲法は前文で，国民主権原理を明らかにしています。また，国民は正当に選挙された国会における代表者を通じて行動する方式を採用しています。これを代表民主制（間接民主制）といいます。国会を構成する衆議院と参議院は，全国民を代表する選挙で選ばれた議員で組織され（43条），国会は国民の代表機関としての性格をもっています。

　憲法は国会を「国権の最高機関」と定めています（41条）。国会は選挙によって選ばれた代表者で構成され，国民と直結した国会が民主主義運営の中心となる存在であることを意味しています。他の二権の担い手である内閣と裁判所は，憲法の下で法律によって組織され，その法律に基づいてそれぞれの権限を行使します。このため，法律をつくる立場にある国会は他の二権に対して相対的に

優位にあるといえますが，裁判所は違憲立法審査権をもち，内閣は衆議院の解散権をもっています。このようにお互いに抑制と均衡を図っているので，国会が文字通りの国権の最高機関ではありません。

憲法は国会に対して立法機関としてのいろいろな権限を与えています。具体的には，法律の議決権，予算の議決権，条約の承認権，憲法改正の発議権があります。これ以外にも，内閣総理大臣の指名権，裁判官弾劾裁判所（裁判官の重大な非行などに裁定を下す裁判所）の設置権などが与えられています。その中でも重要なのは，法律の議決権，すなわち立法権です。法律案は，憲法に特別の定めのある場合を除いて，両議院で可決されたとき法律となります（59条1項）。法律が成立するには，"発案→議院での審議→議決→主任の国務大臣の署名・内閣総理大臣の連署→天皇による公布"という手続きが踏まれます。国会が唯一の立法機関である以上，議員が発案を行うことができるのは当然です（ただし，国会法による一定の賛成者数が必要）。内閣にも，内閣法によって発案権が認められています（同法5条）。

国会は立法をはじめとする重要な活動を行っています。その権限を適切に行使するには，国政に関する正確な資料に基づくことが必要です。そこで各議院の政治活動に欠かせない補助的な権能として国政調査権が認められています。両議院は，それぞれ国政に関する調査を行い，それに関して証人の出頭や証言，記録の提出を求めることができます（62条）。行政権との関係では，議院は内閣の行政全般について調査権をもっているといえます（66条3項）。問題となるのは司法権との関係です。審理の途中にある裁判について影響を及ぼすような調査，確定判決の具体的な量刑等に関する批判（問題となったのが浦和事件）は，司法権の独立を侵害するものとして許されません。

もう1つ，司法権との関係で問題となるのが国会による弾劾裁判所の設置です。裁判官は，裁判で心身の故障により職務を行うことができないと決定された場合以外は，公の弾劾によらなければ罷免されないと定められています（78条）。公の弾劾とは，国会の両議院の議員によって組織される弾劾裁判所での裁判です（64条）。職務上の義務に著しく違反し，あるいははなはだしい職務怠慢および著しい威信失墜行為があった裁判官は，弾劾裁判所で裁判し，その判決によって罷免されるという制度です。憲法上身分保障された裁判官を罷免

するかどうかは,国民の代表者である議員で組織された裁判所によって,独立・公正に判定されるのが適切であると考えられたからです。

(2) 行政権（内閣）

次に三権のうち行政権をみておきます。憲法65条で「行政権は,内閣に属する」と定めています。条文にある「行政」とは,一般的には,国家作用から立法作用と司法作用を除いた残りのすべての作用であると考えられています。立法とは,国民を拘束する一般的・抽象的な法規範をつくる作用,また司法とは,具体的な争いについて裁判所が一定の手続に従って法規範を適用して解決する作用です。それ以外の法規範の適用・執行作用が行政である,とする考え方です。

内閣は行政権の中心にあり,他の行政機関を統括する位置にあることから,多様な行政事務を行います。その具体的な内容は憲法73条に定められています。①法律を誠実に執行し,行政権の中枢として国務を全体的に管理します（73条1号）。行政の本質に法律を執行することがあるからです。行政は法律に基づいて行われなければなりません。②重要な外交関係の処理を行います（73条2号）。③国会の承認を経て条約を締結します（73条3号）。具体的には,内閣が任命する全権委員が調印（署名）と批准（最終的に承認）をして,条約が成立します。④法律の定める基準に従って官吏（国家公務員）に関する人事行政事務を行います（73条4号）。⑤国家の予算を作成して,国会に提出します（73条5号）。⑥憲法および法律の規定を実施するための法令（政令という）を制定します（73条6号）。そして,⑦上記のいずれにも属さない一般行政事務を行います。

また,内閣が国会に対してもつ権限には次のものがあります。①臨時会の召集の決定（53条）,②衆議院を解散すること（69条,7条3号）,③参議院の緊急集会の開催を求めること（54条2項）,④法律案,予算,条約など議案提出を行うことなどです。内閣が司法に対してもつ権能としては,①恩赦の決定（73条7号）,②最高裁判所裁判官の指名,その他の裁判官の任命（6条2項,79条1項,80条1項）があります。これらの権能によって,他の二権との抑制と均衡を図っています。

---

(3) 司法権（裁判所）

　裁判所が行使する司法権とはどのような国家権力の作用なのでしょうか。司法権とは，具体的な争いごとについて，法を適用し，争いごとを裁定する国家作用のことです。明治憲法下で裁判所の権限とされたのは，具体的な争いごとの中でも私人同士の争いを裁定する民事裁判と，刑法を適用して刑罰を科す刑事裁判に限定されていました。すなわち行政事件（行政と国民との間の争い）については，行政機関内に設置された行政裁判所の所管とされ，通常の裁判所には属さないとされていたのです。行政と国民の争いを，処分を行った当事者である行政が裁判する制度では公正な裁判が期待できず，国民の救済が十分に行われません。そこで，日本国憲法は76条１項で「すべて司法権は，最高裁判所及び法律の定めるところにより設置する下級裁判所に属する」と規定しました。また，２項で「特別裁判所は，これを設置することができない。行政機関は，終審として裁判を行うことができない」としています。これらは明治憲法と異なり，司法権は，民事および刑事のほか，行政事件も含めて，すべての争いごとの裁判を行うことを表しています。

　このような日本国憲法の考え方は，アメリカ流の司法国家制度を採用したものです。具体的には裁判所法３条１項の「裁判所は，日本国憲法に特別の定めのある場合を除いて一切の法律上の争訟（争いごとの意）を裁判」するという条文に表れています。これに対して，ヨーロッパ大陸諸国で発達した制度は行政国家制度と呼ばれます。あらゆる争いの中で行政裁判を特別視し，行政権内部の行政裁判所に扱わせることによって行政権を擁護するものです。日本国憲法76条２項は，こうした制度を明治憲法の反省からとってはならないといっているのです。

　裁判が行われる場合，司法権の独立と裁判官の職権の独立という２つの独立が必要です。司法権の独立とは，裁判官が具体的な争いごとを解決する場合に，憲法および法律にのみ拘束され，他の国家機関や外部からの圧力や干渉を受けてはならないことを意味します。すなわち，国会や内閣はいうまでもなく，下級裁判所の裁判について，上級裁判所の裁判官が指揮命令するということも許されません。司法権の独立を守るためには，裁判官の身分保障が必要です。憲法76条３項は「すべて裁判官は，その良心に従ひ独立してその職権を行ひ，こ

の憲法及び法律にのみ拘束される」と定めています。裁判官が職権を行使する際には、憲法と法律以外のものからは独立していることを保障しているのです。また、裁判官は別の条文においてもその身分を保障されています（78条，79条，80条）。

そして、裁判所は独立性を確保するため、司法権内部における司法行政を、行政府の手に委ねることなく、自ら行うことが必要です。憲法では、最高裁判所に司法事務の処理に関する事項や自主的な裁判所の内部規則を制定する権限が与えられています（77条）。

問題となるのが、国会による国政調査権（司法も含む国の政治全般について国会が調査する権限）との関係です。かつて、ある裁判の判決に関し、参議院法務委員会が国政調査権を発動し、刑が軽すぎるという趣旨の決議を行いました。これに対して最高裁は、国政調査権によっても司法権の独立を侵害してはならないと反論し、司法権の独立の重要性を強調しました（1949年浦和充子事件）。

(4) 違憲立法審査権（裁判所）

以上述べてきたように、裁判所は具体的な事件の解決のために裁判を行います。このとき、同時に、その事件に適用する法律や、争いの内容である行政の行為などが、憲法に違反していないかどうかを審査する権限を裁判所はもっています。この権限を違憲審査権とか違憲立法審査権と呼んでいます。憲法81条は「最高裁判所は、一切の法律、命令、規則又は処分が憲法に適合するかしないかを決定する権限を有する終審裁判所である」と定めています。この条文によってすべての裁判所に違憲審査権があることを示しています。この制度について、憲法98条１項が「この憲法は、国の最高法規であつて、その条規に反する法律、命令、詔勅及び国務に関するその他の行為の全部又は一部は、その効力を有しない」と定めています。憲法違反の国家行為を放置していると、憲法が憲法でなくなります。また、法を解釈し適用することが裁判所の本来の任務であることに由来しています。裁判所は憲法をも解釈し、法令が憲法に違反しないかどうかを判断すべきなのです。さらに、憲法で保障された基本的人権を保障するのが裁判所の任務です。憲法に違反する法律により人権が侵害されている場合、裁判所はそれを違憲・無効として人権侵害を救済しなければなりま

せん。この制度から，裁判所は「憲法の番人」と呼ばれています。ただし裁判所は，具体的事件の裁判によらず，抽象的に法律の合憲性だけを審査することはできません。具体的事件に基づいて訴訟が提起された際に，裁判の解決に必要な範囲で，その事件に適用する法律の合憲性を判断することができるのです。

　裁判所の任務は，具体的な事件に法を適用して裁判を行うことです。ただ事件が高度に政治的な問題を含んでいる場合は，法律の判断の範囲外にあるとされ，合憲・違憲の判断が回避される傾向があります。このような高度に政治的なケースを統治行為といいます。衆議院の解散の効力が問題となった苫米地事件において，最高裁は統治行為論を採用しました。判決は次のように述べています。「直接国家統治の基本に関する高度に政治性のある国家行為は，たとえそれが法律上の争訟となり，有効無効の判断が法律上可能である場合であっても，裁判所の審査権の外にある」（1960年）。

　それではなぜ，高度に政治性のある問題には裁判所の審査権が及ばないのでしょうか。これについては2つの考え方があります。1つは，司法審査を行うことによって起こる国家統治的な混乱を避けるため，というものです。もう1つは，裁判官は国民から直接選ばれた存在ではないことを前提とする考え方です。つまり，裁判所は政治的な責任を負わないため，統治行為は審査の対象に入らず，それは国会・内閣の判断に委ねられるとする考え方です。今日まで統治行為論が問題となった判例として苫米地事件のほかに，日米安保条約の効力が問われた砂川事件，自衛隊の憲法適否にかかわる長沼事件，百里基地訴訟などがあります。

　そのほか権力分立上の限界から裁判所の審査が及ばない事項として次のようなものがあります。国会や内閣の行為は，その自律的な判断によって決定したものが最終的な決定となり，裁判所の判断が及ばないとされます。このような司法権の介入を排除する権能を自律権といいます。具体的には，議院における議員の資格争訟の裁判（55条）や議員に対する各議院の懲罰（58条2項），国会（両議院）・内閣の意思決定手続きに関する事項などは自律権に属するとされています。さらに，国会や行政機関の自由裁量に委ねられている行為は，当・不当が問題となるだけで，裁量権を逸脱するか濫用した場合でないと，裁判所の審査権は及ばないとされています。

③ 裁判所の民主的正統性と違憲立法審査権の正統性

　民主主義の原理によって，私たちの代表者である国会が法律をつくります。ところが憲法は裁判所に，法律が違憲かどうかを判定する違憲審査権を与えています（81条）。国民の選挙で選ばれているわけでもない裁判官に，なぜこのような強い権限が与えられているのでしょうか。この問いについて，今日，裁判の民主的正統性と違憲審査権の正統性という観点から，学説では以下のように考えられています。

　裁判の民主的正統性については次のように説明されます。①裁判官は国民の選挙によって選ばれていませんが，まったく国民の意思から離れた存在ではありません。最高裁判所の長官は，内閣の指名に基いて，天皇が任命し（6条2項），その他の最高裁判所裁判官も内閣が任命します（79条1項）。また下級裁判所の裁判官も最高裁判所の裁判官も，最高裁判所が指名した者の名簿から内閣が任命します（80条1項）。内閣の首長たる内閣総理大臣（66条）は国会議員の中から国会が指名し（67条），その他の国務大臣の過半数も国会議員の中から内閣総理大臣によって任命される（68条）という議院内閣制がとられているので，その内閣によって選ばれる裁判官も，間接的に国民によって選ばれているといえます。②最高裁判所の裁判官は，すべて任命後初めて行われる衆議院議員選挙の際に国民審査に付され，その後10年を経過した後も，国民審査に付されます。そのときに投票者の多数が罷免を可とすれば，その裁判官は罷免されます（79条2～4項）。よって，裁判官がまったく国民の意思を代表していないとはいえません。

　違憲審査権の正統性については次のように説明されます。①裁判所が違憲審査権をもつことによって，政治活動の自由を制約する法律を違憲にしたり，選挙権が平等になるようにして，国民の意見が法律の制定などの統治活動に正しく反映されるように，つまり，民主主義のプロセスを正常に機能させるようにすることができます。②違憲審査権は，民主主義によって覆すことのできない価値，すなわち正義を守るためにあります。憲法によって保障された権利や自由が民主主義の原理（多数決原理）によって侵犯されることを防ぐために，違

憲審査権が裁判所に与えられている権限と捉えれば，民主的正統性を裁判所が
もたなくても，その権限を行使して法律の違憲・無効とすることの正統性の基
盤を説明することは可能となります。

　以上の「司法審査と民主制」，「立憲主義と民主主義」というテーマは，今日
でも，やはりむずかしい問題として議論が続けられています。

◆参考文献
浦部法穂『世界史の中の憲法』［法学館憲法研究所双書］共栄書房，2008年
奥平康弘『憲法─学習と実践のために』弘文堂，1981年
渋谷秀樹『憲法への招待〔新版〕』岩波新書，2014年
高島穣「裁判所」後藤光男編著『法学・憲法への招待』敬文堂，2014年

12講 代表民主制と直接民主制

□ 国民主権と国民代表

　国民主権の原理には，13講でみるように，1つには，国のあり方を最終的に決定する権力を国民が行使するという権力的契機と，もう1つには，国家の権力行使を正当づける究極的な権威は国民に存するという正当性の契機という要素が含まれています。

　主権の正当性の側面においては，国家権力を正当化し権威づける根拠は究極において国民であるという要素が重視されますので，そこでの主権の保持者としての「国民」は，全国民であるとされます。また，このような国民主権の原理は代表民主制，特に議会制と結びつくことになります。しかし，国民主権をもっぱら正当化根拠としてのみ捉えると，それは現在の権力を正当化するだけの建前になってしまうおそれがあります。

　そこで，主権の権力性の側面において，国民が自ら国の重要な政治問題に決定を下すという要素を重視し，そこでの主権主体としての「国民」は，実際に政治的意思を行うことのできる有権者を意味するとします。この観点から，普通選挙制は国民主権の原理の要請するところと理解され，また，それはさらに，一定の場合，国民自身が直接に政治的意思を表明する制度である直接民主制と結びつくことになります。「国民主権」原理の下における国民の政治参加の方式として，国民の直接的な政策決定・執行に委ねる方式（直接民主制）と，国民が選定した公務員に具体的な政策決定・執行を委ねる方式（間接民主制）があります。もっとも，すべての国民が一同に会して議論し，政策決定することは，現実には不可能です。仮に直接民主制的な制度をとるとしても，最終的な結論の賛否だけを国民に問うという形にならざるをえません。そうすると，結論に至る過程の国民の様々な意見の表明がなおざりにされてしまうおそれがあります。政策決定過程において重要なことは，結論に至る過程での国民の間で

★TOPIC: 代表民主制と直接民主制

　憲法は，前文で「主権が国民に存すること」を宣言し，１条では，象徴天皇の地位が「主権の存する日本国民の総意に基く」ことを定め，国民主権の原理を採用しています。

　他方，前文で「国政は，国民の厳粛な信託によるものであつて，その権威は国民に由来し，その権力は国民の代表者がこれを行使し」と規定し，43条では「両議院は，全国民を代表する選挙された議員でこれを組織する」と規定しています。主権者である国民が，原則として，自ら国家権力を行使するのではなく，国民の代表者である国会を通じて行使するという代表民主制を採用していることを明らかにしています。このことは一人一人の国民が直接主権を行使すること（直接民主制）を否定するものではありません。憲法は，次のような場合に直接民主制を採用しています。すなわち，①国民投票による憲法改正の承認（96条１項「この憲法の改正は，各議院の総議員の３分の２以上の賛成で，国会が，これを発議し，国民に提案してその承認を経なければならない。この承認には，特別の国民投票又は国会の定める選挙の際行はれる投票において，その過半数の賛成を必要とする。」），②最高裁判所の裁判官の国民審査（79条２項「最高裁判所の裁判官の任命は，その任命後初めて行はれる衆議院議員総選挙の際国民の審査に付し，その後10年を経過した後初めて行はれる衆議院議員総選挙の際更に審査に付し，その後も同様とする。」），③地方自治特別法案に対する住民投票による同意（95条「一の地方公共団体のみに適用される特別法は，法律の定めるところにより，その地方公共団体の住民の投票においてその過半数の同意を得なければ，国会は，これを制定することができない。」），です。

　例えば，国会が「内閣総理大臣は，国民全体の利害に重大な影響を及ぼす事項について，国民投票を実施することができる。この場合，内閣及び国会は，国民投票の結果に従わなければならない」という趣旨の法律を制定することは可能でしょうか。このことは，憲法が明文で規定しているものに加え，国民投票制度という直接民主制的な制度を導入することができるのかを問うものです。

　まず，国会の「唯一の立法機関」性ということとも関係し，憲法41条は，国会を「唯一の立法機関」であると規定しています。このことは，国民主権の理念（１条）の下，法規範の定立を国民の代表者で構成される国会に集中させるとともに（国会中心立法の原則），国会の立法作用に他の機関は一切関与させない（国会単独立法の原則）ということです。

　国民主権との関係でいうと，代表民主制をとる構造のなかで，直接民主制的制度をとることに憲法上どういう問題があるかということだといえます。国民が直接国政に参加する方式として，①特定の法律等の制定を求める国民発案（イニシアティブ），②特定の法律案等に関して可否を決定する国民表決（レファレンダム），③国

民罷免（リコール），があります。①は地方自治体レベルでの条例による直接請求制度であり，②は憲法改正の国民投票，地方自治特別法の住民投票であり，これは憲法で明示的に定められた義務的国民表決です。③に関しては最高裁判所裁判官の国民審査があります。

　　国民投票や住民投票は世界各国で実施されています（1990年代前半までに，国レベルの国民投票だけで約800例——その半数がスイス，20％が他のヨーロッパ諸国で実施）。その類型は一様ではありません。範囲・根拠規定・効力・発案者に注目して諸類型に分類することが可能です。

　　国民投票制は，一般的に特定の論点についての国民の明確な選択を可能にするといえますが，一方で提案者への信任投票的性格を帯び，真の争点がかえって曖昧となり，提案者への権力の付与を正当化するという効果を生じさせる場合もあります。こうした要素の強い国民投票は「レファレンダム」に対して，否定的意味を込めて「プレビシット」と呼ばれています。争点の提示において二者択一的なものとならざるをえず，民主主義にとって不可欠の討論と妥協の過程が失われる点があると指摘されます。国民投票の結果に内閣および国会が拘束されることは，憲法41条と代表民主制を定める憲法の趣旨に反する可能性があります。国政レベルでは，代表民主制を明確に規定し，直接民主主義的な制度については限定していると考えられるからです。

の自由かつ十分な討論であるといえます。十分な討論がなされないまま政策決定が行われる場合には，少数意見は抹殺されることになりかねません。

② 地方自治の本旨と直接民主制

　　地方議会において，例えば，「市長は，住民全体の利害に重大な影響を及ぼす事項について，住民投票を実施することができる。この場合，市長及び議会は，住民投票の結果に従わなければならない」という条例を制定した場合に，一定の事項について，住民投票を実施し，議会はこの結果に従わなければならないというわけですから条例制定権と住民投票の結果との関係をどのように理解するかが問題となります。

　　地方自治体レベルにおいては，国政レベルと異なり，自治体の意思形成に直接住民がかかわり，憲法92条では「地方公共団体の組織及び運営に関する事項は，地方自治の本旨に基いて，法律でこれを定める」と規定しています。地方

自治の観念は2つの要素の結合によって成り立っています。それは住民自治と団体自治の要素です。住民自治とは，地方自治が住民の意思に基づいて行われるという民主主義的要素であり，団体自治とは，地方自治が国から独立した団体に委ねられ，団体自らの意思と責任の下でなされるという自由主義的・地方分権的要素です。地方自治の観念は，元来，この2つの要素を支柱として成り立っており，そのいずれを欠いても本来の意味での地方自治とはいえません。住民自治を欠いた地方自治は中央集権化されやすく，団体自治を欠いた地方自治は住民自治を実現するための手段を自ら放棄せしめることになります。92条において，「地方自治の本旨」とは具体的に何を意味するか明言されていませんが，その本質的内容は「住民自治」と「団体自治」であり，憲法はこれを当然の前提として，93条で「住民自治」を，94条で「団体自治」を保障しているのです。

　憲法が規定する地方公共団体の住民の権利には，地方公共団体の長，その議会の議員および法律で定めるその他の吏員を直接選挙する権利(93条2項)と「一の地方公共団体のみに適用される特別法」（地方自治特別法）に対する住民投票をする権利（95条）があります。地方自治法は，直接民主制的な要素を大きく取り入れて住民自治をより確実に保障しようとしています。まず，直接請求として，有権者総数の50分の1以上の者の連署をもってする条例の制定改廃請求（地方自治法74条），事務監査請求（地方自治法75条）と，有権者総数の3分の1以上の連署をもってする地方議会の解散請求（地方自治法76条），議員・長およびその他の役員の解職請求（地方自治法80条）が定められています。

　本条例のように，住民全体の利害に重大な影響を及ぼす事項について，住民投票を実施し，市長および議会は住民投票の結果に従うべきものとすることは，憲法93条および94条違反とならないかどうかという点が問題になります。こうした住民投票について，衆愚政治の危険，少数者の人権抑圧手段と化す危険，権力者が住民投票を自らの独裁正当化のために利用するプレビシットの危険，高度で複雑な現代行政に適合しない危険，迷惑施設が地域エゴで実現不可能になる危険等の危惧が表明されています。

　これまで行われた住民投票として，新潟県巻町（原子力発電所建設，1996年），岐阜県御嵩町（産業廃棄物処理施設建設，1997年），沖縄県名護市（海上ヘリポート

基地建設, 1997年）, 徳島県徳島市（吉野川可動堰建設, 2000年）等があります。

　判例は, 沖縄県名護市住民投票において, 本件住民投票の結果の法的拘束力につき, 次のように判示しています（那覇地裁平成12年5月9日判決）。「本条例は, 住民投票の結果の扱いに関して, その3条2項において, 『市長は……事務の執行に当たり, 地方自治の本旨に基づき市民投票における有効投票の賛否いずれか過半数の意思を尊重するものとする』と規定するに止まり（以下, 右規定を「尊重義務規定」という）, 市長が, ヘリポート基地の建設に関係する事務の執行に当たり, 右有効投票の賛否いずれか過半数の意思に反する判断をした場合の措置等については何ら規定していない。そして, 仮に住民投票の結果に法的拘束力を肯定すると, 間接民主制によって市政を執行しようとする現行法の制度原理と整合しない結果を招来することにもなりかねないのであるから, 右の尊重義務規定に依拠して, 市長に市民投票における有効投票の賛否いずれか過半数の意思に従うべき法的義務があるとまで解することはできず, 右規定は, 市長に対し, ヘリポート基地の建設に関係する事務の執行に当たり, 本件住民投票の結果を参考とするよう要請しているにすぎないというべきである。」

　住民投票の法的拘束力については, 学説は, 条例に基づく拘束型住民投票は違憲であり, 地方自治法違反であるとする見解, あるいは, 条例による諮問型住民投票の制度化については憲法も地方自治法も許容していると考え積極的に評価するが, 拘束型については, 憲法は沈黙しており地方自治法の規定に違反するとする見解があります。これに対して, 憲法解釈上, 可能な限り直接民主制を採用することを憲法が要請しているとみる立場からは, 国レベルで立法によって拘束型国民投票を制度化することは憲法41条や59条1項に直接抵触するが, 自治体レベルでは, 国会の代表機関による立法権独占の明示規定はないので, 条例によって, 諮問型はもちろん拘束型住民投票制度を導入することは合憲・合法であり, 憲法も地方自治法も住民投票の制度化を要請しているとする見解があります。前者に立つ場合, 本事例の拘束型住民投票は違憲, 後者に立つ場合には合憲とする見解が導かれることとなります。

　住民投票の場合には, 地域に密接な関係をもつ問題に関するものであり, 住民が自分の問題として考えることができること, また, 住民相互の間での議論も実際上可能であることから, 直接民主制のメリットが十分に生かされます。

とはいえ，直接民主制の弊害がまったく現れないというわけではありません。住民の間で議論がなされないまま，賛否だけを問う住民投票であったら弊害の方が大きいといえます。住民投票に法的拘束力がないとしても，住民投票の結果に圧倒的な差が出たような場合に，長や議会がそれを無視して別の選択をすることは，政治的に簡単ではありません。住民投票において重要なことは，そこで争点となっている問題について，住民がそれを自分たちの問題として受けとめ，真剣に勉強し議論するという過程であり，投票で決めること自体が民主主義であるわけではない，という指摘が重要です。

◆**参考文献**

浦部法穂『憲法学教室〔第3版〕』日本評論社，2016年
大津浩「住民投票結果と異なる首長の判断の是非」『ジュリスト臨時増刊 平成12年度重要判例解説』有斐閣，2001年
辻村みよ子『憲法〔第6版〕』日本評論社，2018年

13講 国民主権の原理と参政権

1 参政権はどのような意義をもっているか

(1) 人権と統治を結びつける権利

　日本国憲法は，三大原理の1つとして国民主権を掲げ，国の政治のあり方を最終的に決めるのは国民であるという考え方に立っています。憲法前文1段では「日本国民は，正当に選挙された国会における代表者を通じて行動し」と規定し，2段では「そもそも国政は，国民の厳粛な信託によるものであつて，その権威は国民に由来し，その権力は国民の代表者がこれを行使し，その福利は国民がこれを享受する」として，国民が代表者を選び，その代表者が政治のあり方を決めるという間接民主制（代表民主制）を採用しています。

　国民主権の原理は，国の政治のあり方を最終的に決める力を国民がもつとする原理であり，国家権力の正当性の基礎づけを国民の意思に求めるものです。国民主権の原理は，国民の選挙権の保障を不可欠のものとします。憲法15条1項では「公務員を選定し，及びこれを罷免することは，国民固有の権利である」と定めています。これは，ある人を公権力の行使者である公務員の地位につけたり，その地位を奪ったりすることは，国民が当然にもっている権利であることを意味します。国民は代表者を選ぶ選挙権や，逆にやめさせる罷免権という形で，国家の政治に参加する権利（参政権）をもっているのです。

　参政権として最も重要な選挙権は，憲法の国民主権の原理を個人のレベルの権利として制度化した，憲法の重要な構成要素の1つです。これは憲法の権利宣言の部分と統治機構の部分とを結びつける媒介項であるといえます。それでは人権と統治とどちらに重要な価値があるのでしょうか。人権が目的で，統治が手段であると考えられるかもわかりません。しかし，人権と統治は車の両輪と考えるべきでしょう。私たちの要求項目をきちんと統治が取り上げて，それを実現することでないといけません。

憲法上，国民によって直接選ばれるのは，国会議員（43条1項「両議院は，全国民を代表する選挙された議員でこれを組織する」），地方公共団体の首長，地方議会の議員（93条2項「地方公共団体の長，その議会の議員及び法律の定めるその他の吏員は，その地方公共団体の住民が，直接これを選挙する」）です。罷免については，最高裁判所の国民審査の制度があります。もっとも，一般職公務員も含めたすべての公務員が国民によって選定・罷免されるわけではありません。例えば，内閣総理大臣，国務大臣，裁判官などの選定・罷免については，国民でない他の選定罷免権者が憲法で定められています（6条，67条，68条，79条）。ただし，その選定罷免権者は何らかの形で国民との関係をもっている，つまり，公務員の地位が何らかの形で国民とのつながりをもてばよいということを示しています。

(2)　定住外国人の選挙権をいかに考えるべきか

　現在問題となっている，日本に在住する外国人の選挙権はいかに考えるべきでしょうか。これは日本国憲法が外国人にどのような人権を保障しているかという問題ともかかわってきます。外国人の人権については，次のように考えられてきました。基本的人権にはいろいろな性格の権利があります。そこでこれを人間としての権利をもつ性格のもの（例えば，信教の自由とか表現の自由）と，国家をつくる性格をもつ権利（例えば，参政権の中でも中核は選挙権）とに分けます。人間の権利としての性格をもつ人権については外国人にも保障されますが，国家をつくる権利については外国人には保障されません。なぜならば，国家をつくる権利については，わざわざ日本で行使しなくても自分が所属している国家があるわけですから，自分の所属している国で国家をつくる権利を行使してください，こういう考え方に立っています。

　確かに，一般論としてはこのようにいえるでしょう。しかし，国にはそれぞれの歴史があります。日本には日本の特殊事情があり，旧植民地出身者のいわゆる特別永住者の処遇が問題となります。旧憲法下で勝手に帝国臣民とされ，日本国憲法下で1953年の日本の独立に伴い，勝手に外国人にされてしまったという経緯があります。日本で生まれ日本で一生を終えるような定住外国人は，どこで選挙権を行使すればよいのでしょうか。やはり生活の本拠をおいている場所で，生活実態のある場所で選挙権は行使すべきではないでしょうか。

憲法15条１項で「公務員を選定し，及びこれを罷免することは，国民固有の権利である」と規定しています。定住外国人に選挙権を認めたくない人は，この条文を根拠に，憲法は選挙権を国民固有の権利といっているではないかと主張します。しかし「国民とはいったい誰なのか」，「国民固有の『固有』とは何を意味するのか」を解明する必要があります。

国民とは，主権国家日本の社会の構成員と考えるべきでしょう。「固有」のとは，他の人々に譲り渡すことのできないという意味であり，国籍をもっている国民に固有のという意味ではありません。また，憲法30条では「国民は，法律の定めるところにより，納税の義務を負ふ」と規定しています。それでは日本に在住する外国人は税金を納めなくてもよいのでしょうか。憲法15条は外国人には適用されず，30条は外国人に適用されるというのでは，あまりにもご都合主義の解釈といえないでしょうか。

それでは最高裁はどのような考え方に立っているのでしょうか。イギリス国籍の一般永住者が起こした訴訟で，憲法は国民主権の原理を採用しているので外国人には国政選挙は認められないとしました（1993年）。しかし，数年後，在日韓国人の特別永住者が起こした選挙権訴訟で，最高裁は国政レベルの選挙権は外国人には認められないが，地方レベルであれば外国人に認めても憲法違反にはならないと判断しました（1995年）。外国人がその地方公共団体と特段に密接な関係をもっている場合には，地方選挙権は認められるとしているのです。憲法93条２項は「地方公共団体の長，その議会の議員及び法律の定めるその他の吏員は，その地方公共団体の住民が，直接これを選挙する」と定めています。ここでは「住民」という言葉が使われています。このことも１つの根拠となっているといえるでしょう。

(3) 18歳選挙権の実現

2015年６月17日，選挙権年齢を現行の「20歳以上」から「18歳以上」に引き下げる改正公職選挙法が成立しました。６月19日に公布され，施行はその１年後です。これにより，国政における衆議院議員選挙および参議院議員選挙，地方における都道府県知事や市町村長，地方議会議員の選挙等が可能となりました。

それでは，世界の他の国ではどのような制度をとっているのでしょうか。いまや18歳選挙権こそがスタンダードで，むしろこれまで20歳選挙権を維持していた日本は例外でした。例えば，議会下院（日本では衆議院）の選挙権年齢をみると，韓国は19歳以上ですが，イギリス，アメリカ，フランス，ドイツ，カナダは18歳以上，オーストリアでは16歳です。

　成年者の選挙権について，日本国憲法はどのように規定しているのでしょうか。憲法15条3項は「公務員の選挙については，成年者による普通選挙を保障する」と定めています。ここでは「成年者」の範囲について定義されていません。そこで法律をつくることによって明確にする必要があります。これを立法裁量といいます。憲法10条をみてみましょう。「日本国民たる要件は，法律でこれを定める」と規定しています。これは法律をつくって「日本国民」の範囲を定めなさいといっているのです。これを受けて国籍法という法律がつくられています。この国籍法は日本国籍を取得した人が日本国民であるといっていますが，国籍取得の仕方には血統主義といわれる方法（親の国籍によって子どもの国籍を決定する）と，生地主義といわれる方法（日本で生まれれば自動的に日本国籍を取得）があります。以上の両主義のいずれをとるのかによって，日本国民の範囲が異なってきます。それでは国民の範囲が狭い血統主義は憲法違反になるでしょうか。どちらを採用するかはある程度，国会の裁量，立法裁量に任されているのです。15条3項の「成年者」も同じで，今回，これを公職選挙法改正によって「18歳以上」としました。

　では，高校生の政治活動をどのように考えるべきでしょうか。2016年の参院選から選挙年齢が18歳に引き下げられることを受け，文部科学省は2015年9月29日，高校生の政治活動を禁止した1969年の通知を廃止し，新たに，校外での政治活動を認める通知を各都道府県教育委員会に出しました。2015年通知は，「政治活動」について，「放課後や休日の校外の活動は家庭の理解の下，生徒が判断し行う。授業や生徒会活動の場を利用した活動は禁止。放課後や休日でも校内の活動は政治的中立性の観点から制限または禁止」というものであり，「政治的事象の取り扱い」については，「学校が政治的中立性を確保して取り扱い，生徒が有権者として自らの判断で権利を行使できるように，より具体的，実践的な指導を行う」というものです。この通知について，すでに高校生がデモや

集会に参加する動きは広がっており，現状を追認した形になっています。通知は学校の授業で現実の政治的事象を取り上げるよう求める一方，政治的中立性への配慮を強く促したものと評されています（毎日新聞2015年10月30日参照）。

② 国民主権とはどのような原理か

国民主権の原理には，すでに言及したように，1つには，国の政治のあり方を最終的に決定する権力を国民が行使するという権力的契機と，他の1つは，国家の権力行使を正当づける究極的な権威は国民に存するという正当性の契機という要素が含まれています。主権の正当性の側面においては，国家権力を正当化し権威づける根拠は究極において国民であるという要素が重視されるので，そこでの主権の保持者としての「国民」は，全国民であるとされます。また，このような国民主権の原理は代表民主制，特に議会制と結びつくことになります。しかし，国民主権をもっぱら正当化根拠としてのみ捉えるとなると，それは現在の権力を正当化するだけの建前になってしまうおそれがあります。

こうした代表制はルソーが指摘しているように，「国民は選挙の時だけ主人公で，選挙が終われば奴隷にもどってしまう」ことになる危険性があります。このようにならないためには，私たちが日々，政治的表現の自由を有効に活用する必要があるでしょう。

そこで，主権の権力性の側面において，国民が自ら国の重要な政治問題に決定を下すという要素を重視し，そこでの主権主体としての「国民」は，実際に政治的意思を行うことのできる有権者を意味するとします。この観点から，普通選挙制は国民主権原理の要請するところと解され，また，それはさらに，一定の場合，国民自身が直接に政治的意思を表明する制度である直接民主制と結びつくことになります。

日本国憲法は，前文で「主権が国民に存すること」を宣言し，1条では，象徴天皇の地位が「主権の存する日本国民の総意に基く」ことを定め，国民主権の原理を採用しています。他方，前文で「国政は，国民の厳粛な信託によるものであつて，その権威は国民に由来し，その権力は国民の代表者がこれを行使し」と規定し，43条では「両議院は，全国民を代表する選挙された議員でこれ

★ TOPIC：議員を辞めさせることはできるのか（リコール制）

　国会議員のリコール制は，現実の制度としては認められていませんが，原理的な問題として絶対に認められないものでしょうか。憲法15条1項によると，「公務員を選定し，及びこれを罷免することは，国民固有の権利である」とします。通説的見解によると，国会議員は，選挙された後は選挙人との関係が一応切り離され，議員として自由な討論決定ができるというのが，憲法の予定している代表制であり，憲法43条の「全国民を代表する」とは，このことを意味すると理解します。リコール制は，選挙人が自分たちの選んだ代表の責任を追及することですから，こうした制度は憲法の予定している代表制に反し，憲法43条に反することになります。憲法43条の規定を自由委任の規定と解する限り，国会議員のリコール制は認められないこととなります。これに対してリコール制も認められるという説もあります。

　リコール制は，必ずしもいい制度であるというわけではなく，危険な側面もあります。リコール制肯定論は，国会議員が国民の意思に反する活動をするという場面だけを念頭においていますが，沿革的にみれば，その時どきの権力者や司法官憲による弾圧を防ぐために国会議員の保障が求められたわけで，リコール制を認めないというのはこうした側面からの要請もあると指摘します。

　それでは，地方議会議員にはリコール制がありますが，国会議員には認められないという違いはどこからくるのでしょうか。形式論としては，憲法の条文からいうと，国会議員の場合には「全国民の代表」という規定があり選挙人からの独立が保障されていますが，地方議会議員の場合にはその規定がないということです。もちろん，規定があるかないかだけではなく，地方自治の場合には，自治体の行う事務が住民生活に密接な関係をもっており，住民の議会に対する強いコントロールを確保する必要があります。それが住民自治であり，「地方自治の本旨」を生かすことになって直接民主制になじみやすいとされています。

を組織する」と規定しています。主権者である国民が，原則として，自ら国家権力を行使するのではなく，国民の代表者である国会を通じて行使するという代表民主制を採用していることを明らかにしています。ただ，このことは一人一人の国民が直接主権を行使すること（直接民主制）を否定するものではありません。

③ 間接民主制と選挙に関する原則

　日本国憲法は国政の決定方法について，間接民主制を採用しています。具体

的にはまず主権者である国民が，選挙を通じて国会議員を代表者として選びます。そして国会議員によって構成される国会が，法律の制定など国政についての重要な決定を行います。この方式を議会制民主主義と呼んでいます。それとともに，国会議員の中から内閣総理大臣を選び，その下に行政権の最高機関である内閣が構成されるしくみになっています（67条，68条）。このように，国会と内閣がつながる形を議院内閣制といいます。国民の意思が国会に，さらに内閣に反映され，民意に基づく政治や行政が行われるようになっているのです。

　選挙は国民と代表者を結びつける重要な制度であり，有権者に投票の権利が平等に保障されなければなりません。こうした成年者が等しく資格を認められる選挙が普通選挙ですが，これと対置されるのが制限選挙です。特に財産や収入による選挙の制限は，どこの国においても歴史上，一般的に認められていました。日本においても当初，制限選挙制がとられていましたが，1925年に納税資格は撤廃されました。しかし，女性には選挙権は認められませんでした。戦後1945年に，女性を含めて，20歳以上の国民すべてに選挙権が認められることによって普通選挙制が実現しました。そして，2015年に18歳以上の国民に選挙権が認められることとなりました。

④ 選挙制度のしくみ

　代表を選出する選挙制度のしくみについて，選出方法や議員数の違いから大きく分けると，小選挙区制・大選挙区制・比例代表制の３種類があります。小選挙区制とは，１つの選挙区から１人の議員を選出する方法です。それぞれの選挙区で，いちばん多くの投票を得た候補者が議席を獲得します。これに対して大選挙区制とは，１つの選挙区から多数の議員を選出する方法です。また比例代表制は，有権者が政党に投票し，各政党の獲得票数に比例して議席を配分する方法です。小選挙区制は投票しても当選に結びつかない死票が多くなり，正確な民意の反映という点では劣りますが，大きな政党をつくりやすくし，政局を安定させるという長所があります。比例代表制は民意を議席に正確に反映させることができますが，小党分立となり政局が不安定になるといわれています。大選挙区制は少数者の声も議席に反映させることができます。

現代の日本では，衆議院は，全国を各都道府県の選挙区に分割（区割り）してつくった小選挙区制（定数289）と，全国を11のブロックに分けてつくった比例代表制（定数176）とからなる選挙制度，いわゆる小選挙区比例代表並立制をとっています。参議院は，都道府県を選挙区とする選挙（定数148）と，全国単位の比例代表の選挙（定数100）が行われています（公職選挙法4条，2019年6月1日現在）。国民主権を効果的に実現する選挙制度は，政治の現状なども考慮し常に検討すべき課題です。

◆参考文献

芦部信喜・高橋和之補訂『憲法〔第7版〕』岩波書店，2019年
井上武史「18歳選挙権の実現」『法学セミナー』10月号・729号，日本評論社，2015年
浦部法穂『憲法学教室〔第3版〕』日本評論社，2016年
奥平康弘『憲法―学習と実践のために』弘文堂，1981年
辻村みよ子『憲法〔第6版〕』日本評論社，2018年

大統領制と議院内閣制

① 議会優位型のヨーロッパと司法権優位型のアメリカ

　統治機構の基本原理として，近代国家では権力分立制を採用しています。権力分立とは，国家を統治する作用を立法，行政，司法の３つに区別し，それぞれ別の機関が担当し（例えば，立法を議会，行政を内閣，司法を裁判所），それぞれの機関が独立して権限を行使するという原理です。

　その目的は，それぞれの機関が独立し，互いに抑制することにより均衡を保ち，国家権力が乱用されるのを防止することです。このように国家権力を分けて別の機関に委ねることによって，国民の自由を確保しようとする権力分立の理論は，ジョン・ロック（Locke, J. 1632-1704）や同時代のフランスのモンテスキュー（Montesquieu, C.L. 1689-1755）の思想に由来します。

　もっとも実際，権力分立の形態にはいろいろなものがあります。例えば，立法権と行政権との関係で議会優位の議院内閣制を採用する国もあれば（イギリス型議院内閣制），それぞれの権力を厳格に分立させる国もあります（アメリカ型大統領制）。権力分立制は，国民の権利・自由を保障する近代立憲主義憲法に不可欠なものです。

　ヨーロッパ諸国では，アメリカの司法権優位型の三権分立制とは異なり，議会の決定が最高のものであるとする議会優位型の権力分立制が確立することになります。

　法律が憲法に違反しないかどうかを誰が判断するのかという問題について，アメリカでは議会不信の考え方から裁判所優位型をつくり上げました。アメリカについては11講で述べたように，イギリス議会がアメリカ植民地に重い税を課すという押しつけを行ってきたこと，また州議会が農民の借金を棒引きにするというとんでもない法律をつくったこと等により議会不信が強まり，司法権の優位が確立することとなりました。反対に，ヨーロッパ諸国では，国民の代

表によって構成されている議会が，立法過程の中で判断すべき事柄と考えてきました。立法の専門機関である議会が決定したことを，国民から選ばれているわけでもない裁判所が審査して無効にすることはとんでもないと考えられてきました。

②アメリカの大統領制とイギリスの議院内閣制

三権分立の原理を忠実に実現しているのがアメリカ合衆国です。1788年に成立した「合衆国憲法」では次のように定められています。①立法権は上院と下院からなる連邦議会に，執行権は大統領に，司法権は最高裁判所と下級裁判所に属します（合衆国憲法1条，2条，3条）。②執行部のメンバーは議員を兼任することができません。また，大統領は法律案の提出権をもたず，議会の解散権もありません。③連邦議会は大統領の不信任決議権をもちません。④裁判所は，1803年のマーベリー対マジソン事件という判例によって，違憲審査権をもつことを確立しました。こうしてアメリカは厳格な三権分立制度を採用しています。

ある憲法辞典では大統領制を次のように説明しています（『三省堂憲法辞典』318頁）。「権力分立制の原理に基づく政治制度の一類型。行政府と立法府（議会）が制度上厳格に分離しつつ，行政府の長たる大統領（独任制機関）に行政権が実質的にも帰属している点に特徴をもつ。近代以降共和制を採用した国では国家元首として君主に代って大統領をおくのが普通である。そうした場合，行政権が，実質上，(1)大統領にのみ帰属する型，(2)大統領の権限が名目化して，議会の信任に依拠する内閣に帰属する型（第二次世界大戦後のドイツ），(3)大統領と内閣の両者に帰属する型（ワイマール憲法），がみられるが，制度の類型論からいえば，(1)が大統領制，(2)が議院内閣制，(3)が大統領制と議院内閣制の混合形態，ということになろう。こうした大統領制の代表例は，アメリカ合衆国憲法（1788年）にみられる。そこでは，行政府は，事実上国民によって直接選出される大統領と内閣（大統領によって任命される各省長官により構成）からなるが，大統領が行政権を一手に掌握し，内閣は大統領に対する単なる諮問機関にすぎない。また，行政府と議会の関係は，制度上厳格に分離されていて，大統領と各

省長官は，議員との兼職が禁じられ，議会に出席し発言する権利も義務もなく，議会の解散権ももたない。また，立法作用についても，停止的拒否権があるにすぎず，法律案の発案権は認められていない。他方，議会の側にも，行政府をコントロールする手段として，不信任決議権は認められていない。しかし，実際は，大統領は，議会に対する勧告権を活用して，教書などを通して，強力な立法指導を行っており，議会の側も，大統領弾劾制度や国政調査権などを活用して，大統領に対して一定程度のコントロール権を行使している」（岩間昭道）。

　アメリカ型大統領制は，行政権と立法権を厳格に分立させています。①アメリカ合衆国では，大統領は国民によって選挙され，政府を構成する閣僚は議員以外からも多数選ばれます。②大統領は一定の限度で法律案の拒否権をもちますが，法律案の提出権はもちません。また，大統領は議会の解散権をもたず，議会も大統領の不信任決議をすることはできず，辞めさせることはできません。

　これに対して，イギリス型議院内閣制は，行政権（内閣）は立法権（議会）の信任に基づくものとし，両者の相互依存と抑制の関係を重視するしくみです。①内閣総理大臣は議会（特に下院）によって選出され，内閣の半数以上は議員らによって構成されます。したがって，通常は議会における多数党が内閣を組織することになります。②議会（下院）は，内閣の不信任を決議して，内閣を辞職させることができます。逆に，内閣は議会（下院）を解散することができます。

　現実には，大統領制と議院内閣制の混合形態にあたるものが採用される例が少なくありません。例えば，フランス，ドイツ，ロシア，大韓民国などです。このうちドイツ以外の国々では大統領が国民の直接選挙によって選ばれているため，大統領の政治的権限が比較的に強力であるといえます。対して，ドイツにおいては，大統領は憲法規定上，国際法上ドイツ連邦を代表し，条約を締結できるとされていますが，国民から直接選挙によって選ばれるわけではなく，連邦会議によって選挙され，また，政府にも議会にも所属しないとされているので，実際上の権限は名目的なものにすぎないといえます。

③ 日本の議院内閣制

(1)　憲法の議院内閣制に関する規定

　日本はイギリス型の議院内閣制を採用し，憲法は次のように規定しています。①内閣総理大臣は国会議員の中から国会の議決で指名する（67条）。②国務大臣の過半数は国会議員でなければならない（68条）。③衆議院は内閣に対する不信任を決議できる（69条）。④内閣は衆議院を解散できる（69条）。⑤内閣は行政権の行使について，国会に対して連帯責任を負う（66条3項）。⑥国務大臣は議院に出席できる（63条）。このように行政権を立法権の監視の下におくしくみが条文にも表れています。

(2)　衆議院の解散制度の意義と目的

　憲法では，衆議院に解散という制度が定められています。ここでは，この制度の意味について考えておきましょう。解散とは，衆議院議員のすべてに対して，任期満了前に議員としての身分を失わせることです（45条）。衆議院が解散されると，参議院は同時に閉会となります（54条）。解散が行われた場合，解散の日から40日以内に衆議院議員の総選挙が行われます。これによって新たな民意が国政に反映されるため，衆議院の解散は議会政治の硬直化を防止する効果があります。

　衆議院の解散は，形式上天皇の国事行為とされ，内閣の助言と承認に基づいて行われます（7条3号）。つまり，解散の実質的決定権は内閣にあるといえます。憲法は，解散が行われる場合について，69条で「内閣は，衆議院で不信任の決議案を可決し，又は信任の決議案を否決したときは，10日以内に衆議院が解散されない限り，総辞職しなければならない」とのみ定めています。この場合以外でも，国政の重要問題について改めて民意を問う必要が生じた場合に，7条から導かれる内閣の権限によって解散が行われます。

　それでは，なぜこのような解散制度がおかれているのでしょうか。これには2つの目的があります。1つは権力分立上の見地からのものです。議院内閣制の下で立法部が過大な権力をもち，権力の乱用に陥るのを，行政部の権力によっ

て抑制するためです。例えば，衆議院の内閣不信任決議に対応して両者の均衡を図るための手段として解散が認められています。もう１つは民主主義上の見地からのものです。立法部と行政部の意見が対立している場合とか，政治上の重要な問題について，国民の判断を問うべきであると思われる場合などに，主権者である国民の意思を問うための手段として解散が行われます。

(3) 議院内閣制の本質

こうした議院内閣制の本質をどのように考えるかについては，２つの見解があります。１つは，国会と内閣が相互にある程度の独立を保ちつつ，同時に，相互に抑制と均衡の作用を行うという自由主義的あるいは権力分立的な関係という側面を重くみる見解です。もう１つは，内閣が国会の信任に基づいて存立し，国会に対して連帯的な政治責任を負うということ，さらに，そのような形を通して，国民が行政権力を間接的にコントロールするという議院内閣制の民主主義的な側面を重くみる見解です。日本では，以上の両者をともに含めて議院内閣制の要素にしますが，一般的には後者が重視されているといえます。

(4) 現代における権力分立の変容——行政権の優位

今日では，国家の諸政策（経済政策，福祉政策，環境政策，エネルギー政策，農業政策等）への即応的対応の必要性と政策の高度に専門的な判断の必要性から，実質的な中味は行政権が決定するという状況がでてきています。ここでは法律は大枠を決めるだけであり，実質的な中味は行政が決定するということになってきました。現代国家においては，立法権よりも行政権の権限が大きくなり，行政権優位の現象が一般的傾向となります。と同時に，大統領や首相の独裁化が危惧される状況がでてくることになります。

(5) 明治憲法下の内閣制度と天皇への権力の集中

最後に，明治憲法下ではどのようになっていたのかみておきましょう。明治憲法下，大正から昭和初期（大正デモクラシーのとき）にかけて，内閣が議会に基礎をおく「政党内閣」の慣行が実現され，その意味で議院内閣制が「憲政の常道」であるとされたことがあります。しかし，内閣制度自体は明文で規定さ

れていたとはいえませんでした。ただ，「国務各大臣ハ天皇ヲ輔弼シ其ノ責ニ任ス」（55条）とされるだけでした。あくまでも，行政権の主体は統治権の総攬者である天皇で，国務大臣は等しく天皇によって任命され，それぞれ単独に天皇に対して責任を負うものでした。これは行政権が国会の信任に依拠し，国会が行政権をコントロールする議院内閣制の建前とはまったく異なるものでした。

　明治憲法の下では，立法権は天皇と議会が共同して行使すべきもの（協賛）とされ，さらに，議会の関与しない様々の立法・命令が認められていました。司法権も，裁判所が天皇の総攬権のひとつとして，「天皇ノ名ニ於テ」，天皇に代わって行使しました。また，軍法会議や行政裁判所など特別の裁判所がつくられていました。

　これは明治憲法は，天皇が国民に授けたものであるという形をとり（これを欽定憲法といいます），天皇は神聖にして侵すべからざる存在であり（3条），統治権を総攬する，つまり一手におさめるものとされ（4条），天皇は立法，行政，司法などすべてを自分の手に掌握し，統括する権限をもっていたのです。

④ 権力の分立と権力の配分

　それでは日本国憲法が定めている地方自治（憲法92～95条）については，権力分立の観点からどのように考えればよいのでしょうか。中央政府の組織関係については，権力分立という言葉が使われていますが，中央政府と地方政府の関係はどのように理解すべきか，という問題です。憲法は，中央の権力を独占して，その一部を地方政府に委ねるという関係ではなく，もっと根元的に，地方政府自体に権力自体を配分するという形をとっています。

　関連して，アメリカの連邦制における連邦政府と州政府の関係はどのようになっているのでしょうか。アメリカ合衆国憲法は，連邦政府がつくられた後も，各州が主権をもって，州政府が連邦政府から独立して統治を行うことを予定しています。この憲法は，連邦政府に属する権限を限定列挙しています。連邦政府と州政府の関係については，例えば，日本では民法，刑法によって統一的に規制される家族制度や刑事制度も，50の州でそれぞれ異なり，つまり，州によっ

て結婚の成立条件，犯罪の定義や死刑の有無，裁判の形態も異なるのです。日本の感覚でいうと，これらの分野では，州と州の境を越えれば別の国も同然ということになるのです。

　中央政府と州政府の関係は，アメリカでは，州がすべての分野で権限をもっているところを，合衆国憲法によって，連邦政府に一部譲渡したという形がとられています。州が連邦政府に譲渡していない分野では，最終決定権は州政府にあり，連邦政府には州に対し強制する権限はないといわれます。もっとも連邦政府の下では，連邦と州の権限分配については，その裁定に比較的中立な裁判所の役割が大きいといわれます。

◆参考文献

秋葉丈志「アメリカ合衆国の地方自治—連邦制と直接民主制の浸透」後藤光男編著『地方自治法と自治行政〔補正版〕』成文堂，2009年

浦部法穂『世界史の中の憲法』[法学館憲法研究所双書] 共栄書房，2008年

大須賀明・栗城壽夫・樋口陽一・吉田善明『憲法辞典』三省堂，2001年

渋谷秀樹『憲法への招待〔新版〕』岩波書店，2014年

藤井俊夫『憲法と政治制度』成文堂，2009年

第3部┃民　法

15講 民法とは何か

1 民法とは

　民法とは，私たちの日常生活で生じる様々なトラブル（法的な問題）を解決するための指針となる法です。例えば，物を買う（売買），借りる（賃貸借）といったよく行われる契約，交通事故，結婚，離婚，相続などに関して争いが生じるとき，その解決にあたっては民法が基準となります。このように実は非常に身近な法律であるにもかかわらず，みなさんの中には民法が「身近だ」と感じられない人も多いかもしれません。しかし，そう実感できないとしたら，それはみなさんの日常生活が平穏に満ちたものだからです。みなさんがある物を買う契約をする場合，約束通りに契約が実行され，その物にも特に欠点がないならば，何の問題もありませんよね。それはそれで幸せなことです。ただ，人生いつ何があるかわかりません。もしものときのために民法を学んでおくことは，紛争が起こったときの解決に役立つだけでなく，そもそも問題が起こらないように普段からどのように生活すべきか（生活規範）という点からも重要です。

2 私法の一般法としての民法

> 【ケース1】　Aは，わき見運転をして歩行者Bをひいてしまった。おそろしくなったAは，Bを放置し自動車で逃走した。その後Bは死亡した。後日，ことが発覚したためAは運転免許取消の処分を受け，また逮捕され，起訴された。他方，Bの遺族はAに対して，Bの死亡による損害の賠償を請求している。

　民法は「私法の一般法」といわれます。私法とは，公法と対比して使われる言葉で，私たち一般人（私人といいます）相互の関係を調整するルールのことです。これに対して，公法とは，国家またはこれに準じるものと私人との関係を

定めるルールのことです。といっても，すぐには飲み込めないかもしれません
ね。法といってもたくさんのものがあり，その性質や目的は異なります。その
ため，いくつかの観点から分類・整理されます。その分類方法の1つに，あま
たある法を公法と私法に二分するというものがあるのです。

(1) 私法とは

では私法とはどのようなものなのでしょうか。【ケース1】で考えてみましょ
う。ここでは，Aがひき逃げによってBを死亡させています。このとき，A
に生じる法的責任としては3つのものが考えられます。1つは行政責任です。
Aは，公安委員会によって免許取消の処分（行政処分）を受けることになりま
す（道路交通法103条参照）。

もう1つが刑事責任です。Aは逮捕され，起訴されています。裁判の結果，
有罪判決が下されるとAには刑事罰が科されます。例えば，自動車運転死傷
行為処罰法5条に基づいて，7年以下の懲役もしくは禁錮または100万円以下
の罰金に処せられる可能性があります。

最後の1つが民事責任です。Bの遺族がAに対して，Bが死亡したことによ
る精神的ショックによる損害（いわゆる慰謝料）や財産的な損害（例えば，将来B
が働いて得られたはずの収入）の賠償を請求することが考えられます。この請求
は民法709条を根拠にしています。国家やその機関ではなく，Bの遺族という
私人がAという私人に対して請求をする点が先ほどの2つの責任と異なります。

以上のように，Aの1つの行為から3つの異なる法的責任が生じています。
この中で刑事責任，行政責任の根拠となっている法律が公法です。例えば，憲
法，刑法，行政法などがこれに分類されます。他方で，Aの民事責任の根拠と
なっている法律が私法です。国家や公安委員会といった公の機関ではなく，A
とBという私人どうしの関係を定めていますよね。このように私人の間での
利害を調整するルールが私法です。私法には，民法のほかに商法や会社法など
があります。もっとも，BのAに対する損害賠償を請求する権利は，最終的
には国家によって実現されることになります。

(2)　一　般　法

　次に一般法です。こちらはちょっとわかりにくいかもしれません。一般法とは，適用領域が限定されていない法のことであり，特別法と対比して用いられる表現です。特別法とは適用領域が限定された法のことです。一般法・特別法も法の分類の1つです。ここでは民法と商法を例にして説明します。

【ケース2】　① Aは友人Bから中古車を100万円で買った。Aは自動車をBから受け取った。しばらく使っているとブレーキに不具合があることが判明した。
② 中古車業者Cは別の中古車業者Dから中古車を100万円で買った。その際Cは特に調べることもなくその中古車を受領した。しばらくしてブレーキに不具合があることが判明した。

　Aは，Bから自動車を買うという売買契約をしています。売買契約については民法の555条以下にルールが定められています。【ケース2】の①では，Aは欠陥のある自動車を買ったことになります。ブレーキの不具合もしばらくは何ともなかったところをみると，すぐにはわからないような欠陥だったと考えられます。このとき，Aは，その欠陥の存在を知ったときから1年以内は，追完請求（「修理せよ」や「代わりのものを渡せ」）または代金減額請求，損害賠償請求または売買契約の解除という形でBの責任を追及できます（562〜564条，566条）。
　では，②のCがDから中古車を買った場合も同様でしょうか。確かに，AもCも国家やそれに準じるものではありません。その意味では私人です。しかし，AとCは決定的に違うところがあります。それは中古車売買についてAが「素人」であるのに対して，Cはいわゆる「プロ」ということです。素人であるAは，自動車を調べても欠陥をみつけることはたやすいことではないでしょうが，プロであり専門知識のあるCにとっては欠陥をみつけることはそれほどむずかしくないでしょう。したがって，Cは，自動車を受け取った後，適切な期間内に検査し，欠点を通知する義務が課されており，これを怠ると基本的に保護されません。保護されないというのは，民法562〜564条に基づく権利が認められないということです（商法526条）。
　注意してもらいたいのは，「プロ」売買には民法が適用されないということではありません。「プロ」であっても私人ですので，やはり民法（ここでは555

条以下）の適用対象にな
ります。ただ，ここでは，
プロとして専門知識のあ
る買主は容易に欠点を発
見できるなどの理由か
ら，商法の方が優先して
適用されます。このこと

図表15-1　一般法・特別法の関係

罹災都市借地借家臨時処理法	特別法	
借地借家法	一般法	特別法
民　法		一般法

を，「特別法は一般法に優先する（——を破る）」といいます。つまり商法526条
は民法562〜564条の特別規定ということになります。

　ただし，一般法・特別法の関係は相対的なもので，民法に対して特別法であ
る法律も別の法律との関係では一般法になる場合もあります。例えば賃貸借で
は，借地借家法10条は民法605条の特別法ですが，借地借家法10条は罹災都市
借地借家臨時処理法10条，25条の2に対しては一般法の関係になります。

　このように私法には多くのものがありますが，その中でも民法は最も一般的
な性質をもっていて，私人間での法的な争いについて広く用いられるのです。

③ 民法と民法典の構造・展開

　民法（に限られませんが）を学習する上で重要なのは条文です。これは基本的
に六法の「民法典」に載っています。基本的にといったのは，民法という言葉
を使う場合，「民法典」だけでなく，それを補足・修正する法律（不動産登記法，
借地借家法など）を含むからです。ここでは，民法典の構造について説明します。
民法典は全部で5つの編（総則，物権，債権，親族，相続）に分かれています（図
表15-2参照）。世界各国のすべての民法典がこのような構成になっているわけ
ではありませんが（アメリカやイギリスなど民法典をもたない国もあります），日本
はドイツ（正確にはザクセン）に倣ってこのような構成を採用しています。この
構成をパンデクテン方式といいます。

(1)　第2編「物権」
　物権とは，物に対する直接・排他的な支配を内容とする権利です。所有権を

図表15-2　民法典の全体像

総則		通則・人・法人・物・法律行為・期間の計算・時効	財産法
物権	物権変動	総則・占有権・所有権・地上権・永小作権・地役権	
	担保物権	留置権・先取特権・質権・抵当権	
債権	債権総論	総則	
	債権各論	契約・事務管理・不当利得・不法行為	
親族		総則・婚姻・親子・親権・後見・保佐及び補助	家族法
相続		総則・相続人・相続の効力・相続の承認及び放棄・財産分離・相続人の不存在・遺言・遺留分	

イメージしてもらうのが一番わかりやすいと思います。例えば，みなさんは自分のものであるカバンや服に対しては所有権という権利をもっています。みなさんはカバンや服を直接に支配，つまり誰かに借りて使っているのではなく，自分のものとして使っていますよね。また，みなさんのものであるカバンや服はみなさん各自のものであり，同時に誰かのものであるということはありません（他を排除しているわけです）。

　物権編には，このような物権がどのように発生し，内容が変更し，消滅するか（物権の変動），また所有権をはじめとした様々な物権についてのルールが定められています。もう少し突っ込んだ内容については16講で扱います。

(2)　第3編「債権」

　債権とは，簡単にいうと，特定の人に対して特定の行為（作為・不作為）を要求することができる権利のことです。ところで，「債権って要するにお金でしょ？」と思う人もいるかもしれません。確かに，ある人にお金を貸したら，その人（特定の人）に対して，貸したお金を返してもらうこと（特定の行為）を要求することができます（金銭債権）。しかし，債権は金銭債権に限られません。中古車やコシヒカリ10kgを渡すように要求したりすることも債権です。

　債権編では，このような債権がどのように発生するか，どのような効力をもつか，そしてどのように消滅するかについてのルールが定められています。もう少し突っ込んだ内容については17講で扱います。

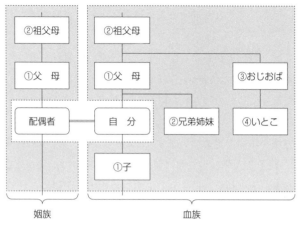

図表15- 3　親等の数え方

```
姻族                    血族
```

②祖父母　②祖父母

①父　母　①父　母　③おじおば

配偶者　自　分　②兄弟姉妹　④いとこ

①子

○中の数字が親等を表す

(3)　第4編「親族」

　親族という言葉自体は，みなさんも知っていると思います。家族とか親戚と
いったイメージではないでしょうか。ただ，民法では，もう少し厳密に，6 親
等内の血族，配偶者，3 親等内の姻族が親族とされます。血族とは血のつなが
りのある人で，姻族とは配偶者（男なら妻，女なら夫）の血族のことをいいます。
親等とは，親族関係にある人どうしの距離をいいます。これは自分を中心に数
えます。父母は1親等，兄弟姉妹は2親等，おじおばは3親等，いとこは4親
等となります。図表15- 3を見て，自分の隣にいる兄弟姉妹は1親等じゃないの？
と疑問に思ったかもしれません。しかし，兄弟姉妹のつながりは直接的なもの
ではないので，いったん共通の祖先（大げさな言い方ですが）である父母にさか
のぼって，そこから下がって数えるので2親等となります。

　親族編で扱われる内容は，婚姻や親子関係といったもので，物権や債権と比
べるとよりなじみやすいかもしれません。

(4)　第5編「相続」

　親族と同じくこちらも言葉は知っているでしょう。相続編の中身は，法定相
続，遺言相続，遺留分に大別されます。

遺言によって私たちは自分の意思で財産を相続させることができます。例えば，献身的に尽くしてくれた近所の人に遺言によって家屋を譲るということが可能です。

　しかし，人はいつ死ぬかわからない上に，日常的に遺言を書いている人はそうはいません（なお遺言は15歳から作成できます。民法961条）。そうすると，ある人が死亡したときに，その残された財産をどうするかが問題となります。遺言がないから放っておくというわけにはいきません。そこで，民法では遺産が受け継がれる方法を法律で定めています（法が定めているので「法定」相続といいます）。例えば，親子3人暮らしで他に親族がいない場合で，父が死亡したとき，配偶者である妻，子それぞれに2分の1ずつの相続分が認められています。

　また，例えば「すべての遺産を○○（相続人ではない者）に譲る」といった遺言により財産が処分されることで，遺族が生活に困るということもあります。この場合に，一定の遺族が一定割合の遺産を取り戻すことが認められています（遺留分）。さしあたり遺族に留めておく分と考えてください。

(5)　第1編「総則」

　さて，最後に総則です。なぜ最後にもってきたかというと，この総則が一番わかりにくいからです。まず言葉の意味からひも解いていきましょう。「総則」とはドイツ語の訳語で，原語を直訳すると「一般的な部分」という意味になります。では，何が一般的なのでしょうか。

【ケース3】　①Aは，「Bの飼っている馬を買いたい」と申し出てBとの間で売買契約が成立した。ところが，Aが欲しいと思ったBの馬はすでに死亡しており，現在Bが飼っているのは別の馬であった。
②Cは，Dとの間でSの債務の連帯債務者になる約束をした。ところが，Cは連帯債務とは保証債務のことだと考えて，連帯債務者になると言っていた。
③Eは，Fと離婚することとなり，離婚の際の財産分与としてEは自己所有の不動産αをFに譲渡しようと考えた。ところが，実際の財産分与契約においてEは誤ってαと言うべきところをβと言ってしまった。

　ACEはそれぞれ自分が欲した内容とは異なる内容のことを相手に告げています（錯誤といいます）。このようなときに，どう処理したらよいでしょうか。

①は売買契約の話です。売買については第3編「債権」の第2章第3節に条文があります（民法の目次をみて条文を探してみてください）。②は連帯債務（さしあたり，複数人で債務全体について責任を負うことと考えください）を扱っています。連帯債務については第3編「債権」の第1章第3節第3款に条文があります。③は財産分与が問題になっています。財産分与については，第4編「親族」の第2章第4節第1款に条文があります。条文を見てもらうとおわかりかと思いますが，これらのどこにも当事者が誤解した内容を告げた場合については条文はありません。なぜでしょうか。仮に条文をおくとしたら，売買のところに錯誤の条文をおき，連帯債務のところにも錯誤の条文をおき，財産分与のところにも錯誤の条文をおくことになります。あるいは他のところにも必要になるかもしれません。無駄だと思いませんか？

　そこで，①から③をもう一度見てください。ACEはそれぞれ自分の腹の中で思った意思を相手に表示しています。そうするとこの「意思表示」というものを共通する事柄として取り上げることができます。この意思表示に誤りがあることが問題なのです。そうであれば，意思表示という一般的な事柄について誤りがある場合の条文を1つつくり，それを各編にも通用するということにすれば，条文の重複を避けられますよね。実際，第1編「総則」には錯誤の条文（95条）がおかれており，契約や相続などの場面でも通用することになっています。

　このように総則は，民法全体に共通する事柄についての一般的なルールが定められています。そして，この点にパンデクテン方式の特徴があります。これは，条文に重複がなく法典の体系性という点では非常に優れていますが，他方で，法典の内容になじみのない人にはどこに何が書いてあるかがわかりにくいというデメリットもあります。例えば，売買のトラブルを解決しようとして，民法典を見ても売買の条文だけを見たのでは不十分で，債権の総則や第1編の総則なども併せて見る必要があります。

④ 民法の歴史──そして改正へ

　実は民法典はとても古い法律で，今から100年以上も前にできたものです。もっとも，すべてが当時のままというわけではなく，建物のように「改築・増

民法典制定からの大まかな改正の流れ

1898年	民法典施行
1947年	家族法改正
	公共の福祉・信義則・権利乱用規定導入
1962年	同時死亡の推定導入，代襲相続改正
1971年	根抵当導入
1980年	相続人・法定相続分などの改正，寄与分導入
1987年	特別養子制度導入
1999年	成年後見制度導入
2003年	担保法改正
2004年	財産法現代語化，保証改正
2006年	法人改正
2017年	債権法改正
2018年	相続法改正

築」がされています（「民法典制定からの大まかな改正の流れ」参照）。

このように財産法は，部分的な増改築はあったものの，基本的に明治時代につくられたものがそのまま維持されてきました。しかし，近時「民事基本法典である民法のうち債権関係の規定について，同法制定以来の社会・経済の変化への対応を図り，国民一般に分かりやすいものとする等の観点から，国民の日常生活や経済活動にかかわりの深い契約に関する規定を中心に見直しを行う必要があると思われるので，その要綱を示されたい」（2009年10月28日法制審議会総会での諮問（第88号））との改正の指針が示され，約120年ぶりの大改正が行われることとなりました。2017年6月2日に公布され，2020年4月1日に施行されます。また，高齢化の進展や社会の変化を考慮して，約40年ぶりに相続法も改正されました（2018年7月6日）。こちらは2019年1月13日（自筆遺言証書の方式見直し），同年7月1日（遺留分の見直しなど），2020年4月1日（配偶者居住権の新設など），同年7月10日（遺言書保管法）と段階的に施行されます。

本書では，特に断りのない限り，改正法の条文に基づいて説明しています。

◆参考文献
円谷峻・武川幸嗣『新訂民法』放送大学教育振興会，2017年
道垣内弘人『リーガルベイシス民法入門〔第2版〕』日本経済新聞出版社，2017年
山本敬三『民法講義I 総則〔第3版〕』有斐閣，2011年
法務省ウェブサイト〈http://www.moj.go.jp/〉

債権法　　　　相続法

16講 契約という行為

①契約の成立と契約からの解放

> **【ケース1】** 大学3年生のAとBは同じ大学に通う友達である。あるとき,Aは Bから,いらなくなったブランドものの財布を2万円で買わないか,と持ちかけら れた。Aは,その場で買うことに応じたが,手持ちがなかったので,代金の支払い を次のバイトの給料日にして欲しいと頼んだ。Bもそれで納得し,財布もそのとき に渡してもらうことにした。ところが,翌日,Bは,やっぱり売るのが惜しくなっ た,と言ってきた。Aは納得がいかない。

　【ケース1】の場合,みなさんならどうしますか。Aは約束した通り,財布 を買うことができると考えるべきでしょうか。それとも,AとBは確かに約 束しているけれど,形式ばった約束ではない(契約書などを作ったわけではない) し,Bの気が変わったなら仕方ないと考えるべきでしょうか。
　あらかじめ結論を述べておくと,【ケース1】では,BはAに財布を売る義 務が生じていると考えられます。AとBとの間には財布の売買契約が成立し ており,Bにはその契約内容に従った行為(財布を渡す)をする義務があると 考えられるためです。では,売買契約とはどのように成立するのか,そしてな ぜBの「気が変わった」という主張は許されないのかを考えてみましょう。

(1) 契約はどのように成立するか
　一般に契約とは,一定の法律効果の発生を目的とする,2人以上の相対立す る意思表示の合致により成立する法律行為である,と説明されています。意味 のわからない言葉がいくつか出てきたと思いますが,1つ1つ読み解いていき ましょう。
① 法律効果　まず法律効果から説明しましょう。字面から内容を想像するの はむずかしいと思います。この「効果」とは「効き目」という意味ではありま

せん。これはドイツ語の Rechtsfolge の訳語で，むしろ「法的な結果」と言い換える方がわかりやすいかもしれません。例えば，みなさんが A なら，財布を買う約束をするのは何のためでしょうか。その財布を自分のモノにしたいからではないでしょうか。これは，法的には，その財布（の権利）を渡せと要求する権利によって実現します。他方で相手方（B）には渡す義務が生じます。このような結果を法律効果といいます。

② 意思表示　次に意思表示です。意思表示とは，簡単にいえば，私たちが望んでいることを外部に発することです（「意思」≒意欲を「表示」することです）。そしてそれが合致することで契約は成立します。【ケース1】でいうと，B は自分の財布を2万円で A に売ることを意欲し，A もそれを2万円で買うことを意欲しており，お互いの外部に発せられた意欲は合致していると考えられます。

　さて，先ほどの定義に戻りましょう。契約は一定の法律効果の発生を目的とする意思表示を要素とする法律行為だといいました。そうすると，意思表示とは，単に心に思ったことを口にするという意味ではないことがわかると思います。意思表示は法的な結果を生じさせようとするものでなければならないからです。この意味での意思は「効果意思」と呼ばれます。したがって，友人に，「対戦ゲームしようぜ」とか「買い物に行かない」とか言ったとしても，通常は意思表示とはみなされません。

③ 法律行為　この言葉が最も飲み込みにくいと思います。これも訳語で，原語のドイツ語では Rechtsgeschäft といいます。有名な教科書の説明によれば，「意思表示を要素とする私法上の法律要件である」とあります。もう少し丁寧にひも解いていきましょう。

　法的な結果（法律効果）の発生には，特定の事情が存在しなければなりません。この特定の事情のことを法律要件といいます。この法律要件をさらに分析するとそれを構成している要素を見出すことができ，それを法律事実といいます。つまり，契約という法律行為は，法的な結果を発生させる事情（法律要件）であり，それは意思表示から成り立っているということになります。水というのは酸素と水素から成ると分析的に説明するのと似ているかもしれません。

かつての封建制の時代では，私たちの関係は身分（領主と農民，親方と徒弟）に
よって決まっていました。私人間の法律関係もいわば上下の関係で決せられます。
ところが，近代になり封建制が打破されると，そのような身分関係がなくなり，私
たちはみな対等平等な市民とみられるようになりました。そうすると，誰かが誰か
に命令して従わせるということには理由がなくなり，対等平等な市民どうしの法律
関係をつくるツールが必要になります。それが契約です。このようなことをイギリ
スの法学者メインは「身分から契約へ」という言葉で表現しています。

このように現代では，契約は，私たちが他人との法的な関係を築くための重要な
道具です。そして，それが国とか行政機関とか公的なものにかかわらない限り，私
たちは自由に行うことができます。このように個人が自由意思に基づいて真に納得
して法的な関係を形成することを私的自治といいます。

ところが日本の民法にはこれに関する条文はありません。私的自治は日本の民法
にとって重要な原則であるにもかかわらず，なぜ条文化されていないのでしょうか。
それは，起草者たちが，当然認められることは条文化しない，民法典を教科書のよ
うにしない（○○とは△△である，のような説明を入れない）ということを方針に
していたためです。民法を勉強する際には，条文化されていない大事なルールを理
解することも重要です。

さて，その明文化されていない重要なルールをもう１つ押さえてください。それ
が，契約自由の原則です。私たちは自由な意思で自らの法律関係を設定でき，特に
私人相互の関係をつなぐツールとして契約が重要です。そして，この契約を私たち
は自由にできるということです。契約自由の原則は，締結の自由，相手方選択の自
由，内容の自由，方式の自由という４つの要素からなります。つまり私たちは契約
をするもしないも自由，誰とするのも自由，どんな内容にするのも自由，どんな方
式（書面を用いるかどうかなど）も自由ということです。

従来この原則は条文にはないものでしたが，改正民法では，内容の自由と締結の
自由（521条），そして方式の自由（522条）が明文化されています。

(2) 契約は守らなければならない

では，いったん成立した契約を「気が変わった」という理由で破棄すること
はなぜ許されないのでしょうか。「契約書も交わしていない口約束である。別
に破ったところで構わないじゃないか」と考える人もいるかもしれません。こ
れは，法的には契約の拘束力の問題として捉えられています。いろいろな考え
方がありますが，伝統的には，契約を締結した者どうしが，誰に強制されたわ

けでもなく（少しむずかしい言葉で「自律的に」），自ら契約に拘束される意思を
有しているのだから（当事者がそのように望んだのだから），私たちは契約に拘束
されると説明されます。【ケース１】で考えてみましょう。ＡもＢも誰かに強
制されたり，だまされたりして，財布を「買おう」，「売ろう」と思っているわ
けではありません。自らの自由な意思でそう決めています。そうであるなら，
自分の自由な意思で決めたことは守らなければならない，と考えるわけです。
こうした考え方を，昔からの格言に倣い，「合意は守らなければならない」といっ
たりもします。したがって，いったん成立した契約からは，民法が定めるいく
つかの場合を除いて基本的に逃れることはできません。

(3) 契約から離脱できる場合

> 【ケース２】　ＡがＢから購入したブランドものの財布が実はよくできたニセモノ
> （スーパーコピー）だった。Ａは財布をＢに返すので，代金も返して欲しいと迫っ
> たが，拒否された。

　(2)でみたように，私たちはいったん締結された契約からは基本的に逃れるこ
とはできません。しかし，いくつかの場合には契約関係からの離脱が可能です。
　まず，私たちは私的自治の原則により自由な意思で法律関係を形成できると
いいました（TOPIC：私的自治と契約自由）。それは，私たちがある程度の判断能
力をもっていることを前提としています。ところが，契約を結ぶには不十分
な判断能力しかもたない場合があります。例えば，小さな子どもや認知症がか
なり進行したお年寄りなどは自分が何をしようとしているのかわからないこと
が多いのではないでしょうか。そこで，民法では，十分な判断能力を備えない
者のした契約を取消すことができると定めています（４条以下）。

(a) 制限行為能力者

　例えば，未成年者がそれに当たります。法定代理人（さしあたり親と考えてく
ださい）の同意なく締結した契約は取消すことが可能です（５条２項）。これは
別に未成年者を厳しく取り締まろうという趣旨のものではありません。むしろ
社会で食い物にされないように保護する趣旨です。しかし，いま未成年の方も，
かつて未成年だった方もちょっと疑問に思ったのではないでしょうか。「アレ？

ふだん親の同意なく，コンビニで飲み物やお菓子を買ってるぞ。アレも取消すことができるのか？」と。当然の疑問だと思います。しかしこうした契約は取消すことはできません。

　例えば，プレゼントをもらうような単に権利を取得し，義務を免れる行為は未成年者も単独でできます（5条1項ただし書）。これは未成年者が不利益を被るおそれがないからです。また，いわゆる小遣い銭や教科書代のような処分を許された財産を処分する場合も同じです（5条3項）。これは事前に同意があるのと同じだと考えることができます。最後に，許可された営業に関する行為です。未成年者が営業を行うことを親に許可された場合，それに伴う契約（仕入れのための売買，事務所を借りるための賃貸借など）は同意なくできます（6条1項）。

　未成年者のように十分な判断能力を備えず，単独で契約をすることができない者を制限行為能力者と呼びます。ちなみに，行為能力とは単独で取引することができること，という意味だと思ってください。「能力」というと少年漫画に出てくるような異能のチカラ（手が伸びる，体が火になるとか）を想像する方もいるかもしれませんが，そんな大げさなものではなく，「できる」くらいの意味です。なお，成年年齢は18歳に引き下げられることとなりました（2022年4月施行）。

　【ケース1】では，Aがもし未成年で，小遣いの範囲を超えて財布を買う契約をしている場合には，AまたはAの両親は売買契約を取消すことができます。

(b)　意思表示の瑕疵

　契約とは，相対立する意思表示の合致といいました。そうすると，意思表示そのものに重大な問題がある場合には，契約の有効性も否定されることになります。どのような場合に意思表示に問題があるといえるのでしょうか。民法はこれについて，意思の不存在と瑕疵ある意思表示という2つのタイプを設けています（93〜96条）。

① 意思表示の構造　　この2つの言葉を説明する前に，意思表示の構造を説明しなければなりません。先ほど契約は意思表示から構成されるといいましたが，意思表示にも構成要素があります。つまり意思表示は，効果意思，表示意思，表示行為という要素から形成され

図表16-1 【ケース1】の意思表示の構造

表示行為	「財布を売ってくれ」
表示意思	買うと言うぞ
効果意思	Bの財布を買いたい
動　機	前から欲しかった etc

ます（図表16-1参照）。【ケース1】に即していえば，AがBの財布を購入して
自分のものにしたいというのが効果意思です。そして，それを外部に表示しよ
うと思うことが表示意思です。さらに実際に口にするなり，文字で書くなりし
て外部に表すことが表示行為です。また，意思表示の要素ではありませんが，
そのような効果意思を抱くに至った原因・理由が問題になることもあります。
これを動機といいます。効果意思が一義的であるのに対して，動機は多様です。
例えば，前からその財布が欲しかったとか，そのブランドが好きだとか，安かっ
たからとかいろいろなことがありえます。

② 意思の不存在　さて本題に戻りましょう。意思の不存在とは，表示行為に
対応する効果意思が存在しないことをいいます。これには2つのタイプがあり
ます。心裡留保（93条），通謀虚偽表示（94条）です。例えば，心裡留保（本音
を心の内に留めておくということです）とは，買ってあげる気はサラサラないのに，
自動車を買ってあげるよ，などという場合です。簡単にいえばウソですね。虚
偽表示は，売主が買主と通じて売る気もないのに売ったことにする，買主から
したら買う気もないのに買ったことにする場合です。心裡留保と同じくウソを
いっているのには違いないのですが，相手と口裏を合わせてウソをいっている
のです。

③ 瑕疵ある意思表示　次に瑕疵ある意思表示です。これは表示行為と効果意
思そのものは合致しているのですが，その効果意思を抱くに至った動機の部分
に外部からの違法な働きかけがある場合です。詐欺・強迫（×脅。字に注意）と
いう2つのタイプがあります（96条）。詐欺は，だまされて契約をするという場
合です。強迫も同じで，例えば，希少で高価なトレーディングカードを持って
いるAに対して，Bが「それを売ってくれ。売らないとどうなるかわかるよな」
などと言って胸ぐらをつかんだり，壁を殴ったりしておどしをかけ，それに恐
怖してAが契約をしてしまう
ような場合です。恐怖したにせ
よ，一応は売るつもりで売ると
いっているわけです。瑕疵ある
意思表示の場合には，一定の要
件を充たすと，その意思表示を

図表16-2　意思表示の瑕疵

	意思の不存在	瑕疵ある意思表示
表示行為		
表示意思	不対応	対応
効果意思		
動　機		誤解・おどしすかし

取消すことができます。

　従来，95条の錯誤は意思の不存在として理解されていましたが，改正により新たに動機（法律行為の基礎事情）に関する錯誤（以下では，「基礎事情の錯誤」と呼びます）が意思の不存在とは別に条文化されました。その結果，95条には意思の不存在としての錯誤と瑕疵ある意思表示ともいえる基礎事情の錯誤が混在しています。

　【ケース2】では，Aはだまされたわけでも，おどされたわけでもないので，取消しはできません。また買う気もないのに買うと言ったわけでもないので，心裡留保，虚偽表示にも当たりません。ありえそうなのは錯誤です。

④ 過ちを犯すことは人間的なこと　　錯誤には意思の不存在（95条1項1号）と基礎事情の錯誤（95条1項2号）があります。意思の不存在とは，言い間違いや書き間違い（10000円で売ると書くつもりで，1000円で売ると書いてしまう）あるいは表示の意味を誤解しているような場合（米ドルと豪ドルを同じだと思い，100豪ドルで売ると言う）です。

　【ケース2】はそのような場合ではありませんね。ここでは基礎事情の錯誤が問題になります。実はこれが難題です。例えば，あるアニメDVDを買う際に，抽選でグッズが当たる応募はがきがすべてのDVDに封入されていると思って購入したが，実は初回限定封入特典であり，応募はがきがついていなかったという場合，「応募はがきがついてくる」という部分を決定的な動機としてDVDを購入したとしたら，契約をする基礎になっている事情です。しかし，売り手からすれば，お客の勝手な期待や思い込みでいちいち契約を取り消されていたら商売あがったりです。そこで，基礎事情については，基礎としていた事情が表示された場合に，契約を取り消せることになっています（95条2項）。なら，店員の前で「当たるといいなぁ」とか「グッズ楽しみ」などと言っていたら，取り消せるのか？ということになります。もしそうであれば，ペラペラとよくしゃべる人の方が取り消せることになってしまいます。ですので，表示するだけでは足りなくて，相手も了解すること，つまり「法律行為の内容」あるいは「契約の内容」になっていなければいけないと考える人たちがいます（考え方Ⓐ）。実際，旧95条の条文につき無効（かつては取消ではなく無効でした）が認められるためには，動機が「法律行為の内容」になっていることを要求している最高

裁判決もあります。

　他方で，表示だけで構わないという考え方もあります（考え方Ⓑ）。「え，それだとおしゃべりが有利になるんじゃないの？」と思う人もいるでしょう。しかし，そもそも錯誤による取消が認められるには，意思の不存在であれ基礎事情の錯誤であれ，その錯誤が「重要」でなければなりません（95条1項柱書）。また1項の要件を満たしても，重大な過失がある場合には錯誤の主張ができません（95条3項柱書）。先ほどの例でいえば，応募はがきについてぺらぺらしゃべっていたとしても，その誤解は取引における社会通念（とりあえず，一般常識的なものだと考えてください）から見たら，普通はDVD本体をメインで買うはずだから，その錯誤は重要ではないと判断でき，取消を認めないという同じ結論を導くことができます。仮にそれが重要な錯誤だと判断されるとしても，初回限定特典であることは調べればすぐわかるので重大な過失があると評価されるでしょう。

　実際にどのように判断されるかは，新しい法律のもとでの判決を待つほかありませんが，考え方Ⓑの方が理論的にも体系的にも矛盾がないように思います。考え方Ⓐで行くと，基礎事情の「表示」の問題の中で錯誤の「重要」さの問題も判断してしまっている上に，「法律行為の内容」という言葉も本来の意味を超えて広く使われており，その内容が判然とせず，さらに「法律行為の内容化」という条文にない要件を課すことになります。また，他の制度（契約不適合や条件など）との関係についても説明が難しくなるところがでてきます。例えば，先ほどの例でいえば，買主としては応募はがきがついてこないなら買わないという内容の契約（条件付き契約）をすれば，契約をなかったことにできます。しかし，これは，考え方Ⓐの「法律行為の内容化」とほとんど同じ行為を買主に要求することになります（実際，このレベルの内容化を要求している最高裁判決もあります）。

　【ケース2】のAは，考え方Ⓐによれば，動機が表示され意思表示（または法律行為）の内容になっているといえる場合に，考え方Ⓑによれば，動機の基礎事情としての表示があり，またその錯誤が重要だと判断された場合に，契約を取り消して代金を返還してもらえるということになりそうです。

(c)　売主の責任いろいろ

　今度は売買契約の視点から契約からの離脱を考えてみましょう。AとBは

売買契約を締結し，その対象となった物に欠点があったわけです。このような場合に備えて民法には担保責任という定めがあります。例えば，売買の対象となった物（目的物）が全部他人の物で，買主がまったく所有権を取得できないという場合があります。そんなことがありうるのかと思うかもしれませんが，他人の物を売る契約をすること自体は認められています（561条）。そうすると，買主としては，目的物に欠点があったとして，売主の責任を追及することができます。この場合には，契約の解除（541条，542条）または損害賠償請求（415条）が認められる余地があります。

① 契約不適合　このほかに，売主が形の上では契約通りにモノを渡したように見えるが，実際にはそこに欠点があったという場合に，売主には担保責任というものが課されます。簡単に言えば，目的物に欠点があったということですが，これを契約不適合と言います。つまり目的物が「種類，品質又は数量に関して契約の内容に適合しない」ことを言います。契約不適合があったときに，買主は修理や取替を要求したりすることができます（562条）。売主がそれに応じない場合は，値段を下げること（減額）を要求できます（563条）。さらに，契約そのものから離脱することや損害があればその賠償も請求できます（564条）。例えば，AがBから中古自動車を購入してしばらく使っていたが，実はブレーキまわりに不具合があり，ブレーキが故障したとします。このとき，Aは，契約の趣旨からすると目的物はブレーキが故障していない自動車であるのに，渡された自動車のブレーキが故障していることを理由に，Bの担保責任を追及できます（15講でも少し言及しました）。

② 買主の救済方法　さて，欠陥品をつかまされた買主の救済方法をいくつかあげましたが，それぞれの関係が複雑なので簡単に整理してみましょう。まず，修理（修補という言葉使われることが多いですが，一般的になじみのある言葉を使います）と取替の請求ですが，まとめて追完請求と言います。どちらを選ぶかは買主である【ケース２】Aしだいです。ただ，目的物が特定物（その物の個性に着目して決められている物）のときは，取替の請求はできず，修理の請求しかできないという考えもあります。例えば，中古車ならその質感や汚れ，走行距離，事故歴，車検までの期間などに着目して「その」中古車に目的物が定まります。そうすると，同じ中古車はこの世に２台とないため，取替られないということです。

では，買主が修理の請求をしたとしましょう。ところがしばらく待っても売主が応じない。そんなときにはどうするのか。まずは買主は代金を下げろという請求（代金減額請求）ができます（563条）。この代金減額は，いわば一部契約解除ですが，売買の対価の均衡を図る観点から認められています。買主が請求しさえすれば一方的に減額をすることができ，売主は断ることできません（こういう権利を形成権といいます）。例えば中古車の売買価格が100万円（ⓐ）だとして，契約に適合していた価格が120万円（ⓑ），実際の欠点のある中古車の価格が90万円（ⓒ）だとしたら，ⓒとⓑの割合（90÷120＝0.75）で減額されると一般に考えられています（相対的評価方法）。つまり売買代金は当初定められた代金（ⓐ）の75％（75万円）に減額されます。

　ところで，そもそも欠点があるなら減額してもらうよりもその契約をやめて，別の中古車を買った方がいいという場合もあるでしょう。その場合には契約の解除が可能です。ここでも基本的に修理（追完）の請求をして，売主が応じない場合に，解除が可能になります（564条，541条）。では，売主による修理ができず，その間に中古車の市場価格が高騰したとしたらどうでしょうか。代金を減額してもらったり，解除して支払った代金を返してもらうだけでは不十分でしょう。そこで，この場合には損害賠償請求として値上がりした分についての利益も請求することができます（415条，416条）。この場合にだけ，売主には自分に「契約その他の債務の発生原因及び取引上の社会通念に照らして債務者の責めに帰することができない事由によるものである」ことを証明すれば，損害賠償をしなくて済みます。ただし，不可抗力とか買主に帰責事由があるといった場合でなければこの証明はできないとされています。なお，当然のことですが，契約を解除しての代金減額や代金減額と損害賠償を同時にすることはできません。

　最後に以上の請求のいずれについても，買主に帰責事由がある場合には認められません（562条2項，563条3項，543条）。

　【ケース2】では，Aは本物のブランドもの財布の売買であったと主張して，修理は考えられないので，取替を請求することができます。Bがそれに応じない場合には，減額や解除が考えられますが，渡されたコピーの財布の価値がほとんどなければ減額は意味がないので解除して返金を求めることになるでしょう。

② 不動産を買う

> **【ケース3】** Aは，Bが所有する家屋αを1000万円で購入する契約を締結した。ところが，AはBに頼まれてしばらくの間，家屋の名義を自分のものには書き換えないでいた。その間に，Bはその家屋についてCとの間でも売買する契約を締結した。

　さて，物を買うといっても，日々の食料品の買い物から，趣味嗜好品，果ては自動車のような高額な商品の売買も考えられます。中でも特に高額な買い物といえば，不動産の売買ではないでしょうか。家やマンションを買うような場合です。多くの人は一生に一度経験するかどうかの大きな買い物です。ここでは，不動産を買う場合についてみていきましょう。といっても，基本的には1節で確認した内容が当てはまります。ここでみるのは，不動産に固有の問題になります。

(1) 不動産とは何か

　まず，不動産とは何でしょうか。これは動産に対比する概念で，簡単にいえば，土地と建物をいいます。より正確には，土地およびその定着物（86条1項）です。定着物とは，土地に付着する物であって，継続的に一定の土地に付着して使用されることが，その物の取引上の性質と認められるものをいいます。建物以外には，庭石，樹木，稲立毛などです。なお日本では，土地と建物は別個の不動産と理解されています（370条，不動産登記法44条以下）。土地は一定の範囲の地面と合理的範囲内でその上下が含まれます。ところで，土地といっても本来は地続きですよね。それを「ここからは私の土地」「そこからはあなたの土地」と人為的に区切っているわけです。このように人為的に区分された1つの土地を一筆の土地といいます。筆というのは土地を数えるときの単位です。

(2) 物権の変動と公示

　【ケース3】 では，AとBとの間で不動産の売買契約が締結されています。これによって，家屋の所有権がBからAに移転します。このように物権が発

生したり，ほかにも変更したり，消滅したりする場合を物権変動と呼びます。ところで，物権は，15講で学習したように，排他性を備えた非常に強力な権利です。したがって，物権が誰に属しているのかを他人からもわかるように示しておく必要があります。例えば，財布や服であれば，それを身に着けている人が所有者（物権の帰属者）だとわかりますよね。ところが，不動産はどうでしょう。みなさんがそこらにある土地や建物を見て，誰のモノかわかるでしょうか。表札でもあればその表札に名前のある人が持ち主といえることが多いでしょうが，借家という可能性もあります。すると，不動産に関しては，権利者が誰であるかを外部に示す，誰にでもわかる目印が必要になってきます。それが不動産登記（以下，登記という）です。これは，不動産の客観的状況と不動産の権利関係を登記簿に記録すること，または記録された内容を意味します。法務局に行くと誰でも閲覧することができます。このように，物権の変動を他人からわかるように示しておかなくてはなりません。これを公示の原則といいます。

(a) 債権の併存可能性

　ところで，Bは，Aとの間で売買契約をした後に，Cとの間でも売買契約をしています。これは許されるのでしょうか。AB間の売買契約によりAにはBに対して家屋を渡すよう請求する権利を取得します。これは債権です。CもBに対して同様の債権が成立します。家屋αは1つしかないのですが，債権の場合には同一内容の債権が複数成立すると考えられています（併存可能性）。どちらかの契約が無効になるわけではありません。物権が排他的なのとは対照的です。ただし，α自体は1つしかないので，どちらかの債権（Bからみると債務）は不履行（契約違反）になります。例えば，あるタレントがFテレビ局とNテレビ局の同日の同時間帯の生放送に出演する契約をすることも可能です。ただし，出演はどちらかしかできないので，出演できなかった方の局には債務不履行の責任を負います。

(b) 物権の排他性と対抗問題

　問題は，不動産αの所有権です。これはAかCかどちらかのものにしかなりません。所有権の移転などの物権変動が生じる原因はいくつかありますが，最も重要なのは法律行為（契約）による変動です。このとき，契約だけで所有権が移転するのか，それとも何かしらの形式（契約書の作成，登記名義の変更）

が必要なのかが問題となります。結論からいうと，日本では，物権の変動は契約，つまり意思表示のみで生じることになっています（176条）。このような立場を物権変動における意思主義といいます。そうすると，例えば，売買契約をした時点で，原則として所有権は移転することになります（最判1958年6月20日民集12巻10号1585頁：ただし，この考え方は現実に合わないとの異論も多いのですが）。

　このように考えた場合，Aがαの所有権を取得することになります。ところが，【ケース3】でその後，CがBからαの登記を自分に移転してもらった（所有権移転登記を備えた）場合，どうなるでしょうか。物権の排他性からすると，第1買主Aは，第1契約によってαの所有権を取得するので（176条），第2買主であるCに優先してαの所有権を取得できることになります。そうすると，Cの登記は実体のない登記（器だけで中身が入っていない）となり，Aはそのような実体のない登記を抹消するよう請求できることになります。みなさんがCの立場ならどうでしょうか。危うくておちおち不動産を買うことなどできませんよね。そこで，物権を取得した者は，それについて公示方法（ここでは登記）を備えないと，第三者（C）に，その物権を主張できないとされています（177条）。したがって，【ケース3】では，Aはαの登記名義を自己に移転してもらわなければ，Cに対して，その家屋は私のものですとはいえないことになり，逆にCが所有権移転登記を先に得た場合には，Cが所有者となり，Aはαについては無権利者となります。

　ところで，こう思った方もいるのではないでしょうか。176条により契約の時点で所有権が移転するのであれば，AB間の売買契約の時点でBはαの所有権を失っているから，Cも所有権を得られていない（いってみれば，CはBからゼロの所有権しか得ていない）はずであるのに，どうして登記を備えると所有権も取得できるのだろうか，と。この問題についてはいろいろな説明の仕方がありますが，代表的な考えは次のように説明します。確かに176条に基づいて所有権は契約により移転するが，177条があるために，登記を備えなければ完全に所有権が移転するわけではない。そうすると，【ケース3】のBも登記がAに移転しないうちは，完全に所有権を失うのではないから，Cへの売買も可能である，というわけです（不完全物権変動説）。

(3) 公信の原則と94条 2 項の類推適用

> 【ケース 4 】 A は，建物 α を所有していたが，愛人 B に住まわせていた。あるとき B は A のところから書類を持ち出し，α の所有権を B に移転する手続きをした。さらにそうして取得した α を B は C に売却する契約した。

　物権には公示が必要だといいました。そうすると通常は，所有者と所有権の登記名義人は同一の人物にあるはずです。ところが，所有者と名義人が一致しない場合があります。【ケース 4 】のように，他人が勝手に書類偽造などにより所有権の移転登記を経由した場合や，強制執行を回避するために，本来所有権を手放す気はないのに，形だけは所有権が移転したようにみせる仮装売買（通謀虚偽表示）が行われた場合などです。権利を有しない者が第三者にその不動産を売却する契約をした場合，どうなるでしょうか。所有権はないといっても，それは目に見えないので，あるのかないのかなど他人にはわかりませんが，登記名義人ではあるので「所有者らしい外観」は備えています。第三者がこれを信頼して契約を締結するということは珍しくありません。さて，この場合，不動産の所有権は誰に帰属するのでしょうか。取引関係の安定性を考慮する場合は，C に所有権取得を認めるべきということになります（動的安全の保護）。逆に，それだと本当の権利者である A を害するので認められないという立場もあります（静的安全の保護）。この調和をめざすことが重要になります。

(a) 無権利の法理

　まず，考え方の筋道を確認しましょう。B は確かに所有権移転登記を受けていますが，それは実体のないカラッポの登記です。そうすると B には α については何の権利もないことになります（B ＝無権利者）。つまり，B と売買契約を締結した C も同じく無権利者ということになります。なぜなら，B には α の所有権がないのですから。これを無権利の法理といいます。では，C が登記名義（B 名義）を信頼したことは保護に値しないのでしょうか。公示が存在するために，権利も存在すると正当に信頼した者に，実際に取引相手が権利をもっていたのと同様の保護を与えることを公信の原則といいます。ところが日本の不動産取引においては，この原則は認められていません。いくつか理由がありますが，日本では権利者と名義人が一致しないことが少なくないこと，不動産

は頻繁に取引されるものではないため買主に慎重な調査を期待できること，公信力を認める条文がないこと（動産の場合にはあります。192条）などが挙げられます。

（b）　94条2項の活用と権利外観法理

では，Cにはまったくαの権利を取得する可能性はないのでしょうか。実は，Cにもチャンスがあります。1つは，AとBの間に通謀虚偽表示（仮装売買）がある場合です（94条）。この場合には，CがAB間の売買が仮装売買であると知らなかったならば（これを善意といいま

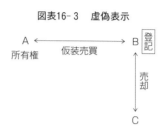

図表16-3　虚偽表示

A ←―――――――→ B　登記
所有権　仮装売買

売却

C

す），Cはαの所有権を取得することができます（94条2項）。なぜ，このようなことが認められるのでしょうか。1つには，真の権利者の落ち度（帰責性といいます）が考えられます。つまり，真の権利者は，誰に強制されたわけでもなく自己の自由な意思で虚偽の意思表示（売却する意思はないのに売却すると表示する）をして，他人が誤解するような嘘の外観（例えば，契約書や実体のない登記）をつくっています。このような者は権利を失ってもやむをえないと考えられます。他方で，第三者が虚偽表示が行われていたことを知らない，つまり取引相手が権利者であると信じた場合には，その信頼を保護してあげる必要があります。このような考え方を権利外観法理とか表見法理と呼び，94条2項の背景にはこのような考え方があるとされています。

【ケース4】の場合には，AB間に通謀虚偽表示（仮装売買）はありません。Bが勝手に嘘の外観をつくっているだけです。Aには権利を失ってもやむをえないといえる事情はみられません。しかし，もしもAがBのつくった嘘の外観を認めていた場合はどうでしょうか。自分がつくったものではないとしても，嘘の外観を除去できるのにせず，それどころか認めていた場合には，それは帰責性があるといえるのではないでしょうか。そこで，裁判所は，Aが嘘の見せかけを承認していた場合には，94条2項の状況と本質的に類似しているとして，94条2項を類推適用して，善意のCを保護しています（最判1970年9月22日民集24巻10号1424頁）。

◆参考文献

生熊長幸『物権法』三省堂，2013年

小野秀誠・良永和隆ほか『新ハイブリッド民法1　民法総則』法律文化社，2018年

北川善太郎『契約責任の研究』有斐閣，1963年

潮見佳男ほか編『Before / After　民法改正』弘文堂，2017年

円谷峻編『民法改正案の検討　第2巻』成文堂，2013年

山本敬三『民法講義Ⅳ-1　契約』有斐閣，2005年

17講 借金・損害賠償と民法

I 借金をする

【ケース１】 フリーターのＡは，日々怠惰で自堕落な生活を送っていた。そのため，日々の食事にも困るようになり，知人のＢから半年後に返すということで50万円を借りた。

---

① 債権と債務

ここでは，債権を中心に学習します。15講でも述べたように，債権とは，一般に，特定の人に対して特定の行為（作為・不作為）を要求することができる権利だと理解されています。【ケース１】ではＢはＡに対して金銭債権をもっています。Ｂを債権者，Ａを債務者といいます。債務とは債権の裏返しだと考えてください（ちょうどコインの表と裏の関係のようなものです）。Ｂが金銭を支払うよう要求できるということは，Ａは金銭を支払う義務があるということです。このとき，Ａが約束通りにＢに50万円を返済しない場合どうなるでしょうか。

債権には，請求力，給付保持力，訴求力，執行力という４つのチカラ（権能）があるとされています。請求力とは，債権者が債務者に対して，任意に履行せよ，と請求できる力です。給付保持力とは，債務者の行った給付を債権者が適法に保持できる力です。訴求力とは，債権者が債務者に対して訴えによって履行を請求することができる力です。この力があるために，債務者が任意に履行しない場合に，裁判所に訴えを起こし給付判決を得ることができます。なお，請求力と訴求力を合わせて履行請求権と呼ぶこともあります。執行力とは，債権者が給付判決を得て確定したが，なお債務者が任意に履行しない場合，債権者は強制執行手続きをとることにより，国家機関の手によって債権の内容を実現できる力のことです。これには貫徹力と掴取力の２種があります。貫徹力と

は，債権の内容をそのまま実現するものをいいます。例えば，有名絵画のような特定の物の引渡しや建物の明渡しのような特定の行為を強制的に実現できます。掴取力とは，金銭債権の場合に問題になり，債権者は債務者のどの財産でも掴み取ることができるというものです。つまり，裁判所または執行官が債務者の財産を差押え（これにより基本的に財産を処分することができなくなります），金銭に換え，それを債権者に交付します。

　そうすると，【ケース 1 】では B は A に対して，まず「50万円を返してくれ」と要求します（請求力）。A がそれを無視していつまでも返済しようとしない場合，B は訴訟を起こすこと（給付の訴え）ができます（訴求力）。B が勝訴判決（A は B に50万円を支払え）を得てもなお，A が返済に応じない場合，B は強制執行の手続きを取ることができます（執行力）。これにより A の財産が（あればですが）差し押さえられ，競売などにより金銭に換えられ，B に配当されます。

　このように債務者が債務を任意に履行しないとき，債権者は国家機関の助けを借りて，債権の内容を強制的に実現させることを履行の強制といいます（15講②でも少し触れました）。414条に規定がありますが，裁判所での手続きについては民事執行法という法律が詳しく定めています（民事執行法43条以下，122条以下，143条以下）。

② 保　　証

> 【ケース 2 】　A は，アルバイト先の後輩 F から B からの借金の保証人になってくれと頼まれた。A は渋ったが，絶対に迷惑はかけない，形だけだからお願いします，などと言われて了承した。ところが，F はその後しばらくして借金を返さないまま行方をくらました。

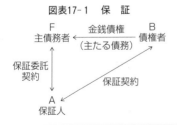

図表17- 1　保　証

(1)　保証人になる

　さて，今回は保証の問題です。みなさんも言葉は聞いたことがあるでしょう。おおざっぱにいえば，保証とは，借金の肩代わりなのですが，もう少し厳密にいうと，主たる債務

者が債務を履行しない場合に，保証人がその債務を履行しなければならないというものです。【ケース2】では，FはBから借金を負っています。これを主たる債務といい，Fは主たる債務者と呼ばれます。また，AはBと保証契約を締結することによりFの保証人となっており，Aが負っている債務を保証債務といいます。注意してもらいたいのが，保証契約はAとFではなく，AとBとの間で締結されます。なお通常は，主たる債務者に頼まれて（保証委託契約によって）保証人になることが多いです。

　保証契約も契約であるので，申込みと承諾の意思表示の合致で成立するはずです。かつては民法もこのように定めていました。ところが，2004年の改正により，保証契約は書面で締結しなければ効力は生じないとされました（446条2項）。書面を要求するのは，保証人となる者に保証契約を安易にすることを思いとどまらせ，保証する意思が明確である場合にのみ保証契約の拘束力を認めるという趣旨です。

　保証債務は主たる債務を担保するために存在するので，付従性という性質をもちます。つまり，主たる債務が成立していなかったり，無効の場合，保証債務も不成立・無効となります（成立における付従性）。また，主たる債務が消滅すれば保証債務も消滅します（消滅における付従性）。さらに，保証債務は主たる債務よりも重くなることはありません（448条）。例えば，主たる債務が50万円なのに保証債務を100万円とする契約をしても，保証債務は50万円になります。

　保証債務は主たる債務に対する従たる債務ですから，主たる債務が履行されない場合に初めて保証人は履行すべき義務を負います（446条）。保証人の義務は二次的なものであるということです。これを補充性といいます。この性質に基づき，催告の抗弁と検索の抗弁が保証人には認められています。つまり，債権者からの請求に対して保証人は「まず主たる債務者に請求せよ」と主張して，保証債務の履行を拒むことができ（452条），また催告の抗弁を受けた債権者が主たる債務者に催告した後でも，保証人は主たる債務者に資力がありかつ執行が容易であることを証明した場合，債権者はまず主たる債務者の財産に執行しなければなりません（453条）。検索とは，主たる債務者の財産を調べて探すという意味です。保証人は主たる債務者の負っていた債務を保証するだけであり，本来は主たる債務者が返済をしなければなりません。したがって保証人にはこ

のような権利が認められています。

　さて，仮に保証人が保証債務を履行するにしても，先ほど述べたようにその債務は本来は主たる債務者が返済すべきです。そうすると，代わりに支払った保証人は主たる債務者に求償をすることができます（459条以下）。償いを求めるわけです。例えば，委託を受けた保証人は，主たる債務を消滅させた出損額，支払いをした日以後の法定利息，ならびに不可避の費用，さらに損害があればその賠償も請求できます。【ケース２】で，Ａが保証債務を履行すれば，Ｆに対して求償をすることができますが，当のＦが雲隠れしてしまっているので，実効性はほとんどないでしょう。「絵に描いた餅」というやつです。

(2)　特殊な保証

　ところで，テレビドラマなどで「連帯保証」という言葉を聞いたことがないでしょうか。連帯保証とは名前の通り，「連帯して」保証をすることですが，連帯保証では，通常の保証とは異なり，保証人に催告の抗弁や検索の抗弁は認められていません（454条）。つまり，債権者は主たる債務者より先に連帯保証人に対して請求することも可能です。「自分は借りたわけではない。まず債務者から取り立ててくれ」という言い訳は今度は通じません。実質的に，自分が借金をしているのと等しいといえます。たとえ，親友や親戚縁者に頼まれたとしても連帯保証人になることはお勧めしません。

　ちなみに「連帯」という響きから，保証人が複数いるようなイメージを抱くかもしれませんが，そうではありません。連帯保証人は１人でもなれます。主たる債務者と連帯するのであり，他の連帯保証人とではありません。

> 【ケース３】　Ｂは小さな町工場Ｆを営んでおり，Ｆの運転資金は，もっぱらＧ銀行から融資してもらっている。そのため，Ｂおよび弟Ａが，ＧのＦに対する銀行取引から生じるすべての債権について連帯保証人となっている。

　継続的な債権関係から生じる不特定の債権を保証することを根保証とか継続的保証といいます。【ケース３】ではＦとＧ銀行との継続的な取引から生じる債権が問題になります。このような根保証は，保証される債権の範囲が限定さ

れず，保証の限度額（極度額といいます）も取り決められず，保証期間の制限も
ないおそれがあります。つまり，保証額が無限に膨らみ，保証人に予期せぬ負
担を強いることにもなりかねません。

そこで，民法には貸金等根保証契約についての条文が2004年の改正で導入さ
れました。これによれば，保証される債権の範囲を限定するために，元本確定
期日を根保証契約の書面に記載する必要があり（465条の2第3項，465条の3第
4項），また，保証の極度額を確定するため極度額も書面に記載する必要があ
りました（465条の2第2項）。つまり，書面で極度額を定めていないものは無効
となります。

これまでは借りたお金（貸金債務）の保証人になるような場合にだけ個人に
よる包括根保証が禁じられてきましたが，改正法のもとでは，保証人を保護す
るために，貸金だけでなく，どんな債務であっても個人による包括根保証は許
されなくなりました（465条の2第1項）。【ケース3】のような個人保証人の保
護に役立つ一方で，これまで問題とされてこなかった個人の包括根保証（老人
ホームの入居のための保証など）も制限されることになるという問題も指摘され
ています。

③ 時　効

> 【ケース4】　フリーターのAは，日々怠惰で自堕落な生活を送っていた。そのため，
> 日々の食事にも困るようになり，知人のBから半年後の10月1日に返すというこ
> とで50万円を借りた。しかし，Aは半年たっても返済をせず，Bからも何も言って
> こなかった。7年後，たまたまBと再会した。そこでBは50万円を返すよう請求
> してきた。

時効といえば，刑法の公訴時効を思い浮かべる人の方が多いかもしれません。
刑事ドラマなどでよく耳にする「あと○○日で時効だ。それまで逃げ切ってや
る」などのアレです。民法の時効はそれとは異なります。

民法の時効には大きく分けて，取得時効と消滅時効があります。時の経過に
よって権利の取得，または消滅を認めるものです。一定期間，権利が行使され

ないときに時の効力によって権利を得たり失ったりするので時効というわけです。以下では消滅時効について詳しくみていきましょう。権利といっても，所有権などの物権やこれまで扱ってきた金銭債権など様々なものがあります。このうち，消滅時効にかかるのは，債権と債権・所有権以外の財産権（地上権，地役権，永小作権など）です。所有権は消滅時効にかかりません。債権の消滅時効期間は5年または10年で，地上権のような債権・所有権以外の財産権は原則として20年で（166条2項）消滅時効にかかります。【ケース4】では債権の消滅時効が問題になります。

　一定期間，権利の不行使の状態が続くことが，消滅時効が認められるための要件です。債権の消滅時効は，いつの時点からカウントするかに応じて期間が2つ存在します。1つが主観的起算点で，権利行使ができると知った時点から5年，もう1つは客観的起算点で権利行使が可能な時点から10年です（166条1項）。主観的起算点は，債権者が客観的起算点を知った時点です。では，客観的起算点の権利行使が可能になった時点は何かというと，これは権利行使について法律上の障害がないことを言います。法律上の障害とは，典型的には期限や条件がついている場合です。つまり，期限が到来した時（○年の○月○日に返済する）や条件が満たされた時（○○大学に受かったら100万円を与える等の場合は合格時）から進行します。期間を数える際には，初日は含みません。例えば，返済期日を融資の審査に通った日とした場合（条件），4月30日のお昼ごろに審査に通ったことが判明したとしたら，時効が進行し始めるのは5月1日からです。4月30日はもう半日過ぎているのに1日分として扱うことは不適当だからです。

　かつては，商事債権については5年，日常生活から生じる債権については，1～3年の間で細かく時効にかかる期間が分けられていたのですが，改正により5年または10年に統一されました（図表17-2参照）。

　【ケース4】の場合には，いつ権利行使できるか，つまり返済を請求できるかはBにはわかっているので，その時点（その年の10月1日午前0時）から5年となります。もちろんその時点は権利行使可能な時点でもあるのですが，どちらかが経過した時点で消滅時効が完成するので，同時にスタートする場合には5年となります。お金の貸し借りのように返済期日を定めている場合には，通

図表17-2　消滅時効期間の例

消滅時効の対象	旧　法	期　　間	改正法	期　　間
債　　権	167条1項	10年	166条1項	権利行使可能だと知った時から5年 権利行使可能時点から10年
商事債権	商法522条	5年		
日常生活から生じる債権	170～174条	1～3年		
債権・所有権以外の財産権	167条2項	20年	166条2項	権利行使可能時点から20年

　常は，主観的起算点と客観的起算点は一致する（時効カウントのスタートが同時である）ので，客観的起算点だけが問題になる場面というのはあり得ません。他方で，Bが返済期限をAの父親が死亡した時点にした場合，Aの父親がいつ死亡するかは分かりません（不確定期限といいます）。客観的起算点はAの父親の死亡の翌日（死亡が午前0時の場合はその日も含む）から数えて10年間となります。主観的起算点は，BがAの父親の死を知った日の翌日から数えて5年で消滅時効にかかります。

　ちなみに，みなさんが銀行に預けている預金も債権ですので消滅時効にかかります。普通預金の場合は，預け入れた時から時効が進行します（大判1920年11月27日民録26輯1797頁）。ただ，預け入れたり，引き出したりするたびに権利の承認があったとして（152条）時効はまたそこから新たに進行を始めますので安心してください。

　ところで，実は時効は完成しても，その利益を受けるかどうかはまた別の話なのです。つまり【ケース4】でいえば，Aは消滅時効が完成しているので50万円を返済する必要はないのですが，もしAが清廉な人間で50万円を返さないことを潔しとしない場合，時効を主張しないことも許されます。これを時効の利益の放棄といい（146条参照），反対に時効の利益を受けることを時効の援用といいます（145条）。援用とは，用いるというくらいの意味です。

II　人にけがをさせる

【ケース5】　S会社に勤務するAは，勤務中に外回りで自動車を運転していたところ，前方不注意によりBをひいてしまい全治6か月のけがを負わせた。Bには治療費など200万円の損害が生じた。しかし，Bも急いでいたため急に道路に飛び出したという事情があった。なお，Aの運転していた車はS社のものである。

(1)　約定債権と法定債権

債権には，契約に基づいて生じるもの（約定債権）と法律に基づいて生じるもの（法定債権）があります。例えば，【ケース1】のAがBから金銭を借りる契約をする場合が約定債権の例です。これは基本的に契約によって生じるので，多種多様なものが考えられます。これに対して，法定債権は3つしかありません。事務管理，不当利得，不法行為から生じる債権です。

(2)　事務管理・不当利得とは

事務管理とは，権限がないのに，他人の生活領域に関すること（事務）を他人のために処理（管理）する行為です。例えば，Aが隣人のBの家の窓が台風で割れたのを見て，頼まれているわけでもないのに修理をした場合です。このときAは修理代をBに請求することができます（702条1項）。不当利得とは法律上の原因がないのに他人の財産または労務によって利益を受けた者（受益者）がいて，そのために損失を被っている他人（損失者）がいるとき，前者から後者へその利益を返還させる制度です。例えば，AとBが売買契約を締結し，それぞれ給付をした後に，その契約が無効になる場合，AもBも受領した物を相互に相手に返還しなければなりません。

(3)　不法行為とは

故意または過失によって，他人の権利または法律上保護される利益を侵害した者は，これによって生じた損害を賠償する責任を負います（709条）。【ケース5】では，Bに発生した損害（200万円の損害）をAが損害賠償という形で填

補することになります。損害賠償は原則として金銭で行われます（722条1項，417条）。これを金銭賠償の原則といいます。金銭以外に賠償の仕方があるのかと思うかもしれませんが，原状回復という賠償が原則となっている国もあります（ドイツ）。15講でもみたように，1つの不法行為が民事責任と刑事責任を同時に発生させることがあります。かつては，例えば，古代ローマの十二表法に，「不法に他人の樹木を伐採した者は，伐採した個々の樹木に対して25アス（注―銅貨のこと）を罰金として支払うものとする」という規定があり，民刑の区別がなされてはいませんでしたが，現代では民事責任と刑事責任は区別されています。不法行為から発生する債権も消滅時効にかかりますが，損害と加害者を知った時点（主観的起算点）から，物損の場合は3年（724条1項），人損の場合は5年です（724条の2）。客観的起算点は不法行為のときから20年です（724条2項）。

　また，不法行為の制度は，かつては個人の活動の自由を保障するものと考えられていましたが，その後，社会共同生活の全体的向上を理想として，社会に生ずる損害の公平妥当な負担分配を図るための制度と考えられるようになりました（損害の公平な分配）。このような不法行為の制度は，一般に制裁や将来の不法行為の予防を目的とはしていないといわれます。もちろん，現実には不法行為制度にまったく制裁や予防の機能（働き）がないわけではありませんが，それを目的とするのではないということです。したがって，懲罰的損害賠償という制度も，日本では認められません（最判1997年7月11日民集51巻6号2573頁参照）。

　自分が被った損害を相手になすりつけるためには，その相手に故意または過失がなければなりません。これを過失責任主義といいます。もし，損害を与えた場合には，どんな理由があれ責任を負えという考え方（原因主義，結果主義）を採用すると，私たちの活動は委縮してしまい，自由な行為が害され，生活を営めなくなるおそれがあります。過失責任主義には，このように個人の自由活動の保障という一側面があります。16講で学習した契約自由の原則が経済活動をオモテから保障しているとすれば，過失責任主義はウラから保障しているということになります。もっとも，過失責任主義は様々な点で修正されています（153頁の報償責任，危険責任はその一例です）。

　不法行為の責任が認められるためには，709条の要件が充たされなければな

りません。

Ⅲ　不法行為法

不法行為の要件と効果について1つ1つひも解いていきましょう。

1 要　　件

　故意はおそらくみなさんの一般的な理解と異なっていません。簡単にいえば，「わざと」です。もう少し厳密にいえば，結果を認識しつつ認容した場合です（相手に損害を与えるだろうな，まぁいいや）。これに対して過失は注意が必要です。現在の通説的見解によれば「うっかり」（意思の緊張を欠く）ではありません。結果の発生が予見可能であり，またその結果を回避すべきであったのに，それを怠ったことをいいます。一言でいえば，過失とは結果の予見可能性を前提とした結果回避義務違反です。例えば，【ケース5】では，よそ見運転をすれば人身事故を起こすことは予見可能だというべきですし，またそれを回避すること，つまり前を見て運転することも可能であったのにしなかったということが過失ということになります。

　次に，権利または法律上保護される利益（以下，利益という）の侵害です。人間が生活する上で他人に害を及ぼすことはよくあるので，権利侵害という要件がないと損害賠償責任が認められる範囲が広がりすぎてしまうとの理由から設けられたものです。かつては，この権利とは法律上の「○○権」だけだとされていましたが，権利とまではいえなくても法律上保護に値するものもあるとして，権利の要件が緩和されていきました。そして，2004年の民法の現代語化の際に，「法律上保護される利益」という文言が追加されました。この利益には，日照，プライバシーなどがあります。

　損害賠償責任を追及するには損害が発生していなければなりません。損害とは，不法行為のなかった被害者が有していたであろう財産状態（仮定の財産状態）と不法行為の結果として被害者が現実に有している財産状態（現実の財産状態）との差額だと考えられています（差額説）。したがって，【ケース5】では，治

療費などに要した費用が損害だと考えられます。また，損害には消極的な利益も含まれます。つまり，けがをした結果仕事を休まなければならなくなり，収入を得られなくなったというような場合には，その得られたはずの収入も損害となります。

　不法行為によって生じた損害があれば，そのすべてが賠償してもらえるわけではありません。因果関係のない損害が賠償してもらえないのは当たり前ですが，因果関係があるからといってすべての賠償を認めてしまうと賠償の範囲が広すぎることになります。例えば，Bがケガをした結果，後遺症が残り仕事を辞めざるをえなくなり，そのためにヤケになって酒やギャンブルに溺れるようになり，それを見た恋人に愛想を尽かされて振られ，それがもとでひきこもり，ひきこもった結果，両親が不仲になり離婚し……と因果の関係は続いていきます。そこで，損害賠償の範囲は，416条を類推適用して相当因果関係にある損害であると理解されています（大連判1926年5月22日民集5巻386頁）。

　以上の要件が充たされていると，原則として不法行為責任が加害者に認められます。しかし，場合によっては責任が否定されることがあります。例えば，加害者に責任能力がない場合です（712条）。責任能力とは自分の行為の法律上の責任を弁識することができる知能のことをいいます。どのような者が責任能力を有するのかは具体的な事情によりますが，一般に裁判では12歳前後の者の判断力が基準とされています。正常な判断力がある者の不注意がなければ責任は生じないという考え方からすれば，責任能力がないところには故意・過失もありえないということになります。しかし，現在のように過失を結果回避義務違反と捉える場合，判断能力が不十分であっても結果回避義務違反を問うことができ，責任能力は故意・過失の前提であると理解することができなくなります。このような立場からは，責任能力は弱者保護のための政策的配慮だと理解されます。

②過失相殺

　ところで，【ケース5】では，Bの方も急に道路に出たという落ち度があります。それにもかかわらず，いくら加害者とはいってもAだけの責任を問題

とするのは少し不当な感じがしますよね。そこで，被害者にも過失があった場合，裁判所はこれを考慮して損害賠償額を定めることができるという条文があります（722条2項）。これを過失相殺といいます。損害を加害者と被害者との間で公平に分担させるという公平の理念に基づくものだと理解されています（最判1976年3月25日民集30巻2号160頁参照）。

過失相殺が認められるためには，被害者に過失があったことが必要になります。その行為自体の過失による損害発生のほか（飛び出しなど），その後の損害の拡大（入院中の態度が悪く入院が長引くなど）について被害者に過失があった場合も含まれます。

この被害者の過失は，不法行為の加害者の責任能力と同じであるかという問題があります。例えば，7歳の子どもが不注意で道路に飛び出してひかれた場合，過失相殺はされるのでしょうか。もしも被害者の過失にも責任能力と同じ程度の判断力が必要だとされるのであれば，過失相殺はされません。しかし，裁判所は，被害者の過失を考慮するには被害者に事理弁識能力があれば足りるとされています（最大判1964年11月26日民集13巻12号1573頁）。

事理弁識能力とはここでは，物事の是非善悪が理解できるくらいの知能と考えてください。これも責任能力と同じく具体的な事情によりますが，だいたい4〜6歳くらいの判断力が目安とされるようです。時代とともに交通事故が多発し損害賠償額が高額化してきたことを実質的な背景として，このような幼児の過失相殺も認められるようになりました。

③ 使用者責任

【ケース5】では，AはS社に勤務しており，その仕事中に事故を起こしたことになります。ここまでみてきたように，BはAに対して損害賠償の請求ができます（709条）。しかし，一介のビジネスマンであるAは数百万円を支払うだけの財産がないかもしれません。また，Aが仕事中に起こした事故であることを考えると，Sにも何らかの責任を負わせてもよいように思われます。これを認めているのが使用者責任です。つまり，ある事業のために他人を使用する者（使用者）は，被用者が「事業の執行について」第三者に加えた損害を賠

償する責任を負います（715条1項本文）。使用者をS，被用者をAと考えてください。平たくいうと会社と従業員です。ちなみに社員という言葉は，民法では社団構成員（株式会社でいう株主）を意味しますので，注意してください。

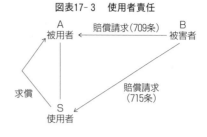

図表17-3　使用者責任

しかし，Sとしては特に悪いことをしたわけでもないのになぜ従業員の不始末の責任を取らなくてはならないのでしょうか。企業としては，従業員を用いることで事業展開を拡大し利益を上げています。そうすると従業員を用いることによる利益だけを受けるが，責任は負わないというのは妥当ではないということになります（報償責任）。また，自動車を用いての外回りのように活動に危険を伴う場合もあります。そうすると，この危険を管理する者として責任を負うべきであるということになります（危険責任）。この2つの根拠に基づいて，企業は従業員の不法行為責任を肩代わりすることになります（代位責任）。なお，715条によってSの責任が成立するからといって，Aの709条に基づく責任がなくなるわけではありません。Bとしてはどちらにも損害賠償請求をすることができます。AとSは連帯して責任を負うわけです（正確には不真正連帯の関係にあります）。

　使用者責任が認められるためには，①使用関係の存在，②被用者が「事業の執行について」損害を与えたこと（事業執行性），③被用者の不法行為，④免責事由の不存在，という要件が充たされる必要があります。②が少し厄介ですので他のものをまず説明します。使用関係については指揮監督があるかどうかが問題になります。雇用関係にあれば，通常は使用関係にあります。被用者の不法行為は，使用者責任は代位責任なので，肩代わりすべき不法行為責任があることが前提となります。会社が免責されることもありますが，それは被用者の選任およびその事業の監督について相当の注意をしていたとき，または相当の注意をしても損害が生じるであろう（注意してもダメなものはダメというとき）場合です。ただし，会社と従業員の使用者責任が問題になる場合には，免責はほとんど認められていません。

当初，「事業の執行について」とは，職務を行うあらゆる機会である「事業の執行の際に」よりは狭く，使用者の利益のために行う「事業の執行のために」よりは広いと理解されていました。ところが，この考え方で行くと困ったことが起こります。例えば，会社の株式発行の仕事を任されていた者が，偽造株式を発行し，それを利用して相手に損害を与えた場合，この行為は「事業の執行について」といえるでしょうか。この者の任されている職務は，正規の株式を発行することで偽造株式の発行ではありません。もしこれが職務だとすると，その会社は「偽造株を発行する会社だ」ということになりかねません。そこで，現在では実際に職務であるかどうかを問わず，外部からみてあたかも被用者の職務の範囲内らしくみえれば，事業の執行についての行為だという考え方（外形理論）が採用されています（最判1965年11月30日民集19巻8号2049頁）。この考え方は，行為の外形に対する第三者の信頼を保護しようとするところに主眼があります。さて，では【ケース5】の場合はどうでしょう。ひかれたBは，交通事故という行為の外形に対して何か信頼しているでしょうか。通常は，自動車が往来していても何のために走っているかなど気にも留めないでしょうし，仮に仕事で走っていることがわかるとしても，「あれは有名な○○会社の車だ。ならひくはずはない」などと信頼しているとも考えられません。このように交通事故で外形理論を用いるのは困難です（しかし，裁判所は交通事故でも採用しています）。したがって，学説では，行為が客観的にみて使用者の支配領域に入っているかどうかを重視する考えなどがみられます。支配領域に入っているかどうかは，職務との関連性や加害行為の状況などの事情を総合的に考慮して判断されると考えられています。

　なお，被害者に賠償した使用者は被用者に対して求償が可能です（715条3項）。この責任は本来は被用者が負担すべきだからです。

◆参考文献

小野秀誠・良永和隆ほか『新ハイブリッド民法1　民法総則』法律文化社，2018年

潮見佳男ほか編『Before / After　民法改正』弘文堂，2017年

四宮和夫・能見善久『民法総則〔第9版〕』弘文堂，2018年

中田裕康『債権総論〔第3版〕』有斐閣，2013年

吉村良一『不法行為法〔第5版〕』有斐閣，2017年

18講 民法と家族

Ⅰ 父 親

> 【ケース1】 夫Aと妻Bは夫婦であり，BがCを妊娠し出産した。ところが，B
> はAとの結婚生活を営む一方でDと浮気をしており，BはCがAの子でないと思っ
> ていたため，それをAに伝えた。しかし，Aは，CをAの子として出生届を提出し，
> Cを自分の子として育てていたが，その後ABは離婚した。CとBは現在Dと共
> に生活している。DNA鑑定の結果，Dが生物学上のCの父親である確率は99％以
> 上である。

　誰が父親で誰が母親かは明快なようで実はわかりにくい話です。小さいころ
から自分の父親だと思っていた人物が，実は血のつながっていない人物であっ
たということも少なくありません。ここでは，さしあたり，法律上の父親と生
物学上の父親という区別を覚えてください。生物学上の父親とは，まさに血の
つながりがある父親です。これに対して，血はつながっていないが「法的には」
父親であるという場合があります。一番イメージしやすいのは養父でしょうか。
しかしそれだけではありません。

① 嫡出推定

　民法は，母親が妊娠（懐胎といいます）した時に結婚している夫を「とりあえ
ず」父親であると定めています。つまり，妻が結婚（婚姻という）中に生んだ
子は夫の子と推定され，婚姻成立から200
日以後，解消から300日以内に生まれた子
は婚姻中に妻が懐胎していたと推定されま
す。これを嫡出推定といいます（772条）。
この規定のできた当時は，懐胎しているか

図表18-1　嫡出推定

夫の子と推定	
200日	300日
婚姻成立	婚姻解消

どうかは簡単にはわからなかったので，実際に子が生まれた時から逆算して婚姻中の妻が懐胎したかどうかを推定することにしたのです。「嫡」とは正統（×当）という意味で，嫡出子とは結婚関係にある男女から生まれた子のことです。婚姻外の男女から生まれた子を非嫡出子といいます。このような呼び方は差別的（正統ではないとは何事だ！）だとして，現在では，婚内子，婚外子と呼ばれることも多いです。

　先ほど「とりあえず」といいましたが，それは妻が婚姻中に浮気して懐胎することがあるからです。このような事実を，とりあえず父となっている者が証明できれば，その者は父ではなくなります。つまり，父親は子と自分との父子関係を否定する（推定を覆す）ことができます。これを嫡出否認の訴えといいます（774条以下）。これは夫だけに認められた権利であり，その期間も出生を知ってから1年以内に限定されています（777条）。夫が嫡出でない子を自分の子と信じて養育しているのに，第三者が「その子はあなたの子ではない」と主張できるとしたら，家庭の平和（身分関係の安定）が破壊されるおそれがあるためです。

　なお，このように「推定」とは，事実ではないことを事実と同一視することを意味しますが，その「同一視力」は強くはありません。他方で民法には，もっと強い同一視力をもつ言葉もあります。それは「みなす」です。これは反対の証拠でもって覆すことができません。例えば，未成年者でも婚姻すると成年と「みなす」という条文がありますが（成年擬制：753条），この場合に免許証などで自分は18歳であると主張しても成年と同一視されたことはひっくり返りません。いずれもよく出てくる表現ですので気をつけてください。成年年齢の引き下げにより（129頁），成年擬制は削除されます。

② 親子関係不存在

　閑話休題。婚姻中に妻が懐胎した子については，「とりあえず」夫が父親とされる，といいましたが，例えば，夫が1年間海外に赴任しており，その間一度も妻とは会っていなかったが，帰ってきたら妻が懐胎していたという場合はどうでしょう。このとき，確かに，婚姻中に懐胎した子には違いありませんが，夫婦間での性交渉はおよそありえなかったわけです。このような場合にも夫の

子だと推定されるのでしょうか。そもそも推定される根拠は，夫婦間には性交渉があり，しかも夫婦には貞操義務があるので（民法770条1項1号，732条），夫の子である確率が高いということを前提としています。そうすると先ほどのような性交渉がありえない例では推定をする意味がなく，嫡出推定はされません。このような子を「推定の及ばない子」といいます。夫は嫡出否認の訴えをするまでもなく，親子関係不存在確認の訴えによって父子関係を解消することができます。

　妻となる女性が婚姻前に懐胎し，婚姻後に出産した場合，例えば，付き合っていた女性が妊娠したので，籍を入れることにし，その後に子を出産したという場合はどうでしょうか。いわゆる「できちゃった婚」，「授かり婚」などがその一例です。婚姻中の懐胎ではないので，夫の子だとの嫡出推定はされません。もっとも，実際の手続きとしては夫の子だとの出生届を役所に提出することはできます（戸籍法62条）。当事者（特に男性？）としては「これで問題は解決した」と思うでしょうが，これは戸籍の上で嫡出子と扱われるだけで，民法上は嫡出推定されていません。このような子を「推定を受けない嫡出子」といいます。仮にこの子が実は夫の子ではなかったということになれば，後日，親子関係不存在確認の訴えにより父子関係を争うことになります。

図表18-2　推定を受けない嫡出子

婚姻成立

	200日	
懐胎	出産	

③ 法律上の親子か血縁上の親子か

　【ケース1】ではどう考えるべきでしょうか。①CはBがAとの婚姻中に懐胎した子であり，AB間はまったく接触がないわけでもないので，嫡出推定によりAが父であるといえそうです。②他方で，CはDNA鑑定の結果Aの子ではありえないわけで，Aを父親だと推定するのはおかしいと考えることもできます。この問題にはいろいろな考え方があるのですが，さしあたり裁判所は①の考え方を採っています。つまり，明らかにAB間に接点がないなどの事情がない限り，CはAの子だと嫡出推定されます。Aは嫡出否認の訴えを提起することができますが，CやBはACの父子関係を否定する手段はありませ

ん。また A としても出訴期間を過ぎればもう否認することができなくなります（774～778条）。そうすると法律上の父と生物学上の父が一致しない事態が生じますが，こういう事態が起こりうることは民法が認めているので，やむをえないというわけです。

　なお，母親はどう決まるのかというと，こちらはシンプルで，妊娠し出産したという事実（分娩の事実）から当然に母子関係が発生すると理解されています。子は母親の胎内から出てくるので，その女性を母とするわけです。

Ⅱ　相　　続

> 【ケース2】　A には妻 B と子 C，D がいる。また，姉の E は結婚して別のところで暮らしている。A の父はすでに他界しているが，母 F はいまだ健在である。A には家屋（1000万円相当），土地（1000万円相当），預金1000万円がある。この状態でA が死亡した。

　相続は，ある人が死亡することで開始されます（882条）。死亡した者を被相続人，財産を相続する者を相続人と呼びます。私有財産制が認められている以上，私たちは自己の財産を死後にどのように処分するかを生前に決定することができ，これは遺言によって行われます。

1 法定相続

　しかし，遺言は必ずしも行われるとは限らないし（むしろ行われないことが多い），遺言で細部まで決めていないという場合もあります。この場合，その人の財産はどうなるのでしょうか。人が死ねばその者の権利能力は消滅し，財産は権利者を失います。そうすると人が死亡した場合，その人の財産を国家に帰属させると考えることもできるはずです。実際に，持ち主のいない不動産は国家のものになるという条文もあります（239条2項）。しかし，民法では人が死亡した場合，その財産は誰か個人に相続されるとされています。これは法定相続と呼ばれます。法定相続が認められる理由としては，生活を共にしていた者

の生活を保障するためであるとか，遺
言がないとしても被相続人が特定の
誰かに財産を残す意思をもっていた
はずであるとか，血縁関係がある者に
財産を残すべきである，などといった
理由が挙げられます。

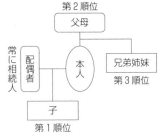

図表18-3　血族相続の順位

	相続人	割合	相続人	割合
第1順位	子	1/2		1/2
第2順位	直系尊属	1/3	配偶者	2/3
第3順位	兄弟姉妹	1/4		3/4

　法定相続では，相続は，被相続人の
死亡，各相続人の承認や放棄，遺産分
割という過程をたどります。【ケース
2】に即してみていきましょう。まず
相続人となれる者は，被相続人の子，
直系尊属，兄弟姉妹，配偶者です（900条）。民法上，胎児はまだ「人」ではな
いのですが（3条参照），例外的に，胎児も相続人となることが認められていま
す（886条）。このうち，配偶者は常に相続人となりますが（890条），その他の
相続人（血族相続人）には順位があります。第1順位が子，第2順位が直系尊
属（父母），第3順位が兄弟姉妹です（889条1項）。この順位という言葉には注
意してください。相続分を多めにとれる順位ではありません。より上位の順位
の相続人がいれば下位の順位の相続人は相続することができないという意味で
す。【ケース2】でいえば，Aが死亡した場合，相続できるのはBとCDであり，
EやFは相続人とはなりません。

② 相続人となる者とその取り分

　次に，相続人となる者については，相続財産に対して各相続人が有すべき権
利義務の割合が定められています。相続分と呼ばれます。これは遺言によって
指定することもできますが（902条），それがない場合は法律によって定まりま
す。この割合は配偶者と血族相続人との組み合わせにより変わります。配偶者
と子が相続人の場合，法定相続分は配偶者と子ともに2分の1ずつとなります。
配偶者と直系尊属が相続人である場合，法定相続分は配偶者が3分の2，直系
尊属は3分の1となります。配偶者と兄弟姉妹が相続人である場合，法定相続

分は配偶者が4分の3，兄弟姉妹が4分の1となります（図表18-3参照）。また同順位の相続人が複数いる場合は，その相続分は均等になります（900条）。

　【ケース2】でみていきましょう。Aが死亡した場合，BとCDが相続人となります。姉のEや母Fは相続人となれません。次いで，Bの相続分は2分の1，CDの相続分も2分の1ですが，CDについては同順位の相続人が2人いることになります。そうするとCD各人の相続分は等しいのですから，1/2×1/2で1人あたり4分の1となります。

　ただし，兄弟姉妹に父母の一方のみを同じくする兄弟（半血兄弟）がいる場合には，全血兄弟の半分となります（900条4号ただし書）。

　例えば，【ケース2】において，CDがおらずFもすでに他界している場合で，Aの父のかつての妻の子Gがいるとしましょう（AEからするといわゆる異母兄弟にあたります）。相続分はBが4分の3，EとGが4分の1ですが，半血のGは全血のEの半分となります。つまり，E対Gは2対1なので，Eは3分の2，Gは3分の1となります。したがって，相続分はEが1/4×2/3＝6分の1，Gが1/4×1/3＝12分の1となります。なお，かつては，子が相続人となる場合に，嫡出子と非嫡出子がいる場合には，非嫡出子の相続分は嫡出子の半分

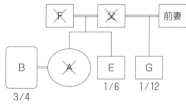

図表18-4　兄弟姉妹の相続分

とされていましたが，2013年9月4日の大法廷決定により，法の下の平等に反するなどの理由から，その規定は違憲だと判断され，その年の12月の法改正により該当部分が削除されました。したがって，現在では嫡出子も非嫡出子も同等の相続分となります。

③ 相続人の資格を失う者

　血族相続人であっても一定の事由があると相続権が失われることがあります。これには相続欠格と相続人の廃除があります。

　まず相続欠格です。これは相続の秩序を乱した者から相続権を奪う民事上の制裁です（891条）。つまり，相続権をもつ者でも，被相続人を殺害したり，殺

害されたことを知っていながら告発しなかったり，遺言について不正な行為を行ったりした場合には，その者は相続人である資格を当然に失います。このような行為を認めると，相続の秩序が破壊されてしまうためです。欠格事由には以下の5つがあります。

・被相続人などの殺害者など（1号）
・殺害の不告発者など（2号）
・詐欺・強迫による被相続人の遺言などの妨害（3号）
・被相続人の遺言などについて詐欺・強迫者（4号）
・被相続人の遺言書の偽造者など（5号）

　次に相続人の廃除です。相続人となる者が，例えば被相続人に暴力をふるったりした場合，被相続人は家庭裁判所に相続人の廃除を請求することができます（892条）。また遺言によっても廃除をすることができます（893条）。これによって廃除された者は相続権を失います。先ほどの欠格と違い，当然には相続権を失いません。廃除の対象となる者は遺留分を有する相続人です。したがって，兄弟姉妹は対象となりません。これらの者に相続させたくなければ，遺言などによって対処することができるからです。

　では，どのような行為が廃除の事由にあたるのでしょうか。条文では，相続人が被相続人に虐待や重大な侮辱をしたこと，相続人にその他の著しい非行があることが挙げられます。先ほどの欠格事由ほど明確ではありません。廃除事由を判断するには，相続的共同関係・信頼関係が破壊されるような行為が基準とされます（神戸家裁伊丹支審2008年10月17日家月61巻4号108頁など）。もっとも，被相続人に挑発的な態度があった場合には廃除が認められないことがあります。

④ 具体的相続分

　②で示された法定相続分は当事者の具体的事情を考慮せず，機械的に定まっているものです。しかし，例えばある血族相続人が生前に財産をたくさんもらっていたり，あるいは被相続人の介護を血族相続人の配偶者（多くの場合は妻）がしていた場合に，これらの事情をまったく考慮しないとかえって不公平となりかねません。民法では，被相続人から遺贈を受けたり，結婚のための贈与（新

居を買い与えるなど）や生活などのための贈与（独立資金，留学費用，借金の肩代わりなど）を受けることを特別受益といい，特別受益を受けた者が相続で得られる分を減らすことにしています（903条）。特別受益の持戻しといいます。また，被相続人の事業に関する労務の提供などにより被相続人の財産の維持や増加に寄与した者がいるときは，この者が相続で得られる分を増やすことにしています（寄与分：904条の2）。

　例えば，【ケース2】で，Aが生前に，Cに家屋を贈与していた場合，実際の相続財産は2000万円ですが，被相続人が相続開始の時点で持っていた財産に贈与した家屋というCの特別受益を計算上戻します（これが持戻しです）。これがあるべき相続財産であり，みなし相続財産と呼ばれます。法定相続分によれば，Bが3000万円×1/2＝1500万円，CDともに3000万円×1/4＝750万円が取り分となるはずですが，Cには1000万円の特別受益があるので，750万円から1000万円を引いた−250万円が実質的取り分となります。この「取り分」も民法では「相続分」と書かれていますが，法定相続分と区別するために，一般に具体的相続分と呼ばれます。「マイナス？　逆に払うの？」と思う人もいるかもしれませんが，具体的相続分がマイナスとなったC（超過特別受益者といいます）は，相続分を受け取ることができません（903条2項）。つまりゼロです。AとBでそのマイナス分を負担することになります（受け取れる分が減ります）。

　ところで，特別受益の持戻しですが，婚姻期間が20年以上の場合，被相続人が他方の配偶者に居住不動産を贈与したときは，持戻し免除の意思表示が推定されます（903条4項）。【ケース2】でBが婚姻20年以上の妻であるとして，AがBに生前に家屋を贈与した場合，本来であれば，Bの具体的相続分は500万円（3000×1/2−1000）ですが，持戻しの免除があると，遺産分割の対象財産が2000万円となるので，具体的相続分は1000万円（2000×1/2）となります。配偶者への財産の贈与は長年貢献してくれたことに対する報いであり，相手の老後への配慮でもあるため，それにより相手の具体的相続分を減らすような意思を被相続人はもっていないだろうということでこのような推定の規定が置かれています。

　次に寄与分です。寄与とは，要は貢献です。これはしくみとしては特別受益の反対だと考えるとよいかもしれません。簡単にいえば，被相続人の財産の維

持または増加に特別の寄与をしている場合には，その分が多くもらえるということです。では寄与とはどのようなものでしょうか。例えば，自営業を親子や夫婦で協力して行うような場合です。また，相続人ではなくても，例えば妻が夫の親の看護を献身的にしたというような場合には特別寄与料の請求が認められます（1050条）。

　【ケース2】で，AがAが自営業を営んでいたとして，DがAの財産の維持・増加について1000万円相当の貢献をしていたとしましょう。そうすると，3000万円から1000万円を引いた2000万円が相続財産とみなされます（みなし相続財産）。法定相続分によれば，Bが2000万円×1/2＝1000万円，CDが2000万円×1/4＝500万円が取り分（具体的相続分）となるはずですが，Dはこれに寄与分を加えた1500万円が具体的相続分となります。

⑤ 放棄と承認

　相続は被相続人の死亡により始まり，ただちに相続人に移転し，相続人の意思にかかわらず法律上当然に相続人に承継され，原則として被相続人の一切の権利義務（プラスの財産だけでなく，借金といったマイナスの財産や取消権などの目に見えない権利など）が包括的に承継されます（896条）。しかし，相続人は必ず財産を承継しなければならないのでしょうか。【ケース2】のように，プラスの財産ばかりであれば，相続をためらう人はいないかもしれませんが，マイナスの財産（借金）しかない場合に相続しなければならないというのは少し気がひけますよね。場合によっては，プラスの財産ばかりだとしても，親族どうしの揉め事を嫌って財産などいらないという人もいるかもしれません。そこで民法では，一定の期間内に，相続財産をマイナスの財産も含めて承継する単純承認，財産の承継を否定する相続放棄，相続した資産の範囲内でのみマイナスの財産（債務）について責任を負う限定承認，のいずれかを選択することができると定めています（915条）。これにより相続の効果が確定されます。ここでの一定の期間は熟慮期間と呼ばれ，自己のために相続が開始されることを知ったときから3か月です。

　単純承認をしたときは，無限に被相続人の権利義務を承継します（920条）。

仮に，被相続人の残した財産がマイナスの財産の方が多い場合，自分の財産から拠出して被相続人の債権者に支払わなければなりません。単純承認は意思表示によっても可能ですが，以下のような一定事由が生じた場合に単純承認したとみなされます（921条）。①相続人が選択権を行使する前に，自己のために相続が開始したことを知りながら，または被相続人が死亡した事実を予期しながらあえて相続財産の全部または一部を処分（他に売却するなど）する場合です。②熟慮期間内に放棄も限定承認もしなかったときです。①②の事情があると相続人が単純承認したという意思をもっていると推測されるためです。③放棄または限定承認をした後に，相続財産の全部または一部を隠匿し，秘かに（相続債権者の不利になることを知りつつ）これを消費し，または悪意でこれを財産目録に記載しなかったときです。被相続人の債権者に対してこのような背信行為を行った相続人に放棄や限定承認の利益を与えるのはふさわしくないという趣旨です。

　相続の放棄は，相続開始により発生した相続の効果を消滅させる行為ですが，単純承認と異なり手続きが厳格です。つまりその旨を家庭裁判所に申述（こういう表現を使います）しなければなりません（938条）。放棄すると初めから相続人ではなかったものとみなされます（939条）。放棄によって相続人の相続分や範囲が変わることもあります。【ケース２】でいえば，子のうちＣが相続放棄をした場合，相続人は配偶者Ｂと子Ｄだけとなり，それぞれ相続分は２分の１となります。またＣＤともに放棄すれば，相続人はＢと母Ｆとなり，相続分はＢが３分の２，Ｆが３分の１となります。

　少しわかりにくいのが限定承認です。これは，相続によって得た財産の限度でのみ被相続人の債務および遺贈を弁済すべきことを留保して，相続を承認することです（922条）。相続財産が全体としてマイナスであっても，プラスの財産の限度でのみ弁済の責任を負うということです。仮にプラスの財産が10，マイナスの財産が15だとすると，全体でマイナス５ですが，マイナス５については責任を負わなくてよい，つまり，悪くしても相続できる財産はゼロになるだけということです。これは相続財産が全体としてプラスかマイナスか不明であるときに意味をもちます。限定承認は，熟慮期間内に，相続財産の目録を作成し家庭裁判所に提出して，限定承認をするという申述をしなければなりません

（924条）。また，限定承認は法律関係の複雑さを回避するために，共同相続人が全員（放棄者除く）で行わなければならず（923条，939条），単純承認を選択した者が1人でもいるとできません。お葬式とかあってバタバタしてるのに，たった3か月で目録を作って，しかも全員で行うなんてむずかしいんじゃないの？と思うかもしれませんが，まさにそうで限定承認はあまり利用されていません（2018年の司法統計によれば，相続放棄の申述の受理件数は21万5320件だが，限定承認の申述受理件数は709件。http://www.courts.go.jp/app/files/toukei/695/010695.pdf）。

⑥ 遺産分割

　誰が，どのくらいの遺産を相続するかが決まっても，実際にどの財産が誰に帰属するのかが決まったわけではありません。【ケース2】で，仮に放棄も限定承認もなく，また特別受益も寄与分も問題にならない場合，相続分はBが2分の1＝1500万円，CDがそれぞれ4分の1（750万円）ずつです。ところが，遺産は，土地・建物が2000万円相当，預金が1000万円です。この場合どうなるのでしょうか。まず，相続が開始すると，相続財産は相続人が法定相続分の割合で共有することになります。これは遺産共有と呼ばれます（898条，899条）。共有とは，同一の物を複数の人が同時に所有する法律関係を意味します。分割することができない財産については当てはまりますが，貸金債権のように分割できるもの（可分債権といいます）には当てはまりません。つまり，法律によって当然に，法定相続分に応じて各相続人に分割して承継されます（最判1954年4月8日民集8巻4号819頁）。ただし，預貯金債権については，相続分に応じて当然に分割されるのではなく，遺産分割の対象になります（最大決2016年12月19日民集70巻8号2121頁）。したがって，【ケース2】でいえば，BとCDは家屋，土地，預金については共有の状態になりますが。もし預金ではなく，貸金債権などであれば，法定相続の割合（Bが2分の1＝500万円，CDが各4分の1＝250万円）で取得することになります。

　上で述べたように，預金は，遺産分割までは相続人全員の同意がなければ払い戻せません。しかし，葬儀費用の捻出など被相続人の死亡に伴い資金が必要になるときに，すぐに預貯金の払い戻しを受けられないと不都合なことがあり

ます。そこでこれを回避するために，遺産分割前でも一定額であれば単独で払い戻すことができるようになっています（909条の2）。

　遺産の共有状態は望ましくないので，遺産分割が行われます。共同相続人はいつでも（協議による）分割を求めることができます（907条）。遺産分割を行うには，2つの手続きがあります。まず相続人などの間での協議によって行われます（907条1項）。これは協議分割と呼ばれます。協議が調わないときは，家庭裁判所の審判によります（907条2項）。これは審判分割と呼ばれます。

　遺産分割協議の当事者は，共同相続人，包括受遺者（960条），相続分の譲受人（905条），遺言執行者（1012条）で，当事者の一部を欠く分割協議は無効となります。分割の方法には，現物をそのまま割り当てる現物分割，遺産の中の財産を金銭に換えて配分する換価分割，現物を特定の相続人が取得し，その者が他の相続人に具体的相続分に応じて金銭を支払う代償分割という3つがあります。例えば【ケース2】で，Aの遺産が土地と建物だけであり，Bもすでに他界していた場合，Cが土地，Dが建物を取得する（現物分割），土地・建物を売却して，その代金をCDで分ける（換価分割），Cが土地・建物を取得し，1000万円をDに払う（代償分割）という方法が考えられます。

　遺産分割協議は，協議でも審判でも「遺産に属する物又は権利の種類及び性質，各相続人の年齢，職業，心身の状態及び生活の状況その他一切の事情を考慮して」行われます（906条）。もっとも遺産分割協議では，法定相続分や指定相続分とは異なる割合での分割も可能だとされます（協議の自由）。例えば，Cが土地・建物を取得し，Dに500万円しか払わないという遺産分割協議をすることもできます。そのためこの条文は目安くらいの意味しかもちませんが，審判分割では実質的な意味をもちます。

　ところで，BがAとともに長年住み続けてきた家屋にAの死後もそのまま住みたい，と希望した場合どうなるでしょうか。仮に【ケース2】の事例で，Bが土地（1000万円）と建物（1000万円）所有権を取得すると，相続財産（3000万円分）の3分の2を取得することになり，法定相続に従った分割をする場合，Bは代償金（500万円）を支払わなければならなくなってしまいます。高齢の配偶者には酷なことになりかねません。そこで，このような場合，配偶者は遺産分割手続き等において配偶者居住権を取得することができます（1028～1036条）。

これにより，配偶者（主に妻）は従来住み続けてきた家屋に無償で居住し続けることができます（原則終身）。またその財産的価値が住居の所有権より安価であるため，その分，預貯金などを相続することができるようになります。例えば，配偶者居住権の財産的価値が1000万円であれば，Bはこの権利を取得した上で預金も500万円分取得することも可能です。

7 遺 留 分

　【ケース2】で，Aが全財産を愛人Hに遺贈する（包括遺贈といいます）という遺言を残したとしましょう。遺言は法定相続に優先するので，このままだとBやCDは遺産をまったく受け取れません。しかし，民法は，遺族の生活保障や潜在的持分の清算という点を考慮して，遺留分という制度を設けています。つまり，一定の範囲の相続人に一定の範囲の相続財産を留めておくことを認めています。この一定の範囲の相続人のことを遺留分権利者と呼び，配偶者，子，直系尊属がこれに当たります（兄弟姉妹は含まれません）。また一定の範囲の相続財産のことを遺留分といいます。

　遺留分の割合は，直系尊属のみが相続人であるときは，「遺留分算定の基礎となる財産」の3分の1が，その他の場合には2分の1が遺留分となります。これを総体的遺留分率と呼びます。これに各相続人の法定相続分をかけたものが，遺留分権利者各自の遺留分となります。これは個別的遺留分率と呼ばれます。【ケース2】であれば，相続人は配偶者と子ですから，「その他」にあたり，総体的遺留分率は2分の1となり，さらに個別的遺留分率は，Bが1/2×1/2＝4分の1，CDが1/2×1/4＝8分の1（各自）となります。

　先ほど「遺留分算定の基礎となる財産」という言い方をしましたが，理

図表18-5　遺留分の割合

相続人	総体的遺留分率	個別的遺留分率	
配偶者のみ	1/2	1/2	
配偶者と子		配偶者 1/4	子 1/4
配偶者と直系尊属		配偶者 1/3	直系尊属 1/6
子のみ		1/2	
直系尊属のみ	1/3	1/3	

由があります。民法では，遺留分を算定する際の基礎となる財産について規定があり，次のようになります（1043条）。〔相続開始時の財産＋贈与した財産－債務〕です。贈与は，相続人以外への贈与と相続人への贈与で算入される分が変わります。相続人以外への贈与は相続開始前の1年間に行われた贈与が算入されます（1044条1項前段）。相続人への贈与は，特別受益としての贈与だけに限定され，その期間も相続開始前の10年間だけです（1044条3項）。あまり昔の贈与の算入は，混乱を招き受益者以外の相続人に不足の損害を与える恐れがあるためです。なお，相続人への贈与は，たとえ相続開始前の1年間であっても特別受益としての贈与でなければ算入されません（単なる誕生日プレゼントなどは算入されない）。ただし，贈与の契約当事者双方が遺留分権利者に損害を与えること知っていて，かつ将来も被相続人の財産に増加の見込みがないことを予見していた場合には，上記の期間制限に関係なく，算入されます（1044条1項後段）。

図表18-6　遺留分の侵害額

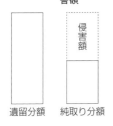

侵害額

遺留分額　　純取り分額

　例えば，【ケース2】で，Aが生前に土地を愛人Hに贈与し，さらに家屋をHに贈与するという遺言（遺贈）を残し，その上に1000万円の借金があるとしましょう。このときのB，CDの遺留分は，次のようになります。まず遺留分算定の基礎となる財産は，相続開始時の財産＝家屋（1000万円）＋預金債権1000万円に，贈与した財産＝土地（1000万円）を加え，そこから債務である借金1000万円を引いて算出します（＝2000万円）。これに各自の個別的遺留分率をかけると，Bが2000万円×1/4＝500万円，CDが2000万円×1/8＝250万円ずつとなります。これが遺留分です。このとき，BCDが受け取れる分（純取り分額と呼ばれます）が遺留分額に達していないときにその差額が遺留分侵害額となります。純取り分額は，〔具体的相続分の額＋特別受益の額－相続債務の負担額〕で算出されます。ここでは，特別受益や寄与分がないとして，Bが1000万（預金）×1/2－1000万（借金）×1/2＝0，CDが1000万×1/4－1000万×1/4＝0となります。したがって，Bは500万円，CDは250万円ずつ遺留分侵害額請求権を取得します（1046条）。Hに対して金銭での支払いを請求することになります（Hへの遺贈や贈与が遺留分侵害額の限度で失効するのではありません）。

III 結　婚（婚　姻）

> **【ケース3】**　18歳で高校3年生のAは，アルバイト先で知り合った17歳の女子高校生のB女と親しくなり，交際するようになった。その後，Bが妊娠したため，AとBは結婚をしたいと考えた。どのようにすれば結婚ができるだろうか。

①結婚とは

　一般的には結婚といわれますが，民法上では婚姻と呼ばれます。一般に結婚するとなると，お互いの両親に挨拶して，結婚の式場を決めて招待客を選んで，さらにその合間を縫って新居を探したり，ユイノウも交わさなければ……とあれこれ考えなければなりませんが，法的にはこれらは一切必要ではありません。ただし，国が定めた形式を守る必要があります。これを法律婚主義といいます。婚姻が成立するために必須のもの（婚姻の要件と呼ばれます）として，形式的要件と実質的要件があります。

②婚姻の要件

　形式的要件は，届出です（739～741条，742条2項）。これは婚姻届に必要事項を記入し，市役所や町役場の窓口に受理してもらうことが必要になります（740条）。届出は口頭でもできますが，当事者双方と成年の2人以上の承認が必要になります（739条2項）。また書面の場合は，当事者・証人が署名捺印した書面であれば，第三者に委託したり，郵送によって届け出ることも可能です。

　実質的な要件としては婚姻意思が必要になります。民法に直接の規定はありませんが，724条1項や憲法24条からこれが必要だとされています。この意思は，単に紙切れを役所に出すという意思ではなく，「社会観念上夫婦であると認められる関係の設定を欲する効果意思」であるとされています（最判1969年10月31日民集23巻10号1894頁）。したがって，誰かに勝手に名前を書かれて婚姻届を役所に届けられても，それは無効になります（最判1996年3月8日家月48巻10号145頁）。

しかし，この2つの要件を充たしていれば，常に婚姻は有効というわけではありません。次のような婚姻の障害となる事情があってはいけません。よく知られているところでは，婚姻年齢があります。男性は満18歳，女性は満16歳でなければ婚姻はできません（731条）。婚姻年齢に達していない者の婚姻は，取消（無効ではない）の対象となります（744条）。さらに，未成年者の婚姻には，十分な社会的経験のない未成年者の軽率な婚姻を防ぎ，助言を与えるために，父母の同意が必要です（737条）。もっとも，父母の同意がなく婚姻届が提出されても受理されれば取消すことはできません。ですので実効力という点では貧弱です。【ケース3】で，AがBと婚姻するには，父母の同意が必要となりますが，反対されてもその気になれば婚姻は可能です。成年年齢が18歳に引き下げられるのに合わせて（129頁），婚姻年齢も男女ともに18歳になるため（731条），737条は削除されます。なお，成年年齢が引き下げられても，飲酒喫煙は別の法律で20歳になるまで禁止されています。

　重婚，つまり配偶者のある者は重ねて婚姻（法律婚）することはできません（732条）。刑法上も重婚は犯罪とされて（刑法184条），日本では一夫一婦制が確立しています（イスラム圏では一夫多妻を認めている国もあります）。重婚関係が発生した場合，後の婚姻関係は取消の対象となります（744条）。「婚姻届を出そうとしても窓口ではねられるんじゃないの？」という疑問もあろうと思います。その通りで，重婚が発生するのは例えば，失踪宣告が取り消されたような場合です。失踪宣告とは，ざっくりいうと，人が一定期間行方不明になると家庭裁判所にお願いしてその人を死んだことにできる，という制度です（30条，31条）。例えば，夫Aが行方不明になったときに，死んだことにすれば，妻BはCと再婚ができるわけです。ところが，再婚して幸せな生活を送っていたら，Aが戻ってきて，「俺を死んだことにするとは何事だ」と家庭裁判所にお願いして死んだことをなかったことにしてもらいます（32条）。そうすると，AとBとの婚姻は復活することになり，さらにBはCとも結婚しているという状態が発生します。でも考えてみてください。すでにCと再婚して幸せな生活を送っているBはAとの婚姻の復活を望まないかもしれません。1996年民法改正案要綱では，この場合にAB間の婚姻は復活しないとしています。

　再婚禁止期間というものもあります。再婚自体はもちろん自由にできますが，

少し前まで女性の場合のみ，前婚の解消から6か月を経過しなければ再婚ができないとされていました。再婚の届出が受理されても取消の対象となっていました（744条参照）。「なぜ女性だけ？　差別では？」と思うかもしれません。

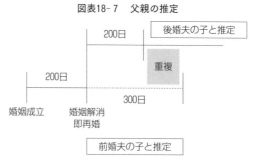

図表18-7　父親の推定

これは，生まれてくる子の父親を確定するためにある条文です。この章の冒頭で説明した嫡出推定の規定を思い出してください。婚姻の成立から200日以後，婚姻の解消から300日以内に生まれた子はその婚姻中に生まれた子になると推定しています（772条）。仮にAとBが婚姻した場合，婚姻後200日経過して，ABが離婚し，直後にBがCと再婚したとします。するとどうしても100日はAの子なのかCの子なのかわからない期間がでてきます。このように父親が誰かわからないという事態をさけるために女性の場合にだけ，再婚禁止期間が設けられていました。しかし，「今だったらDNA鑑定で誰が父かわかるでしょ」とか「禁止期間は仕方ないとしても6か月って約180日でしょ？　長すぎない？」という意見があるかもしれません。実際，再婚禁止は100日に短縮すべきとの主張（1996年民法改正案要綱）もあります。そこで，2015年12月16日の最高裁大法廷判決で100日を超える部分が違憲と判断されました。それを受けて，再婚禁止期間を100日に短縮し，離婚時に妊娠していないことなどを証明できれば禁止期間内でも再婚を認めるとする改正案が2016年6月1日に成立し，6月7日に発効しました（733条）。

　また近親婚も優生学または倫理の点から禁止されています。直系血族間（父母と子など），3親等内の傍系血族間（兄弟姉妹，おじおば，おいめいなど：734条），直系姻族間（配偶者と父母など：735条），養子もしくはその配偶者または養子の直系卑属もしくはその配偶者と養親またはその直系尊属との間（736条）の婚姻は禁止されています。これらの場合の婚姻も取消の対象となります（744条）。

③ 婚姻の効果

　婚姻が成立すると，いくつかの効果が生じます。法的な権利義務が発生するということです。まずは，夫婦は婚姻の際に夫また妻の氏を夫婦共同の氏として選択することになります（750条）。夫婦同氏と呼ばれます。妻の氏を選択もできますが，圧倒的大多数として夫の氏が選択されています。しかし，女性としては，結婚して氏が変わるのは非常に不便です。役所での手続きはもちろんのこと，預金通帳，クレジットカード，免許証，パスポート，保険，携帯電話などで名義の変更の手続きが必要になります。そこで夫婦が別姓を選択することが提案（1996年民法改正案要綱）されてきました。この規定が憲法の法の下の平等に違反するのではないか，との疑いもありますが，2015年12月16日の最高裁大法廷判決で，家族の姓を１つに定めることには合理性があり，またどちらの姓を選ぶかは当事者の協議に委ねられていることなどを理由に，合憲と判断されました。

　夫婦には，互いに協力し扶助する義務と同居する義務があります（752条）。協力・扶助義務は互いに精神的・経済的に助け合うというような意味で，いわば「学級目標」のようなものです。また，同居義務については，正当な理由がないのに同居を拒む場合には，その配偶者に同居を求めることができます。正当な理由とは，例えば，転勤で海外に行かなければならなくなったが，子どもがまだ小さいので夫婦のどちらかが子育てのために残るというような場合が典型的です。「君の財産には興味あるけど，同じ空気は吸いたくないぜ」なんていう理由では当然同居は拒めません。この場合，同居を命じる審判を裁判所に求めることは可能です（家事事件手続法別表２の１項および272条４項参照）。ただし，裁判所といえど強制的に同居させることまではできません（強制執行はできない）。仮に無理やり同居させてもイヤイヤ同居されたのでは求めた方もいい気分はしないでしょう。ずっと同居を拒まれる場合は離婚原因になるので（770条１項２号），そちらで対処せざるをえないでしょう。

　条文はありませんが，夫婦には貞操義務というものがあります（770条が間接的に根拠になります）。テイソウとは「正しいみさお」ということですが，要は

配偶者以外の者と性交渉をしないことをいいます。この義務に夫婦の一方が違反した場合は，離婚の原因となります（770条）。また，夫婦の一方と性的関係をもった第三者は，故意・過失があれば，もう一方の配偶者の権利を侵害した（婚姻共同生活の平和の維持という権利または利益等の侵害）として，不法行為に基づく損害賠償責任を負います（最判1979年3月30日民集33巻2号303頁）。ただし，婚姻関係がすでに破綻していたときは，配偶者の一方に先ほどの権利または利益があるとはいえないので，特段の事情がない限り，不法行為責任を負わないとされています（最判1996年3月26日民集50巻4号993頁）。

◆参考文献

窪田充見『家族法　民法を学ぶ〔第3版〕』有斐閣，2017年

潮見佳男ほか編著『Before / After　相続法改正』弘文堂，2019年

二宮周平『家族法〔第5版〕』新世社，2019年

前田陽一・本山敦ほか『民法Ⅳ親族・相続〔第4版〕』有斐閣，2017年

本山敦『家族法の歩き方〔第2版〕』日本評論社，2013年

第4部┃刑　法

刑法の意義と犯罪論体系

1 刑法の意義

　刑法とは，いったいどのような法律なのか。この問いに対して，一般の人は，犯罪を罰する法律，犯罪を取り締まる法律，あるいはやってはいけない行為を処罰する法律などと答えるでしょう。

　刑法とは，犯罪につき行為者に対してどのような刑罰が科されるのかを定めた法律です。もう少し詳しく説明すると，どのような行為が犯罪（犯罪行為）とされるのか，その犯罪を行った行為者のうちどのような行為者が犯罪者（犯罪行為者）とされ，その犯罪者に対してどのような種類の刑罰が，どの程度科されるのかを規定した法律をいいます。これを法解釈の表現に引きつけていうと，刑法とは，犯罪が成立するための法律要件（刑法では構成要件といいます），その法律要件を充足する犯罪について，犯罪者に科される法効果としての刑罰（ないし保安処分）を規定した国家法規範の全体，あるいはそれを構成している個々の法律ないし条文をさします。

　要するに，広く，犯罪・犯罪者および刑罰について定めた法律を刑法というのです（実質的意義の刑法）。ただし，刑法といった場合，「刑法」（1911年・明治44年法律第45号）という名の法律（つまり，刑法典）をさすことが多いのですが，刑法典以外の法律，例えば，「軽犯罪法」（1948年・昭和23年法律第39号），「暴力団員による不当な行為の防止等に関する法律」（1991年・平成3年法律第77号），「道路交通法」（1960年・昭和35年法律第105号），「覚せい剤取締法」（1951年・昭和26年法律第152号）などの特別刑法も，刑法ということがあるので注意が必要です。

　　＊　法律には，必ず公布年月日と法律番号が付されます。これは，法律の認識番号（マイナンバー）のようなもので，通常，令和○年○月○日法律第○号と記され，公布年は元号で記されるのが慣例です。ですが，国際社会の時代ですから，西暦・元号を併記すべきでしょう。
　　＊＊　実質的意義の刑法に対して，刑法典のことを形式的意義の刑法ということがあります。立法政策上の便宜のために，刑法という名称で単独法として制定されたにすぎない法律だからです。

ただ，どの法律をさしているのかを明確にするために，刑法典をさすときは刑法といい，それ以外の特別刑法をさすときは特別刑法・刑罰法規というのが一般的です。

　このように，刑法，特別刑法を含む実質的意義の刑法の範囲を画定することは，単に刑法解釈学という学問の範囲を画定するだけにとどまりません。刑法は「第1編　総則」と「第2編　罪」から構成されていますが，「第1編　総則」の規定は「他の法令の罪」にも適用されます（8条）ので，実質的意義の刑法を画定することは，「第1編　総則」の規定が適用される他の法令を確定する意味もあるのです。

② 刑法の特徴

　実質的意義の刑法（刑法と特別刑法）は，①国家刑罰権を背景にした，②刑罰という厳しい物理的強制力に支えられた，③社会管理の一手段であると特徴づけることができます。

(1)　国家刑罰権

　国家は，統一された権力機構として，個人や私的団体が実力行使によって紛争を解決することを原則として禁止し，*法的な救済手続を取るように要請しています。この要請は法的手続優先主義といい，法的安定性を重視する法治国原理の一表現といえますし，その前提には，現代社会において国家は物理的強制力を合法的に独占する唯一の権力機構であるという実態が存在しています。近代市民国家は，物理的強制力を諸個人や私的諸団体から剥奪し，これを集権的に制度化し，国家権力の専権的独占物として行使するために，統一的な法体系のもとに整備し，合法化しているのです。

　　＊　原則には必ず例外があるのが法的思考の特徴です。

　国家が物理的強制力を独占し，刑罰権を専有することはなぜ正統化されるのでしょうか。国家刑罰権の正統化根拠については，階級性，公共性，社会契約あるいは経済性の視点など，いくつかの視点から説明することが可能です。この点は，次講（20講）で再度考えてみたいと思いますが，これは，むしろみな

さんに考えてほしい問題です。なぜ国家は刑罰権を専有することが正統化されるのか，なぜ国家刑罰権は正当であるのか。

(2) 物理的強制力

また，刑法は，刑罰という峻厳な物理的強制力に支えられた法律である点に特徴があります。この物理的強制力は，物理的強制と法的強制の2つの要素からなっています。

① 物理的強制　現行刑法は，物理的強制の主な処分，つまり刑罰として，死刑，懲役，禁錮，罰金（代替処分として労役場留置），拘留，科料および没収を定めています。国家は，ある場合には犯罪者の自由を奪い（懲役・禁錮，拘留），ある場合には財産を奪い（罰金，科料，没収），場合によっては強制労働（懲役，労役場留置）を科す権限さえも持っています。しかも，日本の刑法は，激しい賛否の議論はありますが，地球よりも貴いとされる個人の生命を奪うこと*さえも認めているのです。こうした刑罰の種類・内容は，国家によって異なりますし，時代により変化します。

> ＊　国家に個人の生命を奪う権限があるのか，刑罰として死刑は必要か。この問題は，死刑存廃論として議論されています。

このような厳しい物理的強制処分が，国家権力を背景に，国家刑罰権の行使として合法的に科される点に，近代市民社会における刑法の特徴があるのです。

② 法的強制　法的強制とは，刑法の実効性を担保するために，適用対象者である犯罪者の意思に関係なく，その抵抗を強制的に排除してまでも行使することのできる法的な強制作用を意味します。

近代国家は法治国家を標榜していますので，刑法の場合に限らず，通常，法的な制度・手続は法律によって規定され，整備されています。したがって，通常，どのような要件が存する場合に，どのような主体によって，どのような客体に対し，どのような種類の，どの程度の強制処分を，どのような手続に則って履行するのかは，法律に明文で規定されているのが通常です。このことを，日本国憲法（以下，憲法という）31条は，法定手続の保障として，憲法上の要請であることを明らかにしています。

---

(3) 社会管理手段

　さらに，刑法は，社会管理の一手段であるという特徴があります。

① 多様な社会管理の諸手段　　例えば，職場，学校あるいは交友関係など，現実の社会生活には，実に様々な不利益処分（例：免職・減俸，退学・停学，非難・仲間外れなど）・利益処分（例：昇進・昇格，褒賞金・報償などの表彰，厚遇など）が存在し，機能しています。それらは，結局のところ，社会関係・経済関係を維持し，社会を存続させるための社会管理の一手段であるということができます。

② 社会管理手段の分類　　社会管理の手段はいろいろな観点から分類できますが，刑法は，私的手段に対する公的手段（社会管理手段の実施主体が公的な機関であるもの），非制度的手段に対する制度的手段（社会管理手段の実施主体・客体・内容・手続などがあらかじめ法制度として整備されているもの），任意的手段に対する強制的手段（社会管理手段の要素として強制が必須となっているもの），無形的手段に対する有形的手段（社会管理手段が有形的・物理的手段を内容とするもの），積極的手段に対する消極的手段（社会管理手段が一定の望ましくない状態の解消・阻止を意図しているもの），かつ，事前的手段に対する事後的手段（社会管理手段が一定の状態の発生後に発動されるもの）であるという性質を有しています。

③ 社会統制手段との相違　　刑法は社会管理の一手段であるという説明に対して，社会統制の語を連想した人もいるかもしれません。ここで，社会統制の語ではなく社会管理の語をあえて使うのは，刑法もまた現代の管理国家の手段の1つに組み込まれていることを明確にしたいからです。現代の国家が，現実の社会から独立した権力機構として，刑罰権を国家権力の部分形態として合法的に独占・行使することによって社会を管理していることは否定できないのです。

　現代の国家は，現実の社会から独立した権力機構として社会を管理している。この点に，国家権力と刑法との関係の要点がありますし，罪刑法定原則の存在意義があるのです。

③ 刑法解釈学の意義

　刑法解釈学は，刑法の各条文や刑法の全体の意味を明らかにする学問です。ただ，刑法解釈学が主に刑法典をその学問対象とするとき，刑法典が「第1編

総則」・「第2編　罪」に分かれている*ことに対応して，通常，刑法総論と刑法各論に分けられます。

  ＊　「第1編　総則」を刑法総則といい，「第2編　罪」を刑法各則といいます。

(1)　刑法総論

 刑法総論は，個々の犯罪・犯罪者と刑罰に共通する一般的な性質，一般的な成立要件を明らかにする学問領域であり，その主な研究対象は刑法典の「第1編　総則」（刑法総則）です。具体的には，刑法の基本原則，個別の犯罪・犯罪者に共通する一般的な法律要件（構成要件）・法効果，刑罰の基礎理論などを明らかにするとともに，刑罰の種類・内容・適用や，刑法の適用範囲などを解明する学問です。その意味で，刑法総論は，各犯罪・犯罪者をヨコ割りで考察し，刑罰等を一般的・総括的に検討する学問といえます。

 例えば，刑法を支配している基本原則には，行為原則（犯罪につき犯罪者を処罰するには，その根拠として，外部に現れた行為が存在しなければならないとする原則），罪刑法定原則（どのような行為が犯罪とされ，その犯罪につき犯罪者に対してどのような種類の刑罰がどの程度科されるべきかを，行為が行われる前にあらかじめ法律をもって明確かつ適正に定めておかない限り，その行為を根拠に犯罪者を処罰することはできないという原則），侵害原則（行為が犯罪とされるには，その行為に，現実の社会生活における基盤となっている法的な利益を侵害するという社会侵害性がなければならないという原則）および責任原則（刑罰法規の定める社会侵害的な行為を根拠に行為者に刑罰を科すには，行為者に，刑罰による非難を加えることができる主観的な事情が存在しなければならないという原則）がありますが，こうした基本原則を解明するのは刑法総論の役目です。

 また例えば，犯罪としてみなさんが思い浮かべる殺人罪（199条）や窃盗罪（235条），強盗罪（236条）の条文には，「故意」や「罪を犯す意思」の文言は使われていませんが，故意犯を処罰するのが原則（38条1項本文）ですから，これらは故意の犯罪です。ですから，故意は各則の定める犯罪の多くに共通した一般的な成立要件ですから，刑法総論で扱うのです。

---

(2) 刑法各論

刑法各論は，個々の犯罪・犯罪者に特有な性質や法律要件（構成要件）を明らかにする学問領域であり，その主な研究対象は刑法典の「第2編　罪」（刑法各則）です。具体的には，個々の犯罪・犯罪者に固有の意義・成立要件・法効果を明らかにするとともに，個々の犯罪・犯罪者の特質や相互関係を念頭におきながら，個々の犯罪の法律要件（構成要件）や処罰範囲，個々の犯罪者の処罰の可否などを解明する学問です。その意味で，刑法各論は，各犯罪・犯罪者をタテ割りで考察し，刑罰等を犯罪・犯罪者ごとに個別に検討する学問といえます。

例えば，先ほど挙げた殺人罪（199条）では，①「人を」，②「殺した」ことが成立要件となっていますが，各犯罪に固有の成立要件を解明するのが，刑法各論の任務です。具体的には，殺人罪の成立要件である①人とはどのような意味なのか，いつから人となるのか〔人の始期〕を確定し，②殺すとはどのような行為なのか，人から死体（人でない）になるのはいつなのか〔人の終期〕を確定する必要があるのです。

このような当該犯罪に固有の成立要件を解明し，事案の事実関係に当てはめるための規準を確定するのが，刑法各論の役目なのです。

4 犯罪論体系

(1) 犯罪論体系の意義

刑法解釈学は，刑法の解釈を通して，犯罪・犯罪者および刑罰を解明する学問領域であり，具体的には，犯罪・犯罪者の法律要件（成立要件）を明らかにし，それに対する法効果としての刑罰等の刑事制裁を解明し，それを一定の原理に基づいて体系的に整序する学問です。

刑法解釈学には，犯罪論体系について，次のような学説が主張されています。

　　A説：構成要件該当性─違法性─有責性
　　B説：行為─構成要件該当性─違法性─有責性
　　C説：行為─違法性（不法）─有責性

犯罪論体系に関する上記のような学説において，今日，最大公約数的な要素となっているのは，「構成要件該当性─違法性─有責性」であり，『刑法総論』

の多くの基本書で,「犯罪とは,構成要件に該当し,違法で,有責な行為」と定義されるのはこのためです。上記 B 説・C 説は,刑法総論の授業で触れてもらうことにして,ここでは,支配的見解である A 説に焦点を当てて,なぜ犯罪論体系が存在するのか,なぜ犯罪論体系が必要なのかを考えてみましょう。

(2) 犯罪の段階的認定の必要性

支配的見解は,「犯罪とは,構成要件に該当し,違法で,有責な行為である」と定義し,「構成要件該当性―違法性―有責性」という犯罪論体系を採っており,この犯罪論体系の順序に従って犯罪を認定していきます。では,なぜこのような犯罪論体系が存在し,なぜこのような犯罪論体系が必要なのでしょうか。

(a) 冷静かつ公平な認定を実現するため

刑法は,犯罪を行ったことを根拠にして,国家が犯罪者に刑罰を科すことを認めている法律ですから,犯罪であること,行為者がその犯罪を行ったこと,行為者には刑罰を科すべき理由があることの認定は,慎重に,冷静にかつ公平になされることが要請されます。すなわち,犯罪を行ったことを根拠に行為者に刑罰を科すということは,ある人間に対して,犯罪者の烙印を押すだけでなく,その自由を奪い,財産を奪い,ときには生命さえも奪うのですから,その認定は慎重かつ冷静になされるべきなのは当然でしょう。また,その認定は,行為者の立場・身分等によって差が生じないように,また,周囲の意見や雑音に影響されないように,公平になされるべきなのもまた当然といえます。

犯罪の認定を慎重に,冷静にかつ公平になすためには,その認定が分析的であることが求められます。それに応えるために考案されたのが,犯罪論体系なのです。つまり,犯罪論体系は,慎重で冷静かつ公正な犯罪の認定を実現するための分析的な概念道具なのです。

では,「構成要件該当性―違法性―有責性」という犯罪論体系は,こうした要請に応えるものなのでしょうか。直観的・感情的ではなく,慎重で冷静かつ公平な犯罪・犯罪者の認定を実現するには,少なくとも,その認定が,形式から実質へ,一般から個別へ,抽象から具体へ,外部から内部へ,客観から主観へ,という思考段階を踏んでいる必要があると考えます。

① 構成要件該当性　　まず犯罪の第 1 段階の認定として,問題となっている行

為が特定の犯罪の成立要件を充たす必要があります。

　支配的見解は，犯罪の成立要件を構成要件と読んでいます。構成要件は違法で有責な犯罪行為を類型・枠としてまとめたものであり，主に客観的で外部的な要件から構成されています。したがって，構成要件を充足するかどうかの判断（構成要件該当性の判断といいます）は，抽象的，一般的，形式的な判断となります。

② 違法性　　次に第2段階の認定として，問題となっている行為が犯罪として違法である必要があります。違法性の判断は，実質的な違法とは何かに関する考え方によって変わってきます。法益侵害説によると，行為が刑法の保護する法益を侵害・危殆化するとき違法だとしますし，社会的相当性説によると，行為が社会相当性を逸脱して法益を侵害・危殆化するとき違法だとします。ただし，第1段階の構成要件該当性が肯定されると，その行為は，通常，違法であると推定されます。というのは，構成要件は違法な行為を類型・枠にしてまとめたものと考えられているからです。したがって，正当防衛（36条），緊急避難（37条）など違法性を排除する事由（違法性阻却事由・正当化事由といいます）が存在しないかを考察し，それらが存在しないことによって違法性が確定されることになるのが通常です。

　違法性は，主に客観的で外部的な要件で構成されています。したがって，違法かどうかの判断は，当該行為に関する細かな事情を考慮した具体的，個別的，実質的，かつ客観的な判断ということになります。

③ 有責性　　さらに第3段階の認定として，問題となっている行為を行った行為者が有責である必要があります。*有責性の判断は，支配的見解によると，構成要件に該当する違法な行為を行ったことについて，刑罰をもって行為者を刑法的に非難することができるかどうか（〔法的〕非難可能性といいます）を確認する作業です。ただし，第1段階の構成要件該当性が肯定されると，その行為を行った行為者は，通常，責任能力（39条）を有しているので，有責性も推定されます。したがって，行為者に責任能力はなかったのか，その犯罪行為を止めて適法な行為を行うことができなかったのかなど，有責性を排除する事由（有責性阻却事由・責任阻却事由といいます）が存在しないかを考察し，それらが存在しないことによって有責性が確定されることになるのが通常です。

　有責性は，主に主観的で内部的な要件で構成されています。したがって，有責かどうかの判断は，当該行為者に関する細かな事情を考慮した具体的，個別的，実質的，かつ主観的な判断ということになります。

　以上のように，「（行為・行為者の）構成要件該当性—（行為の）違法性—（行為者の）有責性」という支配的見解の採る犯罪論体系は，形式から実質へ，一般から個別へ，抽象から具体へ，外部から内部へ，客観から主観へ，という段階的な認定を実現し，慎重で冷静かつ公平な犯罪・犯罪者の認定を担保しようとするものなのです。支配的見解の犯罪論体系が実際にそうした要請に応えるものとなっているかは，みなさんの判断に委ねられていますし，みなさんが判断すべきです。[＊]

＊　構成要件という刑法解釈学特有の概念については，裁判員裁判の実施に伴って，その必要
　性に疑問が提起されており，構成要件理論に基づいた刑法解釈学は変わるべき時期に来てい
　るという認識にもつながっているのです。関哲夫『講義 刑法総論〔第 2 版〕』（2018年・成文
　堂）74頁以下を読むことをお勧めします。

(b)　基本原則を実現するため

　刑法には，重要な基本原則が支配していますが，これらを実現するには，犯罪論体系の各段階にこれらの基本原則を適切に配置する必要があります。犯罪論体系は，刑法の基本原則を順次実現していくための概念装置でもあるのです。

① 罪刑法定原則　　支配的見解によると，第 1 段階である構成要件該当性には，罪刑法定原則が配置されます。構成要件該当性は抽象的，一般的，形式的，類型的な判断ですので，どのような行為が犯罪とされ，その犯罪につき犯罪者に対してどのような種類の刑罰がどの程度科されるべきかを，行為が行われる前にあらかじめ法律をもって明確かつ適正に定めておかない限り，その行為を根拠に犯罪者を処罰することはできないという罪刑法定原則を実現するに相応しいというわけです。[＊]

＊　実は，罪刑法定原則を実現しているのは，構成要件ではなく刑法の文言です。

② 侵害原則　　また，第 2 段階である違法性には，侵害原則が配置されます。違法性の判断は，当該事案の細かな事情を考慮しながら，利益衡量的な判断に

より社会的生活利益の衝突・葛藤を調整する，具体的，個別的，実質的な判断です。学説では，違法性の実質について見解の相違がありますが，犯罪は法益を侵害・危殆化する行為でなければならないとする点で少なくとも一致しています。違法性は，行為が犯罪とされるには，その行為に，現実の社会生活における基盤となっている法的な利益を侵害するという社会侵害性がなければならないという侵害原則を実現するに相応しいのです。

③ 責任原則　　さらに，第3段階である有責性には，責任原則が配置されます。有責性の判断は，行為者の個別的な内面の事情を考慮した，具体的，個別的，実質的な判断です。したがって，有責性は，問題となっている犯罪行為を行った当該行為者に刑罰を科するには，行為について行為者に法的非難可能性が存し，刑罰に値する責任がなければならないという責任原則を担保するに相応しいのです。

〈支配的見解〉

要　件	内　容	基本原則
構成要件該当性	行為・行為者は，構成要件を充足しなければならない	罪刑法定原則
違法性	行為は，違法でなければならない	侵害原則
有責性	行為者は，有責でなければならない	責任原則

　みなさんには，犯罪とは，構成要件に該当し，違法で，有責な行為であるという支配的な見解の定義よりも，犯罪とは，構成要件に該当し，有責な行為者による，違法な行為であるという定義を推奨しますが，いずれにしても，「構成要件該当性」─「違法性」─「有責性」という犯罪の認定順序に従い，「罪刑法定原則」─「侵害原則」─「責任原則」の実現を期して，事案の事実関係を踏まえた判断が求められることになります。

◆参考文献

碧海純一『新版法哲学概論〔全訂第2版補正版〕』弘文堂，2000年
井田良『変革の時代における理論刑法学』慶應義塾大学出版会，2007年
関哲夫『刑法解釈の研究』成文堂，2006年
平野龍一『刑法の機能的考察』有斐閣，1984年
松宮孝明『先端刑法　総論』日本評論社，2019年

① 違法行為に関する3種の責任

> 【ケース1】 Xは，自動車を運転中，わき見運転をして前方不注視をし，信号機の
> ない横断歩道を横断中の歩行者Aに自車を衝突させ，同人を死亡させた。

　このような交通事故に関して，Xは，被害者やその遺族に賠償金を支払わな
ければならないとか，刑事裁判で有罪になって懲役・禁錮等に処されることが
あるとか，免許取消しになって運転ができなくなったとかは，よく耳にすると
思います。ただ，これらの処分はいずれも，犯罪に対する刑罰だと誤解してい
る人もいるかもしれません。

　違法な行為を行い，しかも被害者に傷害を負わせたり，死亡させたりした場
合，行為者は，行政上の責任，民事上の責任，そして刑事上の責任の，3種類
の法的責任を負うことを覚悟しなければなりません。

(1) 行政上の責任

　第1は行政上の責任であり，行政処分の対象となります。例えば，道路交通
法（1960年・昭和35年法律第105号）等の道路交通取締法規への違反，いわゆる交
通違反には，速度超過，信号無視，積載物重量制限超過など様々な態様があり，
その重大さにも段階があります。

　そのうち，軽微な交通違反は，原則として刑事処分を科すことをせず，交通
反則通告制度による行政処分で処理されます。すなわち，交通違反のほとんど
は，裁判所という司法機関ではなく，警察という行政機関によって処理されて
おり，所定の違反点数が賦課され，反則金徴収の対象となり，合計点数と前歴
が一定程度になると，公安委員会によって自動車運転免許の停止や取消しの処
分がなされるのです。なお，反則金の支払いを怠ったり，処分に不服を申し立

てた場合には，通常の刑事裁判の手続に移行することになります。

　他方，例えば，無免許運転，酒気帯び運転，過労運転，極端な制限速度違反，重大な過失による建造物損壊など違反の程度が重いものは，刑事事件として扱われ，行政罰（行政刑罰）が科されることがあります。行政罰は，行政法上の違反行為に科せられる刑罰であり，行政処分と本来の刑罰との中間に位置するのですが，人の生命・身体・自由・財産などの利益を強制的に剥奪する処分ですので，刑法典の「第1編　総則」が適用されて刑法の基本原則が妥当するとともに，刑事裁判の手続に則って裁判所が処理します。

　ただし，交通反則通告制度の手続に乗らなかった交通違反のほとんどは，「略式手続」（交通違反事件に限らず，一般の刑事事件にも用いられているのですが，正式な刑事訴訟手続である公判を開くことなく，書面審理だけで刑を言い渡す簡易な特別の刑事裁判手続です。この手続によって言い渡される裁判を略式命令〔刑事訴訟法461条以下〕といいます）で処理されています。特別の刑事裁判手続には，ほかに，交通事件即決裁判手続（交通事件即決裁判手続法〔1954年・昭和29年法律第113号〕により導入された手続で，簡易裁判所は，検察官の請求により，被告人に異議がないときは，公開の法廷で，原則として被告人のみの出頭で開廷し，被告人の陳述を聴き，必要があれば証拠調べその他事実の取調べを行い，50万円以下の罰金または科料を言い渡す即決裁判をするものをいいます）もあります。

(2)　民事上の責任

　上記【ケース1】におけるXは，過失により歩行者Aを轢いて死亡させており，民法（1896年・明治29年法律89号）上の「不法行為責任」（709条以下）を問われ，被害者遺族から損害賠償を請求されることを覚悟しなければなりません。ただ，交通事故のうち対人事故については，民法の不法行為責任の規定ではなく，まずは「自動車損害賠償保障法」（1955年・昭和30年法律第97号）によって処理されます（4条）。すなわち，自己のために自動車を運行の用に供する者は，その運行によって，他人の生命・身体を害したときは，これによって生じた損害を賠償する責を負うことになるのです。ただし，事故を起こした者が，自己および運転者が自動車の運行に関し注意を怠らなかったこと，被害者または運転者以外の第三者に故意または過失があったこと，ならびに自動車に構造上の

欠陥または機能の障害がなかったことを証明したときは，損害賠償責任を負わなくてよいと規定されています（同3条）。

*

> *　通常の不法行為（民法709条）では，証明責任は被害者（多くは原告となる）側にあるのですが，この条文では，それとは逆に，証明責任が事故を起こした者（多くは被告となる）に転換されていることに注意してほしい。これを挙証責任の転換といいます。

　自分が交通事故を起こしてしまった場合，損害賠償責任の範囲，金額はどれくらいなのか，気になるところです。大雑把にいうと，傷害を負わせてしまった場合，まず，入院・通院による治療費，交通費，付添人費用，退院後の看護費用や，自動車の修理代，修理期間中の代替自動車のレンタカー代などの財産的損害，さらに，事故それ自体または入院・通院治療に伴う精神的苦痛，後遺障害に対する精神的苦痛などの慰謝料（苦痛や悲しみのように精神的に被った不利益である精神的損害の賠償額）などの「積極的損害」，および逸失利益（得られたはずの賃金等の収入，減収分など）の消極的損害を賠償することになります。死亡させてしまった場合には，まず，死亡までの治療費，葬儀費用や，遺族の精神的損害の賠償などの「積極的損害」，および逸失利益（生存していた場合に得られたであろう収入など）の消極的損害を賠償することになります。

(3)　刑事上の責任

　交通事故によって人を死亡させたり，重大な傷害を負わせた場合には，刑法上の責任を問われ，刑罰を科せられることがあります。【ケース1】におけるXは，「自動車の運転により人を死傷させる行為等の処罰に関する法律」（2013年・平成25年法律第86号）（通称，自動車運転処罰法）により，過失運転致死罪として7年以下の懲役・禁錮または100万円以下の罰金に処せられる可能性があります（同5条）。

　他方，人身事故のような重大な結果をもたらす行為だけでなく，例えば，街路，公園，そのほか一般に人たちが集合する場所で痰や唾を吐き，大便や小便をしたりするような，ごく身近でありふれた行為も犯罪とされていることに注意する必要があります（軽犯罪法〔1948年・昭和23年法律第39号〕1条26号）。

　では，違法行為について，行政上の責任や民事上の責任が問われるのに，なぜ，さらに刑事上の責任が問われるのでしょうか。刑事上の責任は，行った犯

罪（犯罪行為）を根拠にして，法効果として犯罪者に科せられる刑事制裁としての刑罰に表現されますが，その刑罰は，人の生命・身体・自由・財産などの利益を強制的に剥奪するという重大な権利の侵害・制限を伴うものです。国家は，なぜそのような厳しい刑罰を科すことが正当化されるのでしょうか。

② 日本の刑法の刑罰

刑罰の正当化根拠を考える前に，日本の刑法が定める刑罰の種類・内容を確認しておきます。

刑法は，刑の種類を第9条で定めています。それによると，主刑（それだけで単独で言い渡すことができる刑罰）として，死刑（10条）・懲役（11条）・禁錮（12条）・罰金（15条）・拘留（16条）・科料（17条）があり，附加刑（それだけで単独で言い渡すことができず，主刑を言い渡すときに一緒に言い渡すことができる刑罰）として，没収（19条）・追徴（19条の2）があり，さらに，罰金・科料を納めることができない場合の代替自由刑として労役場留置（18条）があります。

＊　「禁固」ではなく「禁錮」です。

(1) 生命刑

受刑者の生命を奪う刑罰の生命刑には，死刑があります。江戸時代までは，死刑執行の方法として，火焙り（焚殺），溺殺，撃殺，圧殺，生き埋め，磔，斬首，毒殺，八つ裂き，牛裂き，車裂きなどがありましたが，現代では，絞首，銃殺，電気殺，ガス殺，薬殺（注射殺）などが一般的です。日本は，死刑を存置しており，絞首の方法で執行しています（11条1項）。

(2) 身体刑

受刑者の身体を傷つける刑罰の身体刑は，日本では，例えば，笞刑，鯨刑（入れ墨）などがありましたが，現在では，多くの国で廃止されています。

(3) 自由刑

受刑者の身体を拘束してその自由を剥奪する刑罰である自由刑には，刑事施

設に拘置（刑の確定した受刑者を刑事施設に拘禁すること）し，所定の刑務作業に服させる懲役，刑事施設に拘置されるものの刑務作業が科されない禁錮，1日以上30日未満の間，刑事施設に拘置され刑務作業の科されない拘留があります。国際的にみたときには，自由刑は刑の中心的な位置にありますが，強制的な刑務作業が科される自由刑（日本では懲役，中国では徒刑）は少なくなっています。

　なお，自由刑には，特に拘禁する期間を限定せずに終身の拘禁期間とする無期刑と，拘禁する期間を一定期間に限定して拘禁する有期刑があります。日本では，無期刑には無期懲役（12条1項）・無期禁錮（13条1項）があり，有期刑には，原則として1か月以上20年以下の期間内で宣告される有期懲役（12条1項）・有期禁錮（13条1項）（有期刑を加重するときは長期30年まで上げ，減軽するときは1月未満に下げることができます〔14条2項〕）がありますし，1日以上30日未満の期間内で宣告される拘留（16条）があります。

(4) 財　産　刑

　一定の財産を剥奪する刑罰の財産刑には，1万円以上の罰金（これを減軽するときは1万円未満に下げることができます〔15条ただし書き〕），1000円以上1万円未満の科料があり，罰金・科料を完納することができない場合には，労役場留置（罰金の代替の場合は1日以上2年以下，科料の代替の場合は1日以上30日以下の期間＊）という換刑処分が科せられます（18条）。

　　＊　労役場は刑事施設に付設されており，労役場留置の受刑者は懲役受刑者に準じます。

　財産刑には，ほかに，犯罪と一定の関係にある物について，その所有権を剥奪して国庫に帰属させる附加刑である没収があります（19条）し，没収が不可能な場合に，それに代わる一定の金額を国庫に納付すべきことを命ずる附加刑として追徴があります（19条の2）。

(5) 名　誉　刑

　受刑者から一定の資格・権能を剥奪する刑罰は，一般に，名誉刑といわれてきました。例えば，判決の確定に伴って，選挙権や被選挙権などの公的な権利を剥奪し，あるいは，ほかの法令において行われる，公職その他一定の業務に就く資格を剥奪することなどの資格の制限・剥奪などです。

現在は，こうした資格の制限・剥奪は，刑罰としてではなく，判決および刑の確定に伴う付随的な法効果として，刑罰法規以外の法令（例：国家公務員法38条，検察庁法20条，公職選挙法11条・252条）に規定されるようになっています。これは，保安処分的な性格をもっていると解する見解もあります。

(6) 刑罰に関連する措置

みなさんは，執行猶予という語をよく耳にするでしょう。執行猶予とは，刑を言い渡すに当たって，犯情により必ずしも刑の現実的な執行を必要としないと認められる場合に，一定の期間，刑の執行を猶予し，猶予期間を無事に経過したときは，言い渡された刑罰に関する刑罰権を消滅させる制度です。

執行猶予制度のうち全部執行猶予（25条）は，①短期自由刑（6月未満の懲役・禁錮）の執行による弊害，具体的には，刑執行による短期の身体拘束にもかかわらず職を失い，再就職が難しくなる点，受刑者が家計支持者であるとき，家族に経済的な負担をかけることになる点，刑務所内で他の犯罪者と一緒になることによってかえって悪風に感染してしまう点などを回避したいという消極的な目的，および，②前科のもたらす弊害などを回避したいという消極的な目的を有しています。さらに，③刑の執行猶予の取消しによる刑の執行の可能性を犯人に警告することによって，その善行を保持させ，再犯の防止に資するという積極的な目的を有しています。

また，2013年に導入された一部執行猶予（27条の2）は，刑事施設内の処遇と社会内処遇との有機的な連携により犯罪者の改善更生と再犯防止の一層の充実を図るとともに，仮釈放制度の限界を克服する目的を有しています。

③ 刑罰の正当化理論

さて，刑罰の正当化根拠に関しては，従来，2つの考え方が対立していました。1つは応報刑論で，いま1つは目的刑論です。この対立は，学派の争い（犯罪・犯罪者と刑罰に関する基本的な理解をめぐって行われた古典学派〔旧派〕と近代学派〔新派〕の論争）における1つの議論局面と考えてください。

(1) 応報刑論

応報刑論によると，刑罰は犯罪に対する公的な応報的処分であり，犯罪を根拠にして，犯罪者が負う責任の質量に応じて科される害悪的処分であると考えます。つまり，刑罰の本質は，犯罪について，犯罪者に科せられる国家社会からの害悪的反動にあると説明するのです。応報刑論を表す表現として，「目には目を，歯には歯を」といわれますが，この表現は仕返し・報復の意味が強すぎます。国家刑罰権に基づく刑罰は，もっと洗練された性質・内容をもっており，犯罪がもたらした害悪とそれに科される刑罰という害悪との間には完璧な均衡がとれていなければならないという同害報復（タリオ）の範囲においてのみ刑罰は許容されるという応報刑論の主旨を表現するものとして理解する必要があります。

応報刑論を貫徹した考え方が絶対主義で，刑罰というのは，国家により犯罪者に加えられる法的反動であり，刑罰は応報であること自体に意味があり，他の目的や手段に奉仕するものではないと説きます。

① 正 義 説　　絶対主義の考え方には，犯罪によって失われた正義を回復するために，犯罪者にその犯罪行為の責任に応じた刑罰を害悪として賦課するとするカント，ヘーゲルの正義説があります。これによると，刑罰は，失われた正義を回復するために，犯罪を行ったことに対する道義的反動として存在し，犯罪に対する均衡を保った正しい応報であることそれ自体によって刑罰は正当化されるのであって，犯罪防止の効果とは無関係であると考えます。ここでは，正しい応報，すなわち，犯罪行為・結果の軽重と均衡がとれ，犯罪者の責任と均衡がとれた応報が探求されることになります。

② 贖 罪 説　　これに対し，絶対主義にはさらに，責任に応じた刑罰が科され，犯罪者はその責任を償うことによって，自由な市民として社会に復帰することができるとする贖罪説があります。これによると，刑罰は，犯罪者がその責任に対する償いとしての刑罰をその内心で受け止め，その悪しき意思を浄化して自らの犯罪的な態度を改め，再び社会に立ち帰っていく贖罪の機能によって刑罰は正当化されると考えます。ここでは，贖罪のための応報，すなわち，犯罪を償うに相応しい均衡を保った応報が探求されることになります。

(2) 目的刑論

　目的刑論によると，刑罰は，広い意味で犯罪を防止する目的のために科される公的な手段であり，行われるかもしれない犯罪を防止するために，あるいは行われた犯罪が再び行われないようにするために科される措置であると考えます。つまり，刑罰の本質は，潜在的犯罪者・顕在的犯罪者に対し，犯罪の防止を目的に用いられる措置である点にあると解するのです。

　目的刑論は，理論的には，相対主義の考え方に結びつきます。というのは，目的刑論は，刑罰は犯罪防止の効果があり，その目的を実現するために必要な手段であると説くからです。

① 一般予防　　目的刑論には，一方で，刑罰が正当化されるのは，刑罰の威嚇力によって，社会一般人が犯罪を行うことがないように，刑法によって犯罪と刑罰を予告し，あるいは実際に犯罪者に刑罰を科すことによって，犯罪を予防することにあるとする一般予防[*]の考え方があります。これによると，刑罰の機能は，犯罪行為者以外の社会一般人が犯罪を行うことを防止すること，具体的には，ある行為を犯罪とし，犯罪者に刑罰を科すと警告し威嚇することにより，かつ刑罰を実際に科すことにより，社会一般人に法律で禁止されている犯罪を教え，それに違反しないように感化していくことに，正当化根拠を見出します。[**]

> 　[*] 　一般予防には，刑罰予告（立法）による一般予防，刑罰宣告（司法）による一般予防，刑罰執行（行刑）による一般予防という3つの側面を考えることができます。
> 　[**] 　一般予防論も，こういう犯罪を行えばこういう刑罰を科されると警告（威嚇）することによって，同じような犯罪行為をする危険のある社会一般人にそれを止めさせるために影響を与えようとする消極的一般予防論（威嚇刑論）と，社会一般人に現在の法秩序が存続しているという信頼をもたせ，その信頼を強化していくために，犯罪に対して刑罰を科すという積極的一般予防論（統合的一般予防論）があります。

② 特別予防　　これに対し，刑罰が正当化されるのは，刑罰の感化力によって，現実に犯罪を犯した犯罪者が将来再び犯罪に陥ることを予防することにあるとする特別予防の考え方があります。これによると，刑罰の機能は，犯罪者自身が将来において再び犯罪を行うことがないように予防すること，具体的には，犯罪者の特性に応じた刑罰を科すことで矯正し，その規範意識を覚醒させることにより，その者を改善・教育することで社会復帰を促すことに正当化根拠を見出し，刑罰の目的は特定の個人（具体的な犯罪者）の改善・教育によって社会復帰・再社会化を促し，犯罪を予防することにあるとします。

(3) 応報刑論と目的刑論の融合

(a) 応報刑論・目的刑論の後退

　刑罰はなぜ正当化されるのかという質問に対して，応報刑論は，刑罰は犯罪者が犯罪を行ったことを根拠にして犯罪者に科される応報的な反動であると説明して刑罰を正当化します。ですから，ここでは，すでに行われた犯罪とその結果に焦点を当てて刑罰の質量を決める回顧的思考法が採られ，「君のやったこと，もたらしたことによって，刑罰の種類・程度を決める」ということになります。これに対し，目的刑論は，刑罰はなぜ正当化されるのかという質問に対して，刑罰は犯罪者が犯罪を行ったことを契機として犯罪者に科される改善・教育的な処分であると説明して刑罰を正当化します。ですから，ここでは，犯罪とその結果をきっかけにして犯罪者の今後の改善・教育の可能性に焦点を当てて刑罰の質量を決める展望的思考法が採られ，「君のやったこと，もたらしたことに表現された君の危険な性格が今後どのように改善されていくかによって，刑罰の種類・程度を決める」ということになります。

　ごく単純化すると，刑罰は，応報刑論にとっては利益剥奪の害悪賦課処分に，目的刑論にとっては悪性格改善の教育治療処分になります。しかし，現在，応報刑論と目的刑論のいずれかを支持するという議論状況にはありません。というのは，両理論はモデル論としては理解できますが，あまりにも観念的・抽象的であること，しかも，応報刑論を徹底すると，犯罪防止の効果が認められなくとも，法的正義の名の下に，反動として刑罰を必ず科さなければならなくなるし，目的刑論を徹底すると，犯罪防止の効果が認められるならば，改善治療処分としての刑罰を積極的に科してもよいことになるからです。

(b) 併合説

　今日，応報刑論・目的刑論の考え方は後退し，複数の要素を組み合わせて説明する見解が主流となっており，相対的応報刑論と抑止刑論が台頭しています。
① 相対的応報刑論　　相対的応報刑論によると，刑罰は犯罪によって侵害された法秩序を回復するために，国家によって犯人に加えられる害悪・苦痛を内容とする道義的・倫理的応報あるいは法的反動であるとされます。したがって，一方で，刑罰は，倫理的・価値的に犯罪に相応した害悪・苦痛の程度である必要があり，ここに，応報の原理が作用するとします。他方，刑罰は，犯罪とと

もに事前に法定され，また現実に犯罪が行われたときは具体的に適用されることにより，社会一般人に対し，行ってはならない行為を認識させ，法遵守という規範意識を覚醒させることにより，犯罪に走ろうとする衝動を抑制する（一般予防）とともに，特定の受刑者を改善・教育することによりその将来の犯罪を防止する（特別予防）ことを期するものであり，ここに，一般予防とともに特別予防が機能するとするのです。

② 抑止刑論　　相対的応報刑論に対抗するのが抑止刑論であり，これによると，刑罰は応報を要素として犯罪を防止し，もって生活利益を保護するものです。刑罰は，一方で，⑦応報として，犯罪を犯したことを条件に，それに対する反作用として科せられる利益の剥奪を内容とする苦痛であると同時に，他方で，①犯罪予防効果を果たしており，そのうち，一般予防は刑罰による一般人の規範意識の覚醒であり，特別予防は刑罰による犯罪者への威嚇・規範意識の覚醒であると説きます。しかも，刑罰は，一方で，一般予防・特別予防の効果を測定することの困難性による限界を，他方で，責任主義による非難可能性による限界を常に抱えており，刑罰以外の社会統制手段が有効であるときには，そちらの手段に委ねるべきであるとする刑法の謙抑性・断片性が横たわっているとするのです。

◆参考文献

大越義久『刑罰論序説』有斐閣，2008年
佐伯仁志『制裁論』有斐閣，2009年
西日本新聞社会部『ルポ・罪と更生』法律文化社，2014年
ハワード・ゼア／西村春夫ほか監訳『修復的司法とは何か』新泉社，2003年
ヴィンフリート・ハッセマー／堀内捷三監訳『刑罰はなぜ必要か』中央大学出版部，2012年

21講 犯罪の要件とその認定

① 犯罪の認定

(1) 構成要件該当性

　支配的見解によると，犯罪とは構成要件に該当し，違法で，有責な行為で
す[*]。ということは，構成要件該当性・違法性・有責性の３つの犯罪成立要件を
満たしたとき，その行為は犯罪とされ，刑罰が科されることになります。

> ＊　犯罪とは，構成要件（法律要件）に該当する，有責な行為者による，違法な行為と定義す
> る方が妥当です。

　では，どのような行為が処罰に値する犯罪とされるのでしょうか。

　実質的にみた場合，犯罪は，社会生活上の利益（法益）を侵害・危殆化する
社会侵害性を有する行為であり，かつ，行為者がその行為につき刑法的に非難
可能でなくてはなりません。有力な見解によると，構成要件は，処罰に値する
違法な行為を犯罪として一般的に類型化したもの（違法行為類型説），あるいは，
処罰に値しかつ刑法的非難が可能な違法・有責な行為を一般的に類型化したも
の（違法・有責行為類型説）であり，犯罪行為とそうでない行為とを区別するた
めのカタログということになります。構成要件は刑罰法規に条文で定められて
おり，それを解釈することによって具体的に明らかにされるのだと説明され
ます[**]。

> ＊＊　構成要件は刑罰法規によって作られるものですが，刑罰法規の文言の解釈からただちに
> 構成要件の内容が明らかになるわけではありません。構成要件と刑法の条文とは同じではな
> く，構成要件は条文の解釈を通じて明らかにされるべき類型であると説明されることが多い
> のですが，そうであるならば，構成要件に罪刑法定原則の人権保障機能を担わせるのは無理
> です。この点は，西原春夫『犯罪実行行為論』（1998年）28頁以下，関哲夫『講義　刑法総
> 論〔第2版〕』（2018年）76頁以下を読むことをお勧めします。

　構成要件（法律要件）は，具体的には，行為，その主体，客体，行為状況，
結果，因果関係などを軸に定められています。例えば，殺人罪（199条）では，

①「人を」，②「殺した」と規定されていますが，主体はあらゆる自然人，客体は「人」（生きている人），行為は故意に殺す行為，結果は人の死亡，因果関係は殺す行為と人の死亡との間に必要な原因・結果の関係です（その1つ1つの要件を構成要件要素と呼ぶ人もいます）。

実際に，【ケース1】で，この点を認定してみましょう。

【ケース1】 Xは，わざとAの左肩部を棍棒で殴って，同人に2週間の傷害を負わせた。

行為者Xは暴行・傷害行為の主体となっていますし，客体はAという人ですし，Xは棍棒で殴る行為をわざと行っていますので，故意に暴行行為を行い，その結果，Aという人の身体の傷害を引き起こしており，殴打行為とAの傷害との間に原因・結果の因果関係も認められますので，Xの行為は傷害罪（204条）の構成要件に該当することになります。

(2) 違 法 性

次に，行為は違法でなければなりません。行為の違法性は，行為が刑罰法規に違反しているという形式的な意味にとどまるのではなく，実質的な意味で違法性を具備することが必要です。

ある行為が一定の犯罪の構成要件に該当すること（構成要件該当性）が認定されると，構成要件は違法行為を類型化したものですから，通常，その行為は違法と推定されます。したがって，その推定された違法性を排除するような具体的原因（違法性阻却事由・正当化事由）が存在しないかどうかを確認することにより実質的違法性の有無・程度を確定します。

違法性阻却事由（正当化事由）には，例えば，法令行為・正当業務行為（35条），正当防衛（36条），緊急避難（37条）や被害者の承諾（条文はありません）などがあります。行為が侵害・危殆化した法益の要保護性（保護の必要性）と同等ないしそれを上回る要保護性の法益を保全したときには，その行為の社会侵害性が否定され，違法でなくなることがあります。すなわち，個々の事案の具体的事情の下で，同等の要保護性ないし高い要保護性の法益を保全するために同等

または低い要保護性の法益を侵害するとき，その行為は社会侵害性を有せず，違法でないことになるのです（法益の優越的要保護性説）。

実際に，【ケース2】で，この点を認定してみましょう。

> **【ケース2】** 突然，Aが覆面をしてナイフを構えて近づいて来て，「金を出せ。出さないと殺すぞ」と脅かしてきたので，Xはとっさに，足元に落ちていた棍棒を拾って，わざとAの左肩部を棍棒で殴って，同人に全治2週間の傷害を負わせた。

先の【ケース1】における認定と同じように，Xの行為は傷害罪（204条）の構成要件に該当します。ところが，Xの傷害行為には，正当防衛（36条）が成立する余地があります。正当防衛とは，①急迫不正の侵害に対して，②自己または他人の権利を，③防衛するため，④やむをえずにした行為であり，正当防衛が成立すると，その行為は違法でなくなります（違法性阻却）。【ケース2】において，Xは，①突然，ナイフを持って近づいてきたAが自分の生命に危害を加えると脅迫して金品を強奪しようとした（Aの行為は強盗罪〔236条1項〕に当たります）行為に対して，②自分の生命・身体，財物を，③防衛し，守るために，④足元にあった棍棒でAに反撃したのですから，やむをえずにした行為として正当防衛（36条1項）の成立が認められ，Xの行為は違法性が阻却され，無罪となります。

(3) 有 責 性

さらに，行為者は有責でなければなりません[*]。行為・行為者が構成要件に該当し，行為が実質的違法性を有する（違法性阻却事由がない）場合であっても，さらに，行為者にその行為につき法的非難を加えることができるものでなくてはなりません〔〔法的な〕非難可能性）。

> ＊ 支配的見解は，「有責な行為」と表現し，有責性が行為に対する評価，行為の属性であるかのように説明しますが，適切ではありません。有責性は行為に関する行為者の属性だからです。

非難可能性を構成する責任要素としては，責任能力（刑事上の責任能力であり，事物の是非善悪を弁別する弁別能力，およびその弁別に従って行為する統御能力のこと

です。弁別能力あるいは統御能力の欠けるときは心神喪失の責任無能力状態として無罪
〔39条1項〕，それが減弱しているときは心神耗弱の限定責任能力状態として刑の必要的
減軽〔39条2項〕となり，満14歳未満の者は刑事未成年者〔41条〕として刑事責任を問
われることはありません），適法行為の期待可能性（単に期待可能性といい，行為者
が行った違法な行為を止め，適法な行為を行うことが期待できる状態をいいます。例え
ば，絶対強制下で違法な行為を命じられた場合には，それをやらざるをえないので，期
待可能性がなく責任がないと説明されます），および故意・過失が必要となります。
　実際に，【ケース3】で，この点を認定してみましょう。

【ケース3】　Xは，わざとAの左肩部を棍棒で殴って，同人に全治2週間の傷害
を負わせた。しかし，後に精神鑑定をしたところ，Xは遺伝的に重篤な精神疾患を
患っており，Aに襲われたとの妄想状態でAを攻撃したことが判明した。

　先の【ケース1】における認定と同じように，Xの行為は傷害罪（204条）の
構成要件に該当しますし，【ケース2】におけるような正当防衛という違法性
阻却事由が存在しませんので，行為者Xの行為は，傷害罪の構成要件に該当し，
かつ違法です。ところが，XがAに暴行を振るって傷害を負わせたのは，遺
伝的に重篤な精神疾患による被害妄想状態を原因とするものであるため，責任
能力が欠如する心神喪失状態としてXには有責性がなく，無罪となります（39
条1項）。

② 違法性の質量

(1)　形式的違法性と実質的違法性

　他人の物を盗む窃盗行為は，窃盗罪（235条）として罰せられます。では，他
人の物を盗むのは，なぜ違法とされるのでしょうか。

① 形式的違法性の概念　　上の質問に対して，刑法235条の条文に違反するから
だと答え，刑罰法規やその条文を指摘し，それへの形式的違反をもって違法性
を説明しようとする考え方を形式的違法性論といいます。

　この形式的違法性論は，形式的な応答に終始し，なぜという問いに真に答え

るものとなっていませんので，そのような答えをされたら，刑法235条はなぜ
他人の物を盗むことを違法とし処罰しているのですかと問いたくなるはずです。
② 実質的違法性の概念　　こうした質問を繰り返していくと，結局は，違法性
の実質的基盤は何かを問いたくなるはずで，このように違法性の実質的基盤を
考究する考え方を実質的違法性論といいます。

　しかし，形式的違法性の概念がまったく無意味だというのではありません。
刑罰法規には罪刑法定原則が妥当しているので，国家刑罰権の発動を刑罰法規
の規定する範囲に制限する形式的違法性の概念は，あたかも鳥の移動を制約す
る籠のように，重要な機能を果たします。他方，実質的違法性の概念は，形式
的な刑罰法規違反の基礎にある実質的基盤を提供してくれますが，それは同時
に，違法性には有無も質量も存在することを教え，刑罰法規の各条文は処罰に
値するだけの質量を前提に規定されていることを明らかにし，可罰的違法性・
可罰的有責性の概念を提供してくれます。また，実質的違法性は，違法性の実
質的原理を提供してくれますので，その裏面として，違法性阻却・正当化の一
般原理を明らかにしてくれ，刑罰法規の規定に限定されない超法規的な違法性
阻却事由・正当化事由の存在を教えてくれます。

(2) 実質的違法性の質量

　実質的違法性には，有無とともに質量が存在します。例えば，民事法では損
害賠償責任，刑事法では刑罰というように，それぞれの法律には異なる法効果
が予定されているので，違法性もそれぞれの法効果に相応しい質量を備えてい
る必要があると考えるのは当然だからです。

① 違法性の質　　例えば，姦通をした場合，民法では違法であり離婚請求原因
（770条1項1号）となりえますが，刑法では処罰規定がありませんので，可罰
的な違法性がないということになります。また，不注意で他人の物を壊してし
まった場合，民法では過失に基づく不法行為（709条）ですが，刑法では，過失
の器物損壊を処罰する規定はありませんので，可罰的な違法性がないというこ
とになります。

② 違法性の量　　例えば，同じ窃盗行為であっても，ティッシュ1枚の窃盗と
100万円の現金窃盗では，違法性の量に差があり，可罰的違法性の判断に影響

するはずです。また，不注意で他人を死亡させた場合と，故意に他人を殺害した場合では，前者は過失致死罪（210条）か業務上過失致死罪（211条前段[*]）として最大5年の懲役，後者は殺人罪（199条）として最大死刑が定められており，法定刑の大きな違いとなっています。この差は，過失と故意という主観的な非難可能性の相違の反映と考えることもできますが，それにとどまらず，実質的違法性の相違の反映と考えることもできるかもしれません。「故意に」やった方が，行為の実質的違法性は重いのだと。

> [*]　業務上過失致死傷罪の条名は，通常，211条前段とされますが，むしろ211条第1文とする方が明確です。これは，例えば，憲法20条1項の「いかなる宗教団体も，国から特権を受け……てはならない」部分を指したいとき，憲法20条後段の前段とするよりは，憲法20条第2文前段とする方が明確であることからも明らかです。

③ 可罰的違法性

(1)　可罰的違法性の意義

　実質的違法性に質量があることを認めるとき，それぞれの刑罰法規は処罰に値する違法性の質量を前提にしているのではないかという考えが生じます。

　可罰的違法性には，2つの局面があります。

(a)　絶対的な軽微性

　まず，行為の実質的違法性が絶対的に軽微であるため，端的に可罰的違法性が認められないという局面があります。行為が侵害・危殆化した法益が端的に僅少であり，その行為の実質的違法性が絶対的に軽微であるため，可罰的違法性が認められず，構成要件該当性が否定される場合です。

【ケース4】　学生Xは，授業中に鼻水が出たので，たまたま隣に座っていた学生Aのティッシュペーパーを無断で取って，鼻をかんだ。

　Xの行為は，一見，窃盗罪（235条）の構成要件に該当するともいえます。しかし，このような軽微な違法行為について，刑法（235条）で処罰するほどの可罰的違法性がないとして，窃盗罪の構成要件に該当しないと認定することが可能です。この趣旨を明らかにしたのが，一厘事件・大審院1910年・明治43年判

決です。これは，栃木県在住の農家が，栽培し乾燥させていた葉煙草の1枚（価格1厘相当）を手で揉んで喫煙したため，タバコ専売法の不納付罪で起訴された事件です。大審院は，「零細なる反法行為は犯人に危険性あると認むべき特殊の情況の下に決行せられたるものにあらざる限り共同生活上の観念に於て刑罰の制裁の下に法律の保護を要求すべき法益の侵害と認めざる以上は之に臨むに刑罰法規を以てし刑罰の制裁を加ふるの必要なく立法の趣旨も亦此点に存するものと謂はざるを得す」とし，無罪を言い渡しました。

> ＊　大判明治43（1910）年10月11日大審院刑事判決録16輯1620頁（カタカナ書きをひらがな書きに直し，濁点をつけました）。大審院（たいしんいん）は，現在の最高裁判所に当たります。

(b)　相対的な軽微性

　次に，行為の実質的違法性が比較的に軽微であるため，相対的に可罰的違法性が認められないという局面があります。行為が侵害・危殆化した法益は端的に僅少とはいえないけれども，その行為の保全した法益との比較衡量において，法益侵害の程度が比較的僅少であり，その行為の実質的違法性も相対的に軽微であるため，可罰的違法性が認められず，実質的違法性が阻却される場合です。

【ケース5】　学生Xは，たまたま隣に座っていた学生Aが，Xのペンシルケースから，無断でボールペンを右手で取り出して使おうとするので，同人の右手を平手で叩いたところ，同人右手の中指の骨にひびが入った。

　Xの行為はAの中指の骨にひびを生じさせるもので，傷害罪（204条）の構成要件に該当します。しかし，Xの行為は，無断でXのボールペンを使おうとしたAの違法な行為への反撃行為，すなわち，正当防衛（36条）の性格を有しています。かりにXの行為はやりすぎだということで正当防衛が認められず，過剰防衛（36条2項）だと判断されたとしても，侵害法益と保全法益の比較衡量により，侵害法益の過剰性は比較的僅少であり，その行為の実質的違法性も相対的に軽微であるといえるのであれば，可罰的違法性が認められないと考えることもできます。刑の任意的減軽・免除を規定している過剰防衛の規定（36条2項）は，まさにこの趣旨を包含していると解することができるのです。

　可罰的違法性の概念は，実質的違法性の概念を前提にして生じるのですが，

刑法は必要がもたらした悪しき最後の手段なのですから，刑法の発動は，それがたとえ社会の人々の法益を保護することがあっても，できる限り抑制し，別の控えめな社会管理手段を用いるべきであるという謙抑主義の一表現と考えることができます。

(2) 違法性阻却との関係

有力な学説によると，違法性阻却事由（例：正当防衛）は行為を正当化する事由であり，行為の違法性が完全に阻却されて正当化されるのに対し，可罰的違法性阻却事由は行為の違法性を低減させる事由であり，行為の違法性は完全には否定されないが，可罰的な程度の違法性に達していないのだと説明します。つまり，違法性阻却事由・正当化事由は行為を白にしますが，可罰的違法性阻却事由は行為を灰色にするにすぎないというわけです。ですから，違法性阻却事由・正当化事由に対して正当防衛はできないけれども，可罰的違法性阻却事由に対しては正当防衛ができることになります。

◆参考文献
木谷明『刑事事実認定の理想と現実』法律文化社，2009年
芝原邦爾ほか編『刑法理論の現代的展開　総論Ⅰ』日本評論社，1988年
曽根威彦『刑事違法論の展開』成文堂，2013年
中義勝編『論争刑法』世界思想社，1976年
日髙義博『違法性の基礎理論』成文堂，2005年

22講 責任原則と責任要素

① 第3の成立要件

(1) 責任原則

犯罪行為につき行為者が処罰されるには，犯罪成立要件(構成要件)を充足し，行為が客観的に違法であるというだけでなく，その行為につき行為者の責に帰し，その行為につき行為者を法的に非難することができるもの(〔法的〕非難可能性)でなければならないとする原則を責任原則といいます。刑法は，38条(故意)，39条(心神喪失・心神耗弱)，41条(責任年齢)の規定を通じて，責任原則の趣旨を明らかにしています。責任原則は，一般に，「責任なければ刑罰なし(nulla poena sine culpa ／ Keine Strafe ohne Schuld)」という法諺で表現されます。

(2) 責任原則の実現

責任原則が刑法において実現されているかを点検するのは，近代刑法では重要な作業です。というのは，発生した重大な結果やその悲惨さ，マスコミの報道姿勢や，それによって生じる社会的非難などに影響されて，責任原則がないがしろにされてしまうことがよくあるからです。それは，刑法をよく知らない一般の人が，近代刑法には重要な基本原則として責任原則があることをよく理解していないからですし，必罰主義の虜になっていて犠牲の羊(スケープゴート)を探し出し，責任原則を無視することがよくあるからです。

責任原則が実現されているのかは，例えば，故意の内容として犯罪事実の認識のほかにどのような要素が必要か，過失や監督過失の責任はどの範囲まで認められるべきか，結果的加重犯において重い結果につき責任を負わせるにはどのような条件が必要か，両罰規定につき業務主に問われる過失の内容は何か，期待可能性は誰を基準に判断されるべきかなど，いろいろな問題領域で試されます。これらは，刑法総論で詳しく説明されることになります。

ここで，責任原則が実現されていることを点検するための要素を知っておい
てほしいと思います。

① 主観的責任　　まず，主観的責任が遵守されているかを点検します。刑法の
責任は，犯罪行為について，行為者の主観的な非難可能性を確認するもので，
行為者に責任能力があり，故意・過失，さらに期待可能性が認められる必要が
あります。この主観的責任が認められて初めて，行為者を法的に非難し，刑罰
を科すことができるのです。

　これと対比される客観的責任とは，法益を侵害・危殆化する結果を発生させ
たときには，責任能力，故意・過失や期待可能性の有無とは関係なく刑罰を科
すことができるとするもので，近代刑法はこのような結果責任の考え方を拒絶
します。

② 個人責任　　次に，個人責任が遵守されているかを点検します。刑法の責任
は，犯罪行為について，行為者の個人的な非難可能性を確認するもので，行為
者が行った具体的な行為に関して当該行為者の個人としての非難可能性が認め
られる必要があります。このような個人責任が認められて初めて，行為者を法
的に非難し，刑罰を科すことができるのです。

　これと対比される団体責任・連帯責任とは，行為者が惹起した法益の侵害・
危殆化の結果を，当該行為者が属している一定の組織・団体に帰属させ，その
構成員の刑事責任を問い，刑罰を科すことができるとするもので，一定の組織・
集団に所属することを処罰の根拠とする考え方です。日本では，一般に，これ
を縁座制・連座制と呼ぶことが多いのですが，近代刑法はこのような連帯責
任・団体責任の考え方を拒絶します。*

　　＊　公職選挙法でいわれる「連座制」は，刑罰ではなく，当選無効，立候補制限などの資格剥
　　　　奪に関するものなので，刑法の責任原則に反するものではないと解されています。

③ 行為責任　　さらに，行為責任が遵守されているかを点検します。刑法の責
任は，犯罪行為について，行為者の悪しき犯罪意思に対する非難可能性を確認
するもので，行為者が現に行った具体的な犯罪行為の現実的意味を根拠にして
当該行為者の当該行為についての非難可能性が認められる必要があります（現
実主義）。この行為責任が認められて初めて，行為者を法的に非難し，刑罰を
科すことができるのです。

これと対比されるのが行為者責任ですが，この語は，行為責任の語とともに注意が必要です。ここでいう行為者責任とは，刑法の責任にとって重要なのは行為者が行った具体的な犯罪行為ではなく，その犯罪行為に表現された行為者の反社会的で危険な性格という主観面であって，現実になされた具体的な犯罪行為は，そうした行為者の反社会的で危険な性格を確認するための徴表にすぎないとする考え方（徴表主義）で，日本では，この考え方は支持されていません。

ここで，改めて注意してほしいのですが，刑法の責任は，行為者が現に行った具体的な犯罪行為の現実的意味を考慮し，その犯罪行為を理由に当該行為者を個人として法的に非難することができることを意味します。ですから，行為につき刑事責任を問うという意味では行為責任ですが，行為につき行為者の刑事責任を問うという意味では行為者責任ということもできるわけです。

② 責任原則の不可欠性

(1) 近代市民法原理との関連

なぜ，刑法に責任原則が求められるのでしょうか。この問いに答えるには，近代市民社会の誕生にまでさかのぼる必要があります。

18世紀後半に誕生した近代市民社会は，生産物の分配だけでなく，生産活動そのものが商品交換によって媒介される商品交換社会として誕生しました。近代市民社会の法〔近代市民法〕は，自由市場における自由競争を通じて私的利益を追求する市民の自由・権利を保障することによって，資本主義的な市民社会の秩序を原理的に維持することを目的としたもので，商品交換社会としての資本主義社会の法です。

こうした市民社会に哲学的な思想を提供したのが，モンテスキュー『法の精神』(1748年[*])やルソー『社会契約論』(1762年^{**})などの哲学思想です。そこで主張されたのは，個人の自由・平等を保障するため，国家の介入を極力排除し，国家の任務は個人の市民的自由の確保，市民社会の最小限度の秩序維持に制限され，人権保障のために国家権力には明確な限界が設定されなければならないとするものでした。こうした近代市民法の特徴をなすのは，商品交換は，商品に対する私的所有を前提にして，自由・平等・独立の抽象的な法的人格の自由

★ TOPIC: 近代市民法の原則

① 法的人格の抽象性

近代市民法では，すべて個人（自然人といいます）は自由・平等・独立の法的人格が認められ，法的関係の主体となりうると考えます〔権利能力平等の原則〕。すべての個人は，権利義務の主体となりうる権利能力が与えられ，法的主体として，商品交換社会の当事者となることが認められたのです。ここで観念されている人間は，個性や具体的な事情が捨象され，国籍・階級・身分・年齢・性別等によって差別されない自由・平等・独立の対等な権利義務関係の主体となる抽象的な法的人格としての存在です。この趣旨は，民法3条にも含意されています。

ただし，何らかの事由で，単独で法律行為を行う行為能力のない者については，その行為無能力者の保護と取引の安全を図るために，行為無能力者制度[*]がつくられています。

>   *   未成年者に対する法定代理人制度（民法5条，6条），精神上の障害により事理を弁識する能力を欠く常況にある者に対する後見人制度，（民法7～10条），精神上の障害により事理を弁識する能力が著しく不十分である者に対する保佐人・補助人制度（民法11～18条）などがあります。

② 私的所有権の絶対性

近代市民法は，生産手段・労働生産物の私的所有を保障し，物を排他的・全面的・包括的に支配する私的所有権を承認しました。ここでは，商品は，交換主体である個人の完全な支配の下にあることが前提とされており，憲法29条，民法206条はこの趣旨を明らかにしています。具体的にいえば，近代市民法における所有権は，物に対する私的な支配，価値的な支配として，さらに事実上の支配を必ずしも要しない観念的な支配として，自由・平等・独立の個人に保障されており，あらゆる人に対して自己の所有権を主張できる絶対的な支配である点に特徴があります。

ただし，現代では，私的所有権にも社会性・公共性の面があることが認識されるようになり，所有権を制限する考え方も主張されています。権利濫用論を根拠にして民法上の不法行為責任（709条）を問題にしたり，公共の福祉論（憲法29条）を根拠にして土地の利用制限をしたり，企業の営業活動を規制したりするのがそれです。

③ 契約自由の原則

契約は，各人が自己の意思に基づいて互いに意思を合致させることによって自由に結んで法律関係を律することができる法律行為であり，それを保障するのが契約自由の原則です。逆に，個人が自由な意思によって法律関係に関与したことが認められない限り，民法上の法効果や責任を負わせることはできません。これが過失責任の原則で，Xが他人Yに損害を与えた場合，Xに故意・過失がなければ，その損害について賠償責任を負うことはない（「過失なければ責任なし」）という形で具体

的に表われます。民法では，債務不履行（415条），不法行為（709条）に，この趣旨が込められています。

　ただし，契約自由の原則についても，契約当事者を保護し，取引関係を円滑にするために，無効・取消制度（民法95条以下，5条以下），強制履行制度（民法414条），消費者保護制度（消費者契約法など），借地借家人保護制度（借地借家法），附合契約など，これを制限する分野が広がっています。

意思による契約に基づいてなされるという点でした。そこでは，商品交換関係に対応した3つの概念，すなわち，①個人を法的な意思主体として認める法的人格，②物に対する完全な私的支配を保障する私的所有権，そして，③自由な商品交換行為を保障する契約という3つの概念が展開されたのです。

　＊　モンテスキュー／野田良之訳『法の精神（上・下）』(1989年)，モンテスキュー／井上堯裕訳『法の精神』(2016年)。
　＊＊　ルソー／桑原武夫・前川貞次郎訳『社会契約論』(1954年)，ルソー／作田啓一訳『社会契約論』(2010年)。

(2)　私的自治の原則

　近代市民法の原理，特に私的自治の原則は，刑法では，個人は自らの自由な意思による自由な選択によって犯罪行為を行ったのだから，その犯罪行為による結果については責任を負わなければならないという，古典学派（旧派）の考え方として結実しました。そして，これは，犯罪行為は，それが行為者の自由意思の所産でなければ刑事責任を問われないという考え方となり，「責任なければ刑罰なし」という法諺として表現されています。

(a)　道義的・倫理的非難との区別

　ある犯罪の成立要件を充足する違法な行為を行ったことを理由にして，有責な行為者を刑罰でもって非難する刑法の責任は，紛れもなく法的責任です。例えば，14歳未満の少年がコンビニで万引きを行ったとき，その窃盗行為について道義的非難，倫理的な非難が可能であったとしても，刑法上の責任非難は認められず，刑罰を科すことは認められません（41条）。ということは，刑法の責任は，道義的責任，倫理的責任とは別次元の問題として検討されなければならないことになります。

(b)　決定されながらも決定する

　また，刑法の責任は，人間の選択の自由，意思の自由を前提としています。確かに人間は何の制約も受けない無原因・無限定な観念的な存在ではありませんし，その意思は内部的要因と外部的要因の複合の産物で，一定の法則の下にあることは否定できません。しかし，それでも人間に選択の自由があることは，私たちが日々実感しているところです。私たちは，生まれながらの素質，生まれて後の生育環境に制約されてはいますが，それでも，他者・社会との関係を通して，自然・社会・記号という客観的な環境を自ら選択・加工し，有意味な環境を主体的につくり出すことができるのです。

　私たちが，客観的な環境を自らの意識によって主観化する過程のうちにこそ，自らの責任を感得する契機があると考えられます。そうした意識は紛れもなく社会意識であり，そこに，社会を構成する一員として，他の社会成員と共有しうる社会的人間像が存在しますし，他者・社会からの責任非難を受け容れる契機が存在しています。つまり，人間は，外部的要因・内部的要因の制約を受けながらも，選択の余地と選択の自由をもっていると考えられるのです。

(c)　自由の所産

　有責性を規定している責任の本質とは，いったいどのようなものなのでしょうか。この問いに対して，現在，最も有力な見解は，人間は素質と環境の下にあって，素質と環境を改変していくことのできる行動の自由を有しているという考え方（相対的意思自由論）を採りながら，責任とは，行為者が刑罰という法的非難を加えるに値すること，すなわち，社会管理の一手段である刑罰によって動機づけが可能な心理状態に対する，刑法の立場から加えられる否定的な価値判断を意味すると考えられています（可罰的責任論〔法的責任論〕）。

3 有責性の要素

　現在の支配的見解によると，有責性の内容をなす要素（責任要素）として，①責任能力，②故意・過失，③適法行為の期待可能性が必要であるとされています。

(1) 責任能力

① 弁識能力・統御能力　　責任能力とは，行為者がその行為について法的に非難されるための主観的な適性であり，有責に行為する能力を意味します。これは，行為者が刑法の規範内容の意味を理解し，意味に適った行為をなしうる能力のことをいい，前半の弁識能力，後半の統御能力の2つの要素から構成されていると解しています。

　責任能力は，犯罪行為につき行為者の刑事責任を問うための主観的能力ですから，犯罪行為のときに存在する必要があります。その場合，精神の障害により，自分の行う行為の違法性を判断する能力，あるいはその判断に従って行動する能力が欠けている状態を責任無能力といい，刑法39条1項により，心神喪失として無罪が言い渡されます。これに対し，精神の障害により，行為の違法性を判断する能力，あるいはその判断に従って行動する能力が著しく減弱している状態を限定責任能力といい，刑法39条2項により，心神耗弱(しんしんこうじゃく)として刑が必要的に減軽されます。「精神の障害により」の部分が生物学的要素で，主に精神医学者が精神鑑定によりその鑑定結果を法廷に提出します。これに対し，「違法性を弁識する能力，その弁識に従って行動する能力」の部分が心理学的要素で，もっぱら裁判所（裁判官・裁判員）が判断する法律的・規範的な要素であるとされます。

>　＊　犯罪を犯した精神障害者については，責任原則から，心神喪失者については刑罰を科すことは許されませんし，心神耗弱者については減軽された刑を科すことになります。放火罪，強制猥褻罪等の性犯罪，殺人罪，傷害罪，強盗罪などの重大犯罪を犯した精神障害者について，新たな処遇を決定する手続を創設し，処遇施設の整備を図るために，2003年に，適切な医療を受けさせて社会復帰を促進するために，指定医療機関への一定期間の入院・通院等を決定し，執行できる法律として「心神喪失等の状態で重大な他害行為を行った者の医療及び観察等に関する法律」（2003年・平成15年法律第110号）が制定されました。

② 生物学的要素と心理学的要素　　わが国の刑法には，責任能力を定義した規定が存在しないこともあって，その意義・要件は解釈に委ねられています。現在の実務では，生物学的要素を前提にして心理学的要素を判断する混合的要素説が採られており，責任能力の判断は特殊法律的な判断であり，もっぱら裁判所（裁判官・裁判員）の判断に委ねられており，心理学・精神医学等の知見に拘束されないと解されているのです。しかし，責任能力の判断は法律判断ではあるとしても，精神障害の有無・程度，およびこれが心理学的要素に与えた影響の

有無・程度について，精神医学者の鑑定等の結果が証拠となっているときには，鑑定人の公正さや能力に疑問があったり，鑑定の前提条件に問題があったりなど，これを採用できない合理的な理由が認められない限り，専門家としての意見を尊重すべきでしょう。^{**}

  ＊　最判昭和23（1948）年 7 月 6 日刑集 2 巻 8 号785頁，最決昭和59（1984）年 7 月 3 日刑集38巻 8 号2783頁，判時1128号38頁，判タ535号204頁。
  ＊＊　最判平成20（2008）年 4 月25日刑集62巻 5 号1559頁，判時2054号185頁。なお，最決平成21（2009）年12月 8 日刑集63巻11号2829頁，判時2070号156頁，判タ1318号100頁参照。

③ 刑事未成年者　　また，刑法では，14歳未満の者は刑事未成年者とされ，刑罰を科されません（41条）。立法者は，刑事未成年者は精神の発展途上にあり，特殊な精神状態にあり，人格・性格も可塑性に富んでいるので，むしろ保護処分による健全育成に委ねるべきだという政策的考慮に基づいてこの規定をおきました。

(2)　責任原則の意味

　このように，精神の障害により心神喪失状態にある者は自分のやった行為の意味を感得できなかったり，行為の意味に従って自分の行為を統御できなかったのだから，その者に刑罰を科しても，見せしめの意味はあったとしても，何の意味もないどころか，もしかしたら物的・人的資源の無駄使いではないかと考え，刑罰を控えたのでしょう。また，心神耗弱状態にある者は自分のやった行為の意味を感得できる能力が減弱していたり，行為の意味に従って自分の行為を統御する能力が低減していたのだから，減軽した刑罰を科すのが合理的であると考えたのでしょう。

　近代市民社会は，これを責任原則とし，刑法の基本原則として承認しているのです。しかも，この考え方は刑の執行においても妥当しており，受刑者が心神喪失の状態にあるときは，死刑，懲役・禁錮・拘留の執行は停止すると定めています（刑事訴訟法479条，480条）。

(3)　故意・過失

　刑法に「故意」の語はなく，刑法38条 1 項は「罪を犯す意思」として故意犯処罰の原則を定め，「特別の規定」として過失犯処罰の例外を定めています。

① 故意とは　　故意の意義については学説の対立がありますが，支配的見解によると，故意責任の本質は，犯罪事実を認識したにもかかわらず，その認識内容を受け入れてあえて行為に出たことにあり，その心理態度が積極的な反規範的なものとして，過失犯とは異なる重い法的非難を根拠づけるとします。ですから，犯罪事実発生を認容して行為に出た場合が未必の故意として故意犯を基礎づけ，犯罪事実発生を認容せずに行為に出た場合が認識ある過失として過失犯を基礎づけることになります。認容とは，犯罪事実の実現を積極的に意欲してはいないが，発生しても構わない，仕方がないというように，消極的に受容している心理的態度をいいます。

② 過失とは　　他方，過失とは，注意義務に違反する不注意な心理的態度をいい，有力な見解（新過失論）によると，自分の行為が犯罪結果を発生させることについての予見可能性があるにもかかわらず，それを予見しなかった結果予見義務に違反する心理的態度，あるいは，結果予見義務は履行したのですが，犯罪結果を回避する措置を執ることができたにもかかわらず，それをしなかった結果回避義務に違反する心理的態度を内容とするものです。言い換えると，社会生活において要求される注意を果たすことなく，結果回避のための適切な措置を採らなかった行為，客観的な注意を果たさない落ち度ある態度をいうと解されています。

(4) 期待可能性

　さて，以上の責任能力，故意・過失が存在すれば，刑法の責任が認められるのだとした時代もありました（心理的責任論）。しかし，現在では，行為者に責任があるといえるには，行為当時，行為者に責任能力，故意・過失という心理的事実があるだけでなく，違法行為を回避して適法行為を行うことが期待できたことが認められなければならないと解されています。適法行為を行うことが期待できたという状況を適法行為の期待可能性，短く，期待可能性といいますが，この概念を導入したのが規範的責任論です。

　期待可能性を，次の事例で考えてみましょう。

> 【ケース】　自動車のない時代に，馬車で客を運んでいた御者 X は，自分が使って
> いる馬車の馬には悪い癖があることを知っていながら，客を乗せて馬車を引かせて
> いたところ，馬の悪い癖が出て制御できなくなり，通行人に傷害を負わせてしまっ
> た。ところが，後日判明したところによると，御者 X は，事故を心配して，雇い
> 主に馬を変えてくれるよう頼んだが，雇い主はこれを聞き入れず，その馬で客を運
> ぶように命じたので，X は，これ以上逆らうと，職を失って食べていくにも困る状
> 況になるため，やむなくその命令に従って，そのあばれ馬を使用していたのであっ
> た。

　御者 X には，職を失ってもいいから雇い主に逆らうべきだと期待すること
はできないでしょうから，業務上過失致傷罪について刑法上の責任を問うこと
は妥当でないと考えられます。これと類似の事案について，ドイツの戦前の裁
判所は御者 X に無罪を言い渡しました*。これが，期待可能性の概念が導入さ
れるきっかけとなったのです。

　　*　あばれ馬事件・ドイツライヒ裁判所判決1897年 3 月 3 日。日本では，第五柏島丸事件・大
　　　　判昭和 8 （1933）年11月21日刑集12巻2072頁が，期待可能性に関する著名な判例です。

(5)　実質的責任論

　学説では，規範的責任論をさらに進めて，行為当時，行為者に責任能力，故
意・過失という心理的事実，および適法行為の期待可能性があっても，一般予
防・特別予防の必要性がなければ責任はなく処罰すべきではないとする実質的
責任論が主張されています。

　一般予防・特別予防という処罰の必要性を，刑罰を科すことに対する規制的
な視点から考慮するのであれば，それは謙抑主義の趣旨に合致しますので，妥
当といえます。しかし，一般予防・特別予防という犯罪予防の目的を刑法の責
任の判断に持ち込むと，責任の非難可能性が認められなくても，また非難可能
性に疑問があっても，一般予防あるいは特別予防の上で必要だからということ
を根拠にして刑罰を科すことを認めることになるのではないかと懸念されま
す。もし一般予防・特別予防という処罰の必要性をそのように拡張的に機能さ
せるなら，それは責任原則を形骸化する危険があります。ですから，刑法の責
任や刑罰の判断において，一般予防・特別予防の必要性は考慮すべきではない
のです。

◆**参考文献**

浅田和茂『刑事責任能力の研究　上／下巻』成文堂，1983/1999年

佐伯千仭『刑法における期待可能性の思想〔増補版〕』有斐閣，1985年

竹川俊也『刑事責任能力論』成文堂，2018年

安田拓人『刑事責任能力の本質とその判断』弘文堂，2006年

吉田敏雄『責任概念と責任要素』成文堂，2016年

23講　刑事訴訟手続の流れ

① 争訟の意義

(1) 法律上の争訟

裁判所は，憲法に特別の定めのある場合を除いて，すべての法律上の争訟を裁判する権限をもっています（裁判法3条1項）。法律上の争訟は具体的な争訟ともいわれますが，①具体的な争訟事件について（事件性[*]），②法律を適用することによって解決することができる紛争でなければならない（法律性[**]）という，2つの要件が必要です。

> [*]　警察予備隊違憲訴訟事件・最大判昭和27（1952）年10月8日民集6巻9号783頁では，「わが現行の制度の下においては，特定の者の具体的な法律関係につき紛争の存する場合においてのみ裁判所にその判断を求めることができるのであり，裁判所がかような具体的事件を離れて抽象的に法律命令等の合憲性を判断する権限を有するとの見解には，憲法上及び法令上何等の根拠も存しない」として，具体的な事件性を要求しました。
>
> [**]　板曼荼羅事件・最判昭和56（1981）年4月7日民集35巻3号443頁では，「具体的な権利義務ないし法律関係に関する紛争であっても，法令の適用により解決するのに適しないものは裁判所の審判の対象となりえない」として，「法律上の争訟」であることを要求しました。

(2) 刑事訴訟手続

法律上の争訟としての要件を満たしていれば，当事者は，憲法で保障された裁判を受ける権利に基づいて，公平な裁判を受けることができます（憲法32条，37条）。法律の世界において訴訟・訴訟手続といった場合，それは，訴訟の各段階における単なる形式的な段取り・順序を意味するだけでなく，訴訟にかかわる過程全体を意味し，刑事訴訟手続にあっては，捜査の開始から，公訴の提起を経て，公判が開かれて判決が言い渡され，判決が確定するまでの，訴訟の過程全体をさすのが通常です。

② 刑事訴訟手続の流れ

(1) 犯罪の捜査

犯罪の捜査とは，犯罪が発生したと考えるとき，捜査機関が，公訴の提起・遂行のために犯人を発見・確保し，証拠を収集・保全する活動をいいます。捜査という行為は，犯罪の嫌疑の有無を解明し，公訴の提起をすることを念頭においた準備活動ですが，その中心は公判の準備にあります。

公判の準備のためには，まず，①公判で被告人となる被疑者の身体確保[*]が必要です。それは，公判廷には被告人の在廷が必要となる（刑事訴訟法〔1948年・昭和23年法律第131号。以下，刑訴法という〕286条）ので，被告人となる被疑者の身体を確保しておく必要があるからで，そのための手続が逮捕と勾留です。また，公判の準備のためには，②人的・物的証拠を収集し確保することも必要です。それは，公訴の提起と維持のためには，人的・物的な証拠を収集し，確保しておく必要があるからで，そのための手続が捜索，押収，検証，鑑定，被疑者の取り調べです。

　　＊　「身柄確保」といわれるのが通常ですが，適切とは思われません。

捜査は，被疑者等の自由・財産などの利益に重大な侵害・脅威を与えるものですから，捜査上の処分は，人権保障を全うする必要性と均衡の取れた相当なものでなければなりません（捜査比例の原則）。憲法は，刑事手続における適正手続の保障（31条）を基本にして，被疑者・被告人の人権を保障しています（32条以下）。これを承けて，刑訴法は，公共の福祉と基本的人権の保障を全うしつつ，事案の真相を明らかにし，刑罰法令を適正かつ迅速に適用実現することが刑事訴訟手続の目的である（1条）と定め，しかも，特別の定のある場合（強制処分法定主義）で，かつ，それを用いる格別の必要性がない限り，強制処分を執ることは許されず，任意処分で捜査すべきだとしています（任意捜査の原則）（刑訴法197条1項）。

(2) 公訴提起とは

捜査が終了すると，検察官は，当該事件を起訴すべきか否かの判断を行い，

一定の処分を行いますが，これを検察官の事件処理といいます。

　刑訴法は，「公訴は，検察官がこれを行う」(247条) と規定し，公訴を提起し遂行する権限は検察官が専有する国家訴追主義を規定し，検察官以外による公訴提起は原則として認めない起訴独占主義を規定しています[*]。これは，検察官は公益の代表者として，公訴を提起・遂行し，裁判所に法の正当な適用を請求し，裁判の執行を監督するなどの職責を負っていること (検察庁法 4 条) を考慮したからです。国家訴追主義・起訴独占主義は，私人訴追権を否定し，起訴陪審も排除し，徹底した検察官起訴専権主義を特徴としており，これによって，刑事訴訟の公的性格を鮮明にするとともに，検察官の訴追権限の行使を中央集権的な統制の下におき，均等で均質な訴追遂行を実現し，精度の高い刑事司法を実現しようとしています。それは，職権濫用罪 (刑法193〜196条) について付審判制度 (刑訴法262〜269条) が設けられているので私人訴追の必要がないこと，私人訴追は起訴・不起訴に関し確立した基準を弛緩させ，不公平を生じさせること，私人訴追は公的な刑罰制度の発達の歴史に合致しないこと，私人訴追にはそもそも濫用の危険があることなどを考慮してのことです。

　　＊　例外として，準起訴手続があります。

　公訴を提起する条件がすべて存在しても，検察官は，必ず公訴を提起しなければならない (起訴法定主義) というわけではありません。刑訴法は，犯人の性格，年齢および境遇，犯罪の軽重および情状ならびに犯罪後の情況により訴追を必要としないとき，検察官は公訴を提起しないことができる (起訴裁量主義：248条) と規定しています。これは，検察官に広範な公訴提起の裁量権を与えるものですが，その趣旨は，可及的すみやかに刑事事件の処理を行い，不要な起訴を刑事手続から排除し，検察官の手続的な負担を軽減するとともに，刑事手続における被疑者・被告人などの負担を解消・軽減しようとするものです。

　起訴処分[*]がなされると被疑者は被告人になりますが，罪を犯したと疑うに足りる相当の理由があり，しかも住所不定，罪証隠滅や逃亡のおそれがある場合には勾留が認められます (刑訴法60条 1 項)。ただし，被告人を勾留する場合，その期間は公訴提起から 2 か月を原則とし，特に継続の必要がある場合には，1 か月ごとに更新できます (刑訴法60条 2 項^{**})。

　　＊　検察官の事件処理のうち，終局処分には起訴処分 (公判請求，略式命令請求・即決裁判請求)

と不起訴処分（狭義の不起訴処分，起訴猶予処分）があります。
* * 　勾留されている被告人には，被疑者勾留とは異なり，保釈制度が認められています（刑訴法88条以下）。なお，被疑者のときに勾留された者がそのまま起訴されて被告人となった場合には，起訴により，被疑者勾留から被告人勾留に切り替わり，警察署などの留置場に勾留されていた被疑者が被告人になると拘置所に移されます。

(3)　公判手続の流れ

(a)　公判の準備

　近代刑事裁判の原則として，裁判所は，検察官が公訴提起した被告人と公訴事実についてのみ審理し判断することが認められるとする原則があり，これを不告不理の原則といいます。

　公判廷で行われる審理手続の中で，判決の宣告に至るまでの審理手続を公判手続といい，検察官が裁判所に起訴状を提出することで始まります（刑訴法256条1項）。

　起訴状が受理され，事件番号を付され，公訴提起が有効になされると，起訴状は書記官室から公判部へと回付されます。すると，裁判所は，起訴状の謄本を被告人に送達し（刑訴法271条），弁護人の選任などに関する通知等を行い（刑訴法272条），被告人が貧困その他の事由により弁護人を選任することができないときは，被告人からの請求により，国選弁護人を選任します（憲法37条3項，刑訴法36条）。

* 　死刑，無期・長期3年を超える懲役・禁錮にあたる事件を審理する場合には，弁護人がいなければ開廷できません（刑訴法289条1項）。このような事件を必要的弁護事件といい，被告人の請求がなくとも，裁判所は職権で国選弁護人を選任します。

　さらに，裁判所は，第1回公判期日を指定し，被告人を召喚し，検察官，弁護人等に通知します（刑訴法273条）。検察官と被告人・弁護人は，第1回公判期日前に，できる限り証拠の収集および整理をし，審理が迅速に行われるように準備します（刑事訴訟規則178条の2以下）。検察官は，被告人・弁護人に対し，証人・鑑定人等についてあらかじめその氏名・住居を知る機会を与え，取調べ請求をする予定の証拠書類・証拠物について閲覧する機会を与えます（刑訴法299条1項）。また，弁護人も，被告人その他の関係者に面接するなどして事実関係を確かめ，打ち合わせを行い，勾留されている被告人について保釈の請求を行い（刑訴法88条1項），記録の閲覧・謄写などの防御活動を始めます。その際，

弁護人は，検察官が閲覧する機会を与えた証拠書類または証拠物を証拠とすることについての同意・不同意または異議の有無に関する見込みをなるべくすみやかに検察官に通知することとされています（刑事訴訟規則178条の6, 178条の7）。

(b)　公判前整理手続

　裁判所は，充実した公判の審理を継続的，計画的かつ迅速に行うため必要があると認めるときは，検察官，被告人・弁護人の意見を聴いて，第1回公判期日前に，決定で，事件を公判前整理手続に付します（刑訴法316条の2第1項）が，裁判員裁判ではこの手続は義務となります（裁判員の参加する刑事裁判に関する法律〔通称，裁判員法〕49条）。

　公判前整理手続は原則として非公開ですし，被告人に弁護人が選任されていなければ行うことができませんので，弁護人がいないときは，裁判長は職権で弁護人を付します（刑訴法316条の4）。公判前整理手続の内容は，①訴因・罰条に関する事項（訴因・罰条の明確化，訴因・罰条の変更），②争点整理に関する事項（予定主張の明確化），③証拠調べに関する事項（証拠調べ請求，立証趣旨・尋問事項の明確化），④証拠開示に関する事項（証拠開示に関する裁定），⑤被害者等の手続参加に関する事項（被害者等の手続参加の決定・取消），⑥公判期日に関する事項（公判期日の指定・変更など）です（刑訴法316条の5）。さらに裁判員裁判の場合，⑦裁判所の決定により，鑑定の手続を行うこともできます（裁判員法50条）。

　検察官は，証明予定事実を証明するために必要な証拠の取調べを請求しなければなりません（刑訴法316条の13第2項）。ここで，検察官は，取調べ請求した証拠などについて，すみやかに，被告人・弁護人に開示しなければなりません（刑訴法316条の14, 316条の15）。これにより，被告人・弁護人は，検察官の公判での取調べを事前に知ることができ，公判までに，無駄のない準備をすることができます。検察官による主張提示・証拠開示を受けて，被告人・弁護人は，検察官が請求する証拠について同意するかどうか，証拠取調べ請求について異議があるかどうかの意見を明らかにします（刑訴法316条の16）。

　逆に，被告人・弁護人も，証明予定事実その他の事実上・法律上の主張を明示し，それを証明する証拠の取調べ請求をし（刑訴法316条の17），取調べ請求証拠を検察官に開示しなければなりません（刑訴法316条の18）。検察官は，被告人・弁護人が請求する証拠について同意するかどうか，証拠取調べ請求について異

議があるかどうかの意見を明らかにします（刑訴法316条の19）。

＊　被告人にこうした負担を強いることは，被告人の自己負罪拒否特権を侵害することになるのでないかという疑問も生じます。

　検察官と被告人・弁護人の間で証拠開示の必要性につき争いがあるときは，裁判所が決定します（刑訴法316条の26）。

　公判では，公判前整理手続で請求されなかった証拠の取調べは，一定の場合を除いて，認められません（刑訴法316条の32）。

(c)　冒頭手続

　刑事事件の審理と判決は一般に公判廷といわれ，裁判所庁舎内の公開法廷で行われ（憲法82条1項），裁判官，裁判所書記官が列席し，検察官，召喚された被告人とその弁護人，廷吏が出席しますが，裁判員裁判ではさらに裁判員（補充裁判員）が列席します（刑訴法282条，裁判員法54条）。

　公判前整理手続の導入により，審理に2日以上要する事件については，連日開廷し，継続して審理することが原則となっており，訴訟関係人は，期日を厳守し，審理に支障を来さないよう求められます（刑訴法281条の6）。

　第1回公判期日においては，まず冒頭手続が行われます。裁判長が，被告人の名前・本籍・住居・職業・生年月日等を質問し，出廷した者が被告人本人であるかどうかを確認し（人定質問：刑事訴訟規則196条），続いて，検察官に起訴状朗読（刑訴法291条1項）を命じます。これは，検察官が証拠によって証明しようとする事実を陳述することで，審判の対象である訴因が提示されると同時に，被告人の防御の対象が明らかになります。

　その後，裁判長は，被告人に対し，自己に不利益な供述を強要されない権利（黙秘権）があること（憲法38条1項）などを告げた後，被告人・弁護人に対し，被告事件について陳述する機会を与えます（罪状認否：刑訴法291条3項，刑事訴訟規則197条）。ここで，被告人が有罪の陳述をしたときは，裁判所は，検察官，被告人・弁護人の意見を聴いたうえで，簡易公判手続による審判を決定することができます（刑訴法291条の2）。しかし，簡易公判手続は比較的軽微な刑事事件に限定されており，死刑または無期もしくは短期1年以上の懲役もしくは禁錮に当たる事件については審判の決定ができないこと（刑訴法291条の2ただし書き），簡易公判手続においても，次の証拠調べ手続は簡易にはできますが，

省略できないことがあるため，この手続はあまり使われていません。

(d) 証拠調べ手続

次に，検察官は，証拠により証明しようとする具体的な事実をより詳しく明らかにします（冒頭陳述：刑訴法296条）。続いて，検察官が証人・物証等の証拠調べ請求を行い，裁判所は，被告人・弁護人の意見を聞いたうえで，証拠の採否を決定し，このうち裁判所が採用した証拠（刑事訴訟規則190条）について，順次証拠調べが行われます（刑訴法297～298条）。その方法は，証人であれば交互尋問の方法（刑事訴訟規則199条の2以下）で，証拠書類であれば朗読（刑訴法305条）またはその要旨の告知の方法（刑事訴訟規則203条の2）で，証拠物であれば展示の方法（刑訴法306条）で行われます。

検察官の立証がすむと，同じように，被告人側の証拠調べ請求と，採用された証拠の取調べが行われます（刑訴法297～298条）。

また，裁判所は，特別の知識・経験を有する者の判断を求める必要があるときには，鑑定人による鑑定（刑訴法165条）を命じます（鑑定書または鑑定人尋問で行われます）。さらに，裁判所は，事実発見のため必要があるときは検証（刑訴法128条）を行うこともできます。

なお，検察官の最初の主張（訴因）と，証拠調べで明らかになった事実とにズレが生じた場合，検察官は，後者の事実に合わせてその主張を変更するため，訴因変更を裁判所に請求することがあります（刑訴法312条）。

証拠調べ手続の最後に，通常は，被告人の供述を求める被告人質問が行われますが，被告人には供述拒否権がありますので，その供述を強要することはできません（刑訴法311条）。また，証拠調べ終了までに，犯罪被害者やその遺族等が被害に関する心情その他事件に関する意見陳述の手続がとられることもあります（刑訴法292条の2）。

* 2000年に，犯罪被害者の救済とその利益保護を趣旨として，刑訴法等の一部改正と「犯罪被害者等の権利利益の保護を図るための刑事手続に付随する措置に関する法律」（2000年・平成12年法律第75号）（通称，犯罪被害者保護法）が成立しました。刑訴法の主な改正点は，被害者等による心情・意見陳述手続（刑訴法292条の2）のほか，性犯罪の告訴期間の撤廃（235条1項），証人への付添人・遮蔽・ビデオリンク方式による証人尋問（刑訴法157条の2～157条の4）などです。また，犯罪被害者保護法では，被害者等の法廷傍聴の優先配慮（2条），損害賠償・保険請求に資するための被害者等の訴訟記録の閲覧・謄写（3条），被害者・被告人間の和解に対する民事執行力の付与（4～7条）などです。

裁判における事件の事実認定は，証拠調べにおける証拠に基づかなければなりません（証拠裁判主義：刑訴法317条）。また，裁判所は，公判廷において直接取り調べられた証拠のみに基づいて事実を認定し判決しなければならず，これを直接主義といいます（刑訴法315条，320条）。さらに，口頭によって提出された訴訟資料のみに基づいて事実を認定し判決しなければなりません（口頭主義：刑訴法43条1項）。

　憲法は，被告人にすべての証人に対する反対尋問の機会を保障しています（憲法37条2項）が，これを承けて，反対尋問を経ていない供述証拠，捜査段階で作成された供述調書（取調べでの被疑者の自白調書や被害者・目撃者などの供述調書等）などは，原則として，証拠としての信用性が認められませんので，公判廷に持ち込むことはできません（刑訴法320条）。このような供述証拠を伝聞証拠といい，この証拠としての能力を認めないことを伝聞法則といいます[＊]。人からのまた聞きは信用できないので証拠には使えません，ということです。

> ＊　伝聞法則にも例外が認められていることに注意する必要があります。例えば，被告人の供述調書で，その供述が被告人に不利益な事実の承認を内容とするものであっても，特に信用すべき情況の下にされたもの，具体的には，その供述の任意性が認められるものであるときには，証拠とすることができることになっています（刑訴法322条1項）。この点は，裁判所がそうした供述の任意性を簡単に認めてしまうことが多いため，問題は深刻です。また，例えば，捜査段階での取調べ調書，とりわけ検察官の取調べにより作成される検察官面前調書（検面調書）も，供述の任意性が肯定されて証拠書類として認められることがしばしばです。このような実務は，警察・検察は公益の代表者として公正・中立の立場で真実の発見に努めるとは限らず，捜査機関・訴追機関として被疑者・被告人の有罪判決を得ようとする機関であることを無視したもので，きわめて問題です。

　裁判では，公判廷において証拠とすることができた証拠がどのような事実を証明するものであるのか（証拠の証明力といいます）については，裁判官の自由な判断に委ねられています（自由心証主義：刑訴法318条）。これは，一定の証拠があれば必ず有罪としなければならないとする法定証拠主義に対比される原則ですが，かといって裁判官の勝手気ままな判断を許すものではなく，あくまでも市民としての常識に立脚し，科学法則・論理法則に矛盾しない客観的で合理的な判断を求めるものです。

　ですから，刑事訴訟では，無罪推定の原則が貫徹されています。これは，被告人はそもそも無罪であるという推定を受けて公判廷に登場していることを意味します。これが具体的に意味するところは，犯罪事実に関する挙証責任は通

常検察官が負うのであり，必要な証拠調べを行ってもなお犯罪事実の存在について，誰もが疑いを差しはさむことのできない程度に真実であるとの確信がもてないときには，合理的な疑いを超える証明がなされたといえないので，「疑わしいときは被告人の利益に」の原則が働き，無罪判決が出されるべきであるとするものです。[*]

> [*] 無罪推定の原則は，公判廷段階だけでなく，捜査段階の被疑者に対しても認められることは意識する必要があり，この点は，すでにフランス人権宣言（1789年）9条に規定されています。また，日本では無罪といい，犯人ではない・シロであると考えますが，そうではなく，その本来の中味は，有罪ではない・有罪の立証がなされていないということです。

(e) 弁論手続

証拠調べが終わると弁論手続です。まず，検察官が，事実と法律の適用，すなわち公訴事実の認定，関連法条の解釈・適用，さらに被告人の情状の評価について意見を述べます（論告：刑訴法293条1項）。検察官は，さらに慣例的に，刑の量定に関する意見も述べます（求刑）。

検察官の論告（求刑）に対し，弁護人は最終意見を述べることができます（最終弁論）し，被告人にも最終意見を述べる機会が与えられます（最終陳述：刑訴法293条2項）。

こうして，すべての審理が終了した状態を結審といいます。

(f) 裁　判

一般に判決といいますが，正確には裁判のことであり，これは，広く訴訟手続全般をさすこともありますが，狭い意味では，裁判所・裁判官が具体的な争訟を解決するために行う公権的判断である意思表示を内容とする訴訟行為をいい，形式に応じて判決・決定・命令があり，内容に応じて形式裁判・実体裁判があります。

実体裁判には無罪・有罪があり，形式裁判には公訴棄却・免訴・管轄違いの3つがあります。

ここでは，有罪判決に焦点を当てますが，裁判は，裁判所・裁判官の意思表示ですから，告知がなされることで成立します。告知は，公判廷で宣告によってなされるのですが，裁判長が行い，主文・理由を朗読し，理由の要旨を告げることでなされます（刑訴法342条，刑事訴訟規則34条，35条）。

⑷ 裁判の確定

第1審の判決に不服があるときは控訴し，控訴審の判決に不服があるときは上告しますが，これら控訴と上告の2つを併せて上訴といいます。上訴には14日の期間が定められています（刑訴法373条，414条）ので，この期間を経過すると，その判決は確定し，原則として，その内容についてもはや争うことができなくなります。最上級の最高裁判所の判断については，期間に関係なく争うことができなくなります。

裁判が確定すると，後に事情の変更が生じない限り，異なった判断をすることができなくなるのですが，この確定判決の内容的な確定力を既判力（拘束力）といいます。ひとたび判決が確定すると，同一の犯罪について再び公訴を提起されたり，有罪判決を下されることはなくなります。

このように，刑事訴訟手続が一定の段階にまで至ることによって生じる手続的な効果を一事不再理といいますが，これは，一度刑事手続にのせられ，しかも判決が確定した事件については，再び刑事手続にのせることはできないこと（憲法39条）を意味します。

⑸ 裁判確定後の救済

判決が確定した後に，その誤りが発見された場合，特に，その誤りが無実の者を有罪とする誤審であった場合，それは深刻な不正義ですから，一刻も早くその誤りを正して無実の者を救済すべきです。したがって，有罪の言渡しをした確定判決に対して，証拠となった証拠書類または証拠物が確定判決により偽造または変造であったことが証明されたとき，証拠となった証言，鑑定，通訳または翻訳が確定判決により虚偽であったことが証明されたとき，有罪の言渡しを受けた者を誣告した罪が確定判決により証明されたとき，あるいは，有罪の言渡しを受けた者に対して無罪もしくは免訴を言い渡し，刑の言渡しを受けた者に対して刑の免除を言い渡し，または原判決において認めた罪より軽い罪を認めるべき明らかな証拠をあらたに発見したときなど，確定した有罪判決に重大な瑕疵がある場合には，再審の請求が認められます（刑訴法435条以下）。この再審は，有罪の言渡しを受けた者の利益のために（刑訴法435条，436条）存在しますので，被告人に不利益な方向での再審請求は認められませんし，上訴の

ような申立期間の制限もありません。[*]

> *　ほかに，刑事事件の審判について法令違反が発見された場合，非常上告という手続が認め
> られています（刑訴法454条以下）。

◆参考文献

木谷明『刑事裁判のいのち』法律文化社，2013年

憲法的刑事手続研究会編『憲法的刑事手続』日本評論社，1997年

後藤昭・白取祐司編『新・コンメンタール刑事訴訟法〔第3版〕』日本評論社，2018年

斎藤司『刑事訴訟法の思考プロセス』日本評論社，2019年

中川孝博『刑事訴訟法の基本』法律文化社，2018年

第 5 部 ▌裁判所と法律家

24講 裁判所のしくみ

日常生活を送る上で，もめ事はつきものです。当事者間の話し合いで解決できればよいのですが，そうはいかない場合には，様々なルートで解決を図ることになります。争訟に対して法律を適用して国家によって解決する方法は，司法つまり裁判所によります。争訟という言葉は，具体的な権利義務を争うことをいいます。刑事事件はもちろんですが，民事事件においても最終的に確定した判決で国家（公権力）が当事者を強制できるということが，他の紛争解決手続とは異なるところです。次に裁判所の種類をみましょう。

1 地方裁判所と簡易裁判所

地方裁判所（以下，地裁という）は，各都府県に1か所，北海道には札幌，旭川，釧路，函館のそれぞれに1か所，合計50か所にあります。さらに，それぞれの本庁に対して，遠いところに住む利用者の利便のために支部がおかれています。支部は203か所ありますが，そのうち約50か所には裁判官が常駐していません。支部では，行政に関する訴訟，簡易裁判所（以下，簡裁という）からの控訴事件は扱いません。3人の裁判官で裁判する合議事件を行う支部は，63か所しかありません。また，個別労働関係紛争を迅速に解決するために創設された「労働審判」は，一部の支部以外では取り扱われません。憲法32条は，「何人も，裁判所において裁判を受ける権利を奪はれない」と定めています。ただ，裁判を受ける権利を市民が享有するというだけではなく，市民が裁判を利用することが身近なものでなければなりません。

地裁の構成は，合議体である「部」に分かれており，判事と場合により判事補1人が属しています。民事○部，刑事○部（○は数字）といいます。例えば，最大規模の都市部の裁判所である東京地裁には，55の民事部と23の刑事部があります。そして，本庁と立川支部，管内の簡易裁判所を含めた裁判官の数は，

2019年現在で約540名です。地裁は，高等裁判所（以下，高裁という），簡裁が第1審となる事件以外の事件を扱い，裁判所に訴えるといえば，地裁に訴えることをいい，この意味で他の裁判所よりも一般的性格を有する裁判所といえます。裁判所では裁判官のほかに裁判所書記官，裁判所事務官が法廷に出て調書を作成したり，裁判事務を行っています。

　地裁では，原則として1人の裁判官で裁判を行います。3人の裁判官の合議体で裁判を行う場合には，①合議体で審理および裁判する旨を合議体で決定した事件（裁量的合議事件），②死刑無期もしくは短期1年以上の懲役もしくは禁錮にあたる罪，③簡裁の判決に対する控訴事件ならびに簡裁の「決定」および「命令」に対する「抗告」事件があります。

　民事事件では，一般の訴訟では140万円を超える請求，また金銭に換算できない場合，額が確定できない場合の訴額は140万円以上とみなされ，これらが地裁の管轄となっています。刑事事件では，内乱罪（刑法77条）は，第1審から高裁で行われます。行政事件訴訟では，訴額に関係なくすべて地裁で行われます。そのほかに，地裁では，民事事件での判決に対する控訴事件，簡裁の決定と命令に対する抗告事件を扱います。

　地裁だけではありませんが，裁判所では，裁判官以外に多くの職員が働いています。「裁判所書記官」は，事件に関する記録その他の書類の作成および保管などを行います。それら以外にも裁判官の命を受けて法令および判例の調査を行います。弁護士や訴訟当事者とその裁判がうまく進行するように打ち合わせをすることも仕事の1つです。民事訴訟で債務名義を得ても相手方が自発的に履行しない場合は，公権力により請求権の実現を行わなければなりません。そのために，例えば，貸した金銭の返還の履行がないに場合には，その者の持っている有価証券などを差し押さえなければなりません。また，不動産を不法に占拠している者を強制的に退去させなければなりません。これは，裁判所に任命された「執行官」が行います。執行官は，裁判所職員で，特殊な公務員で，事件当事者からの手数料が収入となります。執行官となるためには，一定の実務経験のある者のうちで，地裁ごとに行われる採用選考に合格することが必要です。

　簡裁は，市民に身近な裁判所として，そして軽微な事件を迅速に処理するた

めに設けられています。簡裁は全国に438か所あり，地裁と同じ庁舎にあるものもあれば，威圧感の少ない小規模の建物の場合もあります。簡裁の取り扱う事件は，民事事件では訴額140万円を超えない事件の他にいくつかありますが，「少額訴訟」は，簡裁の性格をよく示しています。少額訴訟は，訴額60万円以下の事件で，原則として1回の期日で終了し判決が出されます。裁判所に提出する書類も簡便なものが用意されており，法律の知識がなくとも市民が十分に作成できるようになっています。なお，「簡裁判事」は司法試験に合格して司法修習を終了していない場合が多く，この任用も通常の「判事」とは異なる根拠によります。

② 家庭裁判所

　家庭裁判所（以下，家裁という）は，地裁と同じ所在地で全国で50か所あります。家裁では，通常は裁判官は1人で事案の処理を行います。3人の合議体で行う場合もあります。家裁が扱うのは，まず家庭に関する事件です。それは一般の経済的分野での事件とは異なり，親密な領域で，他人が入ることが必ずしもよいことではありません。そこでただちに権利義務の問題として対立的に処理することは好ましいことではありません。例えば，離婚問題をはじめ，夫と妻が争えば，幼い子がいるときには，その影響はよくありません。家裁では，原則として裁判は非公開です。家裁は，また少年事件を扱います。犯罪を犯した少年，14歳未満で刑罰を加えられる行為を行った少年（触法少年），将来刑罰法令に触れる行為の行うおそれのある少年（虞犯少年）についても，ただちに成人が裁かれるような手続で処罰することは好ましくないと考えられます。少年にはただちに刑罰を与えるよりも教育を行うことによって改善を行った方がよいからです。家裁はこれらを平和的に解決するため，心理学，社会学などの法律以外の人間関係についての諸学を修めた「家庭裁判所調査官」というユニークな専門家がいます。親しみやすい裁判所ということでは，建築という点でも，例えば京都家裁本庁庁舎は，一般的な庁舎が巨大な近代的ビルなのに対して，落ち着きのある外観で，家裁の役割を表現しているように思われます。こうした建築に配慮することも家庭事件・少年事件の関係者・利用者の近づきやすさ

という点からも必要でしょう。

③ 高等裁判所

　地裁などでの判決に不服があるときは，控訴することができます。一般に1つ上の審級の裁判所に判断を求めることを上訴といいますが，控訴はそのうちの1つです。地裁が第1審であるときは，控訴は高裁に対して行われます。第1審が簡裁の場合には，控訴は地裁で，上告は高裁で行われます。第2審の判決もしくは高裁が第1審の判決に不服がある場合，1つ上の審級の裁判所に申し立てることを上告といいます。刑事裁判では，控訴は第1審がどの裁判所であっても高裁，上告は最高裁判所（以下，最高裁という）に対して行われます。なお，上告できる場合は限られています（民事訴訟法312条，刑事訴訟法405条）。

　高裁は，東京，大阪，名古屋，福岡，仙台，高松，札幌におかれており，地裁と同じくアクセスの利便性のために，金沢市に名古屋高裁の，岡山市に広島高裁の，松江市に広島高裁の，秋田市に仙台高裁の支部がおかれ，福岡高裁の支部として宮崎支部と那覇支部があります。また特別な支部として，東京高裁に知的裁判高等裁判所設置法により，2005年に知的財産高等裁判所がおかれています。

　高裁は，先に挙げたような場合以外に，公益的性格が高く，重要な事案については第1審として裁判します。そのうちの1つは，地方自治法245条の8に定められている場合です。例えば，県や市などの地方公共団体が行う事務で国が特にその適正な処理を確保しなければならないものが含まれていて，法律または政令に基づいて特に定められているものを法定受託事務といいます。都道府県知事の管理もしくは法令の規定，もしくは当該大臣の処分に違反するものがあるときなどは，その違反を是正することができますが，それを期限までに行わない場合，裁判によってそれを命じることができます。この裁判は，第1審として高裁が行います。これはどの裁判所に対してもできます。高裁が第1審になる事件のうちで東京高裁が第1審となるものに，海難審判関係の事案があります。国土交通省の特別の機関として海難審判所があり，これは海上の重大な事故に対して行われる懲戒とそれを行った裁決の取消しの訴えは，東京高

裁の管轄となっています。日本国憲法76条2項に，「行政機関は，終審として裁判を行ふことができない」とあります。

　高裁では，裁判官3人による合議体で裁判を行い，そのうちの1人が裁判長（部総括判事）となります。内乱罪の第1審としては5人の裁判官の合議体によります。また，同じく裁判官の懲戒を行う裁判である裁判官分限裁判においても，5人の裁判官で裁判を行います。

④ 最高裁判所

　原則として高裁の判断に不服のある場合には，最高裁に上告できます。これは「上告提起」と「上告受理申立」です。前者は，原判決について憲法違反や法律に定められた重大な訴訟手続の違反事由が存在することを理由とする場合の不服申立ての方法で，後者は，判断について判例違反その他の法令の解釈に関する重要な事項を含むことを理由とする場合です。ここにみられるように最高裁は，法律・判例違反について判断する「法律審」であり，事実の有無を証拠によって認定する「事実審」ではありません。

　最高裁の仕事のもう1つの重要なものとして，憲法81条に「最高裁判所は，一切の法律，命令，規則又は処分が憲法に適合するかしないかを決定する権限を有する終審裁判所である」とあるように司法審査を行いますが，これは具体的事件についてであり，違憲の判断がなされても即座にその法律が改廃されるわけではありません。

　最高裁は，憲法76条1項に「すべて司法権は，最高裁判所及び法律の定めるところにより設置する下級裁判所に属する」とあるように，憲法によって直接規定している裁判所であって，高裁以下の裁判所は下級裁判所です。また，最高裁の長たる裁判官は，内閣の指名に基づいて天皇が任命します（憲法6条2項）。最高裁判事は，内閣が任命します（裁判所法39条2項）。また，最高裁判事は，任命後初めて行われる衆議院議員総選挙の際に国民審査が行われます。その形式は，「罷免を可とする」裁判官に×印を付けることによって行われます。これまで「罷免を可とする」とされた数はきわめて少なく，またこれによって罷免された裁判官はいません。そして罷免されたとしても，5年間は最高裁判事

になれないということにとどまります。国民審査に付せられる最高裁判事がどのような判決を行ってきたのかについては，ほとんどの国民にとってあまり情報はなく，判断の材料が十分でないところで行われています。ただそうだからといって，国民審査をやめるような理由にはなりません。国民から最高裁が注視されており，さらには，裁判所全体に国民の目が向けられているのだということが，裁判所に伝えられる効果があります。

　最高裁判事は15人ですが，その経歴から裁判官出身，検察官出身，行政官出身，弁護士出身，法律研究者出身の割合がほぼ固定しています。司法行政は裁判官会議によるものとされており，最高裁には事務総局がおかれており（裁判所法13条），これは本来は総務的なものですが，実際には司法行政に大きな力をもっています。このことは歴代最高裁長官が，最高裁事務総長，司法研修所長，東京高裁長官を経験した者が多いことをみてもわかります。法律研究者（大学教授）出身者でも，かつては田中耕太郎（1950—60年），横田喜三郎（1960—66年）が最高裁長官になりましたが，最近では裁判官出身者が最高裁長官となっています。内閣総理大臣の名前を知らない国民はいないでしょうが，最高裁長官の名前は，知らない国民の方が多いのではないでしょうか。司法に対する関心と国民主権の意義を呼び起こすような手立てを裁判所の方からつくるべきでしょう。

　最高裁庁舎は東京都千代田区にあり，外観は重厚な建物です。見学するとよいでしょう。ただ，見学といっても裁判所は，その敷地に入るとカメラで撮影することは禁止されています。米国の連邦最高裁判所（Supreme Court）は，内部に入る前にX線検査がありますが，建物内部も撮影できます。見学者用のレクチャールームもあり，そして廊下には歴代の連邦最高裁判事の肖像画が掲げてあり，見学者用のカフェや土産物屋もあって，連邦最高裁関係の本もあれば，パンフレット，「連邦最高裁グッズ」も販売されています。最高裁判所と市民の間の距離の近さを感じさせられます。

　最高裁では，判事全員による大法廷と5人からなる小法廷があります。必ず大法廷で審理しなければならない事件は，裁判所法10条その他の法令に定められており，①当事者の主張に基づいて法律，命令，規則または処分が憲法に適合するかしないかを判断するとき，②当事者が主張しなくとも法律，命令，規則または処分が憲法に適合しないと認めるとき，③憲法その他の法令の解釈適

★ TOPIC：ドイツの裁判所・司法

　各国の司法制度は，国によって様々です。ここで日本の司法に歴史的に影響を与えてきたドイツの裁判所をみてみましょう。ドイツは人口約8300万人，旧西ドイツの11州，と旧東ドイツの5つの州（Land）から構成される連邦共和国（Bundesrepublik）です。各州はそれぞれ州憲法をもち，国防などについては連邦が立法権限を有します。

　裁判所は，日本のように1つの系統の裁判所があるわけではなく，民事・刑事事件を扱う「通常裁判所」，「労働裁判所」，「行政裁判所」，社会保障関係事件などを扱う「社会裁判所」，「行政裁判所」，「税務裁判所」があります。州の裁判所としては，税務裁判所を除いて2つの審級である地方裁判所（Landgericht）と上級地方裁判所（Oberlandesgericht）があり，通常裁判所には区裁判所（Amtsgericht）があります。それぞれの連邦の裁判所として通常裁判所（所在地カールスルーエ），労働裁判所（同エアフルト），行政裁判所（同ライプツィヒ），社会裁判所（同カッセル），税務裁判所（同ミュンヘン）があります。連邦労働裁判所は，かつてはカッセルに，連邦行政裁判所はベルリンにありましたが，統一後旧東ドイツ地域の現在地に移されました。立法・行政の中心であるベルリンに，連邦の裁判所が存在しないところは，立法・政治・司法の最高機関が東京に集中する日本と異なります。なおドイツには，日本の家裁に相当する裁判所はなく，区裁判所の「部」が家庭裁判所（Familiengericht）や少年裁判所（Jugendgericht）と呼ばれています。

　以上の裁判所のほかに設置されている「連邦憲法裁判所（Budesverfassungsgericht）」は，「地裁ー上級地裁ー連邦裁判所」の系統にある裁判所ではなく，日本の憲法にあたる「基本法（Grundgesetz）」への法令の適合性を審査する唯一の裁判所です。この点で，下級裁判も法令審査権を有している日本の裁判所と異なります。連邦憲法裁判所の判事は，日本の衆議院にあたる連邦議会（Bundestag）と州の代表で構成される連邦参議会（Bundesrat）により半数ずつ選ばれ，任期は12年です。法令審査（Normenkontrolle）は，具体的な事件に適用されている法令が基本法に適合しているか否かを審査するほかに，具体的な事件がなくとも連邦の法律や州の法律の憲法適合性を審査する抽象的法令審査権（abstrakute Normmenkontrolle）を有しています。司法権が，行政・立法部に対して実質的にものを言うことができます。申し立てを行えるのは，連邦大統領，連邦議会，連邦参議院，州政府などです。

　もう1つ連邦憲法裁判所の働きで重要なのは，「憲法訴願〔憲法異議〕（Verfassungsbeschwerde）」の制度で，基本権（人権）を侵害されたと思う者，または自治権を侵害されたと思われる自治体の，当該法律などの憲法適合性の審査を申し立てることがきることです。ただしこれは，他の救済手続方法が尽くされていることが条件です。強力な基本権保障方法といえるでしょう。手続では，まず3人か

らなる部（Kammer）が予備的審査を行い，その後 8 人の裁判官で構成される法廷（Senat）で審査されます。

　ところで，カールスルーエの連邦憲法裁判所の建物は，ガラスが多く使用されており外部から内部の一部を見ることができます。司法が国民から見えるところにあることを表しているようにも思えます。ちなみに，ドイツの裁判所の判決は「国民の名において（Im Namen des Volks)」という言葉で始まります。

　以上の他に，基本法に定められている裁判所として軍刑事裁判所（Wehrstrafge-icht）などがあります。

　ドイツの司法制度で注目すべきことは，職業裁判官以外の市民が裁判官として裁判に参加していることです。裁判が，法律のみに偏らないよう市民の視点を反映させ，裁判が職業裁判官だけのものではないことを表しています。市民裁判官は名誉職裁判官（Ehrenamt Richter）または素人裁判官（Laienrichter）と呼ばれています。刑事裁判での市民裁判官は，参審員（Schöffe）といいます。

用について，意見が前に最高裁の判断した裁判に反するとき，その他最高裁事務処理規則により，小法廷の意見が 2 説に分かれ，その数が各同数の場合には，大法廷で審理することが定められています。

　下級裁判所の合議体の各裁判官の意見は，外部に伝えられることはありませんが，最高裁では，それが「裁判書」に表示され，これには「意見」，「補足意見」，「反対意見」があります。

5 陪審裁判・参審裁判・裁判員裁判

　刑事裁判での市民参加には，陪審制，参審制，裁判員制があります。陪審裁判は，主に英米系の法制度の行われている国での制度で，刑事裁判では有罪無罪を陪審員のみで判断し，12人の全員一致が原則です。裁判映画の古典ともいえるシドニー・ルメット監督の『12人の怒れる男』を見た人もあるのではないでしょうか。

　これに対して参審員裁判は，ドイツなどの国で行われている制度で，職業裁判官と市民裁判官がともに判断を行います。市民裁判官は，事件記録を事前に読まずに，法廷でのやりとりをもとに有罪無罪と量刑を判断します。参審員は，ドイツでは自治体で推薦名簿をつくり，25歳以上で任期は 5 年です。

　日本の裁判員制度は，死刑または無期懲役もしくは禁錮に当たる事件に対し

て，20歳以上で欠格事由や就職禁止事由のない国民から抽選で選ばれ，原則として裁判官3人と参審員6人で1つの事件について有罪無罪と量刑判断を行う制度です。

◆参考文献

兼子一・竹下守夫『裁判法〔第4版〕』有斐閣，1999年
川嶋四郎・松宮孝明編『レクチャー日本の司法』法律文化社，2014年
木佐茂男・宮澤節ほか『テキストブック現代司法〔第6版〕』日本評論社，2015年
コリン・ジョーンズ『アメリカ人弁護士が見た裁判員制度』平凡社，2008年

25講 法律家

① 法 律 家

　私たちは日常生活の多くの部分で法の網の中にいます。売買，企業の取引，市や町の議会選挙，病院での受診など挙げると切りがありません。しかし，私たちはそのことを，ほとんど意識していません。「これは，法律ではどうなっているのだろう」と考えるのは，事件，事故，トラブルがあるとき，とりわけ自らの利害に関係する場合が多いでしょう。そのとき，法律関係の本をあたり，自分なりの予測，考えをつくりあげます。法律は社会規範ですから，社会通念やある意味での常識とかけ離れたものではありませんが，現代社会では，法律の専門知識・技術を有する者がいなければ扱えないほど法律は高度になっており，その知識を獲得する法律家養成システムが発達しています。「法律家」という多くの職業が今日，存在しています。なかでも弁護士は，市民生活において身近な存在でしょう。ほかには主として不動産登記を行う司法書士，特許や実用新案などを扱う弁理士，税理士などがあります。

　法律専門家のうちでも中心的な役割を果たしているのは，「法曹三者」といわれる弁護士・裁判官・検察官です。これらの職業の資格を取得するためには，原則として司法試験に合格して，司法修習を修了しなくてはなりませんし，「法律事務所」という名称で事務所を開けるのは弁護士のみで，日本弁護士連合会（以下，日弁連という）に登録しなければなりません。後の二者は国家公務員です。法曹三者は，司法研修所でいわば「同じ釜の飯を食べた」者同士で，司法研修所での第何期か，ということで仲間としての意識があるようです。大学の同窓会のようなものでしょうか。

　法曹三者となるためには，日本では大学（その多くは法学部）を卒業して司法試験に合格するのが一般的なコースです。日本においては，司法修習を修了し

てから，それぞれ弁護士，裁判官，検察官となり，弁護士以外は定年まで勤めるというのが一般的であり，裁判官の場合でも，一般の行政職と同じように転勤・異動を行い，給与も細かい段階で設定されており昇給していきます。これを「キャリアシステム（官僚裁判官制度）」といいます。

　国によっていくつかの法曹養成システムがあります。アメリカでは，大学には法学部はなく，「ロースクール」という3年間の大学院レベルのコースで学び，各州で実施される司法試験に合格することによって資格を得ます。裁判官は，経験を積んだ弁護士の中から採用されます。そして，裁判官の給与体系は，日本のように段階で細かく規定され，給与額が大きく異なることはありません。これを「法曹一元制」といいます。

② 弁 護 士

　弁護士というと，法廷に立って，流ちょうな弁舌で相手方とやり合う，というイメージがありますが，法廷・訴訟業務以外に様々な仕事があります。そのうちの1つが「プロボノ（pro bono publico）」です。これは，利益を目的とせず，市民に法律を身近なものにしてもらうための活動のことです。例えば，「当番弁護士」や地方自治体などの無料の法律相談，弁護士会での低料金での法律相談，学校に出向いて法についての授業を行う「法教育」などがあります。もし，身近に相談する弁護士がいない場合には，それらを利用するのが良いでしょう。「プロボノ」は，弁護士という職業の「公益性」という特性を最もよく表している仕事です。ちなみに，弁護士法1条1項は「弁護士は，基本的人権を擁護し，社会的正義を実現すること使命とする」と自らの職業的使命を定めています。社会一般で行われている経済行為には対価的関係があります。つまり，物やサービスを買う場合には，それと金銭の支払いがセットになっています。弁護士の仕事は，対価関係でははかれない側面があります。ドイツ語では，弁護士の報酬は，医師のそれと同じく，一般的な賃金を意味する Gehalt や Lohn ではなく Honorar とされており，日本語では「謝礼」がそれに近いでしょう。

　弁護士となるためには，原則として大学を卒業して，2年または3年の法科大学院（専門職大学院）を修了して，司法試験に合格し，最高裁判所（以下，最

高裁という）の司法研修所で１年間の修習を行いそこでの考試（二回試験）に合格し，日弁連に登録することが必要です。弁護士登録をしても現実には，すぐに弁護士として仕事ができるわけではありません。先輩弁護士について実際の仕事に当たって経験を積んでいきます。試験のために本を読んで勉強してきた座学とは異なり，実務では，関係者の話をよく聞き，事件・事案の現場に出向いて実際の全体状況を把握して判断できることが必要になります。事件や事案について，裁判では「すじ」，「すわり」ということがいわれます。これは言語化できない知識や見通しで，「勘」によるものといったところでしょうか。マイケル・ポランニー（Polanyi, M. 1891-1976）というハンガリーの研究者は，こうした「知」を『暗黙知の次元』という本で取り上げています。

　日本の弁護士の数は，2018年現在，４万66人であり，そのうち約19％が女性です。また，司法試験の合格者の約25％が女性です。司法試験の合格者の数は，2018年度で約1500人です。合格者は長年約500人に抑えられてきましたが，「司法制度改革」の１つの施策として，将来，規制緩和が進み，とりわけ経済社会において紛争などが増えるという予測の下で，法科大学院制度の発足に合わせて，合格者の数を増やしました。この新しい制度での司法試験合格率は，2006年度では約48％でしたが，2019年度では約36％です。日本の弁護士１人当たりの国民の数は2018年で3162人，同じくフランスでは1024人，ドイツ502人，イギリス401人，アメリカ261人となっており，他国に比べてきわめて少ない数の弁護士しかいません。ただ，単純な数の比較だけでは，司法制度全体の機能の良し悪しは判断できません。それぞれの国で弁護士の業務の範囲が同じではありませんし，調停や裁判外紛争処理制度の利用，当事者の弁護士費用の負担のあり方，さらには経済状態などを考慮しなければ，比較はできません。

　弁護士は，現在どのような状態にあり，またどのような問題があるのでしょうか。まず，日本の弁護士数は，諸外国に比べてきわめて少ないですが，それも都道府県の人口比でも平均しているわけではありません。各道府県に１つ，東京には弁護士会が３つあります。東京は政治・経済の中心ですから，弁護士の数はきわめて多く１万8879人（全体の約47％〔2017年度〕）です。弁護士１人当たりの人口数は，秋田１万2769人，岩手１万2067人，青森１万1310人となっています。反対に弁護士が多いのは，東京727人，大阪1934人，京都3384人など

です。かつては，地方裁判所支部で弁護士が１人もいないか，１人しかいない「ゼロワン地域」がありました。これは日弁連のバックアップする「日弁連公設事務所」および「総合法律支援法」による「法テラス（日本司法支援センター）」の設立により解消されました。しかしながら弁護士の過疎と集中は，地域的ばかりではなく社会的にも依然として存在しており，過疎地域での身近な専門的法律の利用と刑事事件における人権への配慮は，十分ではありません。

弁護士は，数の上では増員されましたが，都市部では仕事の少ない弁護士が現れています。弁護士人口増員の前提であった社会の一層の自由主義化と利害複雑化による紛争事案の増加は，そうはなりませんでした。そのため司法修習を修了しても，弁護士事務所に就職できない弁護士が出てくるようになりました。そうした弁護士は，すぐに独立する「即独」や弁護士事務所に形だけ席を置く「軒弁」となります。こうした弁護士は弁護士事務所での先輩弁護士の指導がありませんので，日弁連は対応を行っています。

弁護士は国家と対立することがありますから，独立の存在でなくてはなりません。これを一番明確に表しているのは，弁護士の「懲戒制度」です。弁護士に対する監督権や懲戒権は，戦前には裁判所がもっていましたが，現在では弁護士会が有しています。弁護士懲戒制度の特徴は，第１に，懲戒請求を，弁護士から不当な行為によって不利益を被ったわけではなくとも誰でも行えるということです。その意味では開かれた制度です。ただ，そのことの結果，本来の意図とは異なることが起きる可能性があります。2007年にある弁護士がテレビ番組で他の弁護士の懲戒を呼びかけると受け取られる発言を行ったため，例年の数とはかけ離れた多数の懲戒請求があったことがあります。懲戒には，①戒告，②２年以内の業務停止，③退会命令，④除名の４種類があります（弁護士法57条１項）。2017年の懲戒請求新受件数は2864件で，そのうち，戒告68，業務停止31，退会命令４，除名３の合計106でした。懲戒は，日弁連が毎月発行する『自由と正義』と官報に載るだけで，一般市民がこれを知るにはアクセスしにくい状況にあります。

③ 裁 判 官

　裁判官は，司法権の担い手です。最高裁長官は，天皇によって任命され，下級裁判所の裁判官は，最高裁の指名した者の名簿によって内閣が任命します。任期は10年で再任されることができます。手続では，最高裁に設置された「下級裁判所裁判官指名諮問委員会」が，任官希望者について情報を任官希望者，裁判所，検察庁，弁護士会から得て，その適否について最高裁に意見を述べます。この制度は2003年から始まり，指名のプロセスが国民にわかりやすく理解できるようになりました。委員会は，法曹三者5人，学識経験者6人，東京以外の同委員会では法曹三者3人，学識経験者2人で構成されます。裁判官が独立して裁判を行うことができるために，身分保障がされています。憲法78条では，「裁判官は，裁判により，心身の故障のために職務を執ることができないと決定された場合を除いては，公の弾劾によらなければ罷免されない。裁判官の懲戒処分は，行政機関がこれを行うことはできない」と規定されています。裁判官が官を辞するのは，①天皇もしくは内閣に対して，願い出を行う，②10年の任期を満了して再任されない場合，③最高裁判事と簡裁判事の定年70歳，それ以外の裁判所65歳の定年に達した場合，④国会の両議院の議院で構成される弾劾裁判で罷免された場合，⑤禁錮以上の刑に処せられたときです。

　ただ，実際には，裁判官の人事は官僚システムですから様々な形で裁判官をコントロールすることが可能です。それらは，給与，任地，裁判長（部総括判事）指名です。部総括判事とは，3人以上の裁判官からなる合議体で評議を主宰する裁判官で，これはやりがいのある仕事ですが，指名される判事となかなか指名されない判事がいるといわれています。給与は，最高裁長官と最高裁判事，高裁長官以外の判事においては判事補と判事で違い，前者は12段階，後者は8段階に分かれています。一定のところまでは，同期であれば同じように昇給しますが，判事4号から判事5号に昇給するのに多くの時間がかかる判事がいます。任地に関しては，身分保障に大きな意味がありますが，転勤は形式的な同意で行われており，実際には裁判官は拒否はできないようです。

　弁護士の懲戒は弁護士会によって行われますが，裁判官については，裁判所

が行う「分限裁判」によって行われます。地裁以下の判事については，管轄する高裁において5人の合議体で行われます。最高裁および高裁の分限裁判は，第1審かつ終審として最高裁が行います。懲戒は，戒告または1万円以下の科料です。これは，一般公務員の懲戒が免職，停職，減給，戒告であるのとはきわめて異なった形になっています。

　1つの例があります。1990年代に仙台地方裁判所の判事補が，「組織的な犯罪対策3法案（通信傍受を含む）」反対の集会に，当初パネリストとして参加することを予定していたところ，地裁所長より「政治運動」に当たるとして止められたので，パネリストとしてではなく一市民として参加しました。このことにより同判事補は，仙台高裁での分限裁判でその行為が政治活動に当たるとして戒告となりました。根拠となっているのは，裁判所法52条1項の「裁判官は，在任中，左の行為をすることはできない。一　国会若しくは地方公共団体の議会の議員となり，又は積極的に政治運動すること」です。同判事補は最高裁に即時抗告しましたが，最高裁は棄却しました。この最高裁大法廷決定は，10対5の多数決で行われました。多数意見の判事は裁判官，行政官，外交官出身で，少数意見の判事は弁護士出身4人，法律学研究者出身1人でした。そこでは，①同裁判官の行為が積極的に政治運動することに当たること，②非公開法廷で手続が行われたことについては，裁判官の懲戒は裁判形式をとっているが，その実質において純然たる訴訟事件に対するものであって，裁判の公開は裁判官の懲戒には適用されない，というものでした。少数意見では，①同判事補の行為は積極的な政治運動には当たらないとするもののほかに，②このような限界例にまで懲戒権を発動することが，特に若年の裁判官が積極的な気概をもつ裁判官に育つのを阻害することを危惧する。裁判官の中に必要以上に言動を自制する者が現れはしないかと案ずる，とするもの，③憲法21条1項の保障する表現の自由を重大に制約する意味をもつ「積極的に政治運動すること」の意義を厳密に解釈するべきものであること，④手続は公開法廷で行われるべきであること，などでした。

　この判断では，裁判官の市民的自由の享受がきわめて制約されていることがわかります。とはいえ，裁判官からも社会へ自分たちの意見を公表する動きが少し出てきました。裁判官有志による「日本裁判官ネットワーク」がつくられ

ホームページもあります。このグループが出版した『裁判官は訴える！』という本には，こんな話があります。ある裁判官は，野鳥の観察が趣味で，「日本野鳥の会」に入会しようとしました。しかし，最高裁が団体加入について否定的な態度をとっていることで，野鳥の会が積極的な政治運動を行う会だと考えるのではないか，そうでなくとも最高裁から裁判官の中立を損なうといわれるのではないか，と心配であったとされています。それくらい裁判官はびくびくしているということです。さらに「このような文書を公で公表することで，転勤などで不利益な扱いを受けないだろうか，ということも気にかかるのである」（同書130頁）とも書かれています。このようなことがあると，裁判官の自己規制によって国民と裁判官の間に距離ができてしまい，その結果，人権擁護や行政・立法に対して「ものを言う」という司法の本来の機能がうまく働かないのではないか，と心配されるところです。

　さて，裁判官の数はきわめて少なく，国民との距離は小さくはありません。近時，このような裁判官が一定期間弁護士の職を経験するという制度ができました。これは，判事補，検事のうち任命された日から10年を経過していない者について，2年間を限度に，弁護士をするものです。その趣旨は，「内外の社会経済情勢の変化に伴い，司法の果たすべき役割がより重要なものとなり，司法に対する多様かつ広範な国民の要請にこたえることのできる広くかつ高い識見を備えた裁判官及び検察官が求められていること」（「判事補及び検事の弁護士職務経験に関する法律」）を考慮して，経験の多様化によって「（それぞれの）能力及び資質の一層の向上並びにその職務の一層の充実を図ること」を目的とすることです。この制度によって弁護士職を経験する裁判官は，多くはありませんが，裁判官と弁護士から好評であり，裁判官の感想として弁護士の立場から訴訟をみることができ，裁判官とは異なり，迅速性やコストを考慮することができた等の意見が出されています。

4 検 察 官

　もし犯罪の被害にあったら，被疑者を刑事裁判によって刑を確定し，刑事責任を明らかにしなければなりません。しかし，犯罪被害者が自ら捜査し，裁判

所で訴追することはできません。その理由は，そうすると単なる復讐となってしまうおそれがあり，また客観的な基準によることなく行われる可能性があるからだと説明されます。裁判所に公訴を提起するのは，検察官です（刑事訴訟法247条）。なお，検察官は，いかなる犯罪についても捜査することができます。検察官はどのような人たちで，どのような組織で働いているのでしょうか。

　検察官の定員は，2019年現在，検事1868人，副検事899人からなります。検察庁は検察官の行う事務を統括するところで，ピラミッド型の官僚組織です。上から，検事総長，次長検事，検事長，検事正，検事，副検事からなります。副検事は，司法修習を修了しなくとも一定の条件で任命されます。これらのうちの上位三者は，天皇によって認証される認証官です。認証官以外の検事は，法務大臣によって任命されます。

　検察庁は，裁判所の審級に応じて，最高検察庁，高等検察庁，地方検察庁，区検察庁があります。検事総長は，最高検察庁の長であると同時に，すべての検察庁の職員を指揮監督します。裁判官が良心に従って独立して職権を行い，憲法と法律にのみ拘束されるのに対して，検察官はそれぞれ検察権を行使する「独任制官庁」で，上述のような指揮命令の関係にあります。これを「検察一体の原則」といいます。「検事総長，検事長又は検事正は，その指揮監督する検察官の事務を，自ら取り扱い，又はその指揮監督する他の検察官に取り扱わせることができる」（検察庁法12条）としており，検事総長以下が，直接個別検察官の仕事に介入することはなくとも，実質的には意思を通すことができます。検察庁は法務省の特別な機関ですから，最高責任者は法務大臣です。法務大臣は，時の政権政党に所属しています。そうすると，時の政権政党関係者の犯罪容疑が適切に処理されない可能性があります。法務大臣は，個別に検察官の事務に関し，検察官を一般に指揮監督することができますが，個々の事件の取調べまたは処分については，検事総長のみを指揮することができることになっています。

　検察官の仕事の主なものは，公訴の提起でした。刑事訴訟法248条には，「犯人の性格，年齢及び境遇，犯罪の軽重及び情状並びに犯罪後の情況により訴追を必要としないときには，公訴を提起しないことができる」とあります。検察官が公訴を提起するか否かを決めるわけですから，多くの人々が公訴を提起す

★ TOPIC：ドイツの弁護士

　ここで他国の弁護士についてみてみましょう。ドイツの弁護士は約16万人で，単純に数だけ比較すると，ドイツの人口は約8300万人ですから，きわめて多くの弁護士がいます。弁護士になるためには，日本と同じく法学部に進み司法試験を受けますが，司法試験（修習生試験と判事補試験）が大学を卒業するという意味となり，合格すると有資格法曹（Volljurist）となります。日本のように単位を取得して卒業するというシステムではありません。これら２つの試験の合格率は70％から80％で，日本に比べて相当高いです。近年では，日本の状況に似て，試験に合格しても思うところに就職できなくなってきています。司法試験の成績によって就職先が決まり，後々まで試験の成績がついて回ります。日本と異なるのは，かなり多くの弁護士が行政庁や企業にいることです。これを組織内弁護士（Syndicus）といいます。女性弁護士の割合は33％ほどです。一定の条件で「専門弁護士（Fachanwalt）」を称することができます。ドイツの街では多くの弁護士事務所の表示板を見ますが，「弁護士」の表示に加えて，何らかの「専門弁護士」が付記されています。日本においては，弁護士といえばジェネラリストとして広範な業務を扱いますが，今後日本でも弁護士の専門化の必要が出てくるでしょうか。日本の弁護士法は，１条で弁護士の使命として基本的人権の擁護や社会正義の実現を掲げていますが，ドイツの弁護士法にあたる Bundesanwaltsordnung（BRAO）では，弁護士は独立した司法（Rechtspflege）機関であるとしています。国によって弁護士の自己規定も異なっています。

るべきと考える事件でそれを行わなかった場合，チェックするために「検察審査会」がおかれています。これは地方裁判所の本庁と主な支部におかれ，犯罪被害者等からの申し立てで，くじで選ばれた11人の検察審査員が審議し，「起訴相当」（８人以上），「不起訴不当」（過半数），「不起訴相当」を決めます。これまで「起訴相当」の議決があっても，検察官はそれに拘束されるわけではありませんでした。2009年の法律改正で，２回起訴相当の議決があった場合には，裁判所から指定された弁護士が起訴することになりました。不当な起訴と思われる起訴に対しては審査されません。これまで検察審査員を経験した国民は58万人以上，審査された事件は17万件以上となっています。

　もう１つの最近の改革は，「判検交流の一部廃止」です。判検交流とは，裁判官が法務省に勤務し，また検察官が裁判官となることをいい，刑事分野では1974年から始まりました。その意義は相互の仕事の理解を進めるということで

すが，そもそも司法と行政とが相互にチェックするということで権力が分立されていることからみて，それぞれの公正さを疑わせる可能性のある制度でした。行政側を代理する法務省の訟務検事が裁判官となれば，行政を相手方とする事件や刑事事件ではなおさらです。そのため弁護士などから批判を受けていましたが，2012年から刑事では廃止されました。

　さて，これまで，検察官の刑事事件での仕事を中心にみてきましたが，公益の代表者として他の法令がその権限に属させた事務を行うとされています。例えば，養子関係の1つである特別養子縁組の離縁については，養子，実父母のほかに検察官も家庭裁判所に請求することができます。また，死刑の執行に立ち会うことも，仕事の1つです。

◆参考文献
　寺西和史『愉快な裁判官』河出書房新社，2000年
　西川伸一『裁判官幹部人事の研究―「経歴的資源」を手がかりとして』五月書房，2010年
　日本弁護士連合会編（毎年発行）『弁護士白書』
　和田仁孝・佐藤彰一編『弁護士活動を問い直す』商事法務，2004年

26講 裁判以外の紛争解決方法

① 紛争解決の様々な方法

　民事紛争の解決方法は様々です。単純な争い，例えば，友人同士の金銭の貸し借りのトラブルを解決するためには，当事者同士が話し合うのが普通でしょう。これを「相対交渉」といいます。紛争は状況が変化するものですから，当事者がお互いに相手の表情や言葉の調子を感じながらコミュニケーションし解決へ向かおうとするのは，紛争処理の原点です。相対交渉においては，交渉を途中でやめてしまうことは任意です。強制の要素はありません。解決に向かうなかで何らかの公的な基準，例えば民事訴訟法や民法などは，ありません。もちろん，社会通念や道徳などの社会規範的なものによって導かれることはあるでしょう。「このケースでは，民法ではどうなっているのだろう」と考え，間接的に法規範が参照されることもあります。

　当事者同士の交渉でらちが明かないと悩んでいるときには，「相談」を行います。困っているときに相談相手がいるといないとでは，大きな違いがあります。紛争当事者にとって自分の声を聞いてくれる存在はありがたいことです。そして，これが解決の手がかりとなることもあります。ミヒャエル・エンデの『モモ』という小説があります。モモは円形劇場に住み着いてる小さな少女ですが，悩みをもった人が来ると話を聞きます。モモは，専門的知識をもっているわけでも，悩みの解決方法を教えるわけでもありません。モモに話すだけで，モモが聞くだけで悩みをもった人には，よい考えが浮かんだり心が軽くなります。「話を聞く」ということには，そんな何かが隠されています。相談にのった人は，時として当事者の間をとりもつ幹旋者ともなります。片方の，あるいは双方の話を聞いているうちに両者のコミュニケーションをとったり，また進んで解決の糸口を示してくれる存在にもなります。

次に，「調停」と「仲裁」があります。これらは，日常語としては区別されずに使われることもありますが，異なります。調停は，紛争当事者の双方が，調停人に調停案を出してもらうことを合意して手続に入ります。そして調停案を受け入れるか受け入れないかも当事者の自由です。調停は日本でよく利用されており，裁判所が関与するものは「民事調停」と「家事調停」があります。

民事調停は相手方の住所の簡易裁判所に申し立て，裁判官である民事調停官と民事調停委員が，双方から提出された資料や双方が述べたことをもとに調停案をつくります。調停委員になることができる資格は，弁護士や専門的知識・社会的経験を有する者です。双方が納得すれば，裁判所書記官が「調書」に記載し，これは確定判決と同じ効力をもちます。調停案に同意がなければ，訴訟を起こすこともあるでしょう。調停申し立ての費用は訴訟費用よりも低く，解決までの期間は2か月程となっており，迅速な解決が期待でき，手続は非公開で行われます。また，裁判所は，「調停に代わる決定」を出すことができ，これを当事者が納得すれば調停が成立したのと同じ効果があります。これは2週間以内に異議を申し立てれば調停不成立となります。「調停」で最近注目されているのは，調停人が調停案をつくったりその判断を示すのではなく，当事者をとりもって当事者の交渉，自律性を重視する方法です。

仲裁は，現在または将来生ずる民事紛争の当事者が仲裁人の仲裁判断を受け入れ，それに服する紛争解決の方法です。仲裁は1人または2人以上です。仲裁人は報酬を受けることができます。仲裁を開始するための申し立てを行った当事者を申立人といい，それ以外の仲裁当事者を仲裁被申立人といいます。仲裁人が審理する合議体である「仲裁法廷」には，当事者の主張に基づく証拠が提出され，仲裁判断が出されます。仲裁判断は確定判決と同じ効力があります。そして仲裁合意の対象となることが裁判所に出されると，裁判所はこれを却下します。仲裁は，手続や判断のしくみから調停と訴訟の間にあるといえます。

2 A.D.R.

以上は，訴訟によらない紛争処理手続のうちでもよく知られている方法です。最近，A.D.R. という言葉を耳にするようになりました。A.D.R. とは，Alternative

Dispute Resolution の略で「裁判外紛争解決」と訳されます。Alternative には「選択的」と「代替的」という意味があります。「選択的」とすれば，数ある紛争処理の方法の中から紛争当事者が主体的に，そして紛争の個性に合わせて選び取る「もう１つの」という意味合いであり，「代替的」とすれば，法律による訴訟を中心に考え，それの「代わり」という意味合いが感じられるでしょう。

　A.D.R. の方法は様々ですが，主宰者によって分類すると「民間型」と「行政型」があります。民間型には，事業者が行っているものと，事業者団体が行っているものがあり，「交通事故紛争処理センター」，「日本海運集会所」，「クリーニング賠償問題協議会」，「医薬品 PL センター」，「インテリア PL センター」，「自動車製造物責任相談センター」，「全国しんきん相談所」，「国際商事仲裁協会」等多数あります。さらに弁護士会の行っている「仲裁センター」もあります。行政型には，国民生活センター法による国民生活センターの「国民生活センター紛争解決委員会」，「都道府県公害審査会」，「公害等調整委員会」，「建設工事紛争審査会」などがあります。これらはすべて同じ機能を有しているわけではなく，それぞれの A.D.R. により，「助言」，「相談」，「他の機関へ紹介」，「和解」，「斡旋」，「仲裁」のうちのいくつかを行っています。A.D.R. の手続には，合意をめざす，あるいは合意に重点をおくものと，「裁定」つまり，手続主宰者が当事者の主張を聞いて判断を行うものがありますが，これらの中間に当たるものもあります。ただ，A.D.R. による紛争処理の正当性の根拠は，法律と強制ではなく「合意」であるとすれば，合意によるものが望ましいといえます。

　現代において，A.D.R. が必要とされ，また多くあることの理由は，まず，訴訟は勝ち負けという心理的負担があり，証拠資料による事実の認定など厳密さがある反面，一般市民がアクセスするには躊躇しやすい制度になっていることです。そして，一般市民の日常的な世界と異なる「法の世界」があります。例えば，裁判所の「呼び出し状」には，「正当な理由がないのに来られないときには，法律上の制裁（訴訟費用の負担，罰金，科料，または拘留されたり，勾引されたりすること）がありますから，ご注意ください」という趣旨の文言があります。これをみれば，訴訟リピーターならともかく，身構えてしまい，進んで裁判所へ向かおうという気持ちにはなりにくいのではないでしょうか。

民事訴訟では，たとえ勝訴したとしても獲得できるのは原則として金銭です。交通事故で障害を負ったり，医療過誤で死亡したりした場合は，金銭による賠償以外に，被害者・遺族の本当の願いは原状回復であったり加害者の真摯な謝罪であったり，被害者の死を無駄にしないような医療の管理責任体制をつくることであったりします。紛争は人間的要素が重要な位置を占めるのであり，解決には当事者の納得を得られることが重要な要素となります。ドイツの法学者のルドルフ・フオン・イェーリング（Jhering, R. 1818-92）は，『権利のための闘争』の中で訴訟に勝つためには，膨大な費用を要することがはっきりしている場合でさえ，訴訟をあきらめない当事者が多くいること，訴訟は理念的な目的のために人格と権利感覚を示すために遂行されると述べています。

　今日，A.D.R. が多くなっているもう１つの理由は，現代社会のあり方に関係します。電子技術や生物医療技術をはじめとする高度な技術，また，経済領域での急速な変化を背景とする現在の複雑な紛争では，それらを裁判官がすべて裁くよりも，法律に関する知識以外に専門的知識・経験を有する公正な第三者が，それぞれの領域で判断することの方が適切であり，効率的であることもあります。

　３つ目の理由は，訴訟は手続的にもいわば小回りの利かない大がかりな制度であることです。そのことの１つとして，訴訟には申し立て費用，弁護士費用がかかり，また，最近では短縮されてきたとはいえ，時間もかかります。A.D.R. は，費用は低廉で，無料の場合もあります。ただ無料の場合は，専門家に「下駄を預ける」ことになり，「私的自治の原則」からいえば注意しなければなりません。

　A.D.R. の実効性はどのように確保されるのでしょうか。前にみたように訴訟における確定判決では，既判力と執行力によってその履行は確保されます。１つのやり方は，簡易裁判所で「起訴前の和解」を行って，内容を和解調書に記載することで執行力を確保できます。もう１つは，公証役場で公正証書をつくることです。そして「金銭の一定額の支払い，またはその代替物もしくは有価証券の一定の数量の給付を目的とする請求について公証人が作成した公正証書で，債務者が強制執行に服する旨（執行認諾文言）の陳述」を記載して執行証書をつくっておくことによって履行を確保できます。

さて，A.D.R. の眼目の１つが，訴訟の形式性・非日常性に対して紛争処理において「日常性」を取り込むことであるとすれば，どのような点が考慮されなければならないでしょうか。A.D.R. の紛争処理におけるコミュニケーションでは，相手方の主張をその根拠を含めて相手方に理解できるように伝えること，理解できる点と理解しがたい点を明確にして，当事者による将来に向けた関係を創造していくことが必要になります。よく知られている例を少しモディファイして紹介します。姉と妹が１つのオレンジを欲しいといって争っています。この局面では，解決の手立てはありません。親が出てきて，姉は年上なのだから我慢して，妹にあげなさい，といってオレンジを妹に渡すのも解決方法ですが，これでは，姉は納得できません。今度は，親がオレンジをナイフで２つにして姉妹に渡しますが，それではまるまる１つのオレンジを欲しがっていたのですから，今度は双方が満足しません。姉と妹の話をよく聞くと，姉はオレンジの皮でマーマレードをつくりたかったのですが，妹は実を使ってオレンジジュースをつくって飲みたかったのです。姉と妹が何のためにオレンジを欲しがっているのかという点を確かめ，そしてそれを伝えあえば，あるいは第三者が伝えれば，解決されます。１つのオレンジを欲しがっているということだけをみると解決の余地はありません。それぞれの言い分を聞いて，なぜオレンジを欲しがっているのかという理由を正確に知り，相手に伝えることがポイントです。そのためには，１つの視点にこだわっていてはうまくいかず，複数の視点をとれることが「Win-Win」につながる可能性があります。

③ A.D.R. の実際：交通事故紛争処理センター

　A.D.R. の実際を，比較的歴史も長く，取扱件数も多い公益財団法人「交通事故紛争処理センター」を例にとってみてみましょう。交通事故紛争は，他の日常生活で生起する紛争とは異なるいくつかの特徴があります。日常生活における紛争は，紛争に至る過程，例えば取引関係や家庭の紛争であれば，それまでの共同生活という継続性があり，取引関係では，将来に向けて関係を続けなければならないこともあります。しかし交通事故では，そのような関係はなくある日突然，被害者となり，加害者となります。それゆえに将来の関係（の継続）

を考慮することなく，できるだけ多くの賠償を取ろう，他方で事案にもよりますが，できるだけ多額の賠償には応じたくないということにもなりかねず，情緒的な対立も深まります。そして，すぐに訴訟ともなれば，当事者双方の負担も大きく，納得の得られる，つまり合意に基づかない結果となります。

　交通事故紛争処理センターでの手続は，このような交通事故の事情も考慮してつくられています。1978年に設立された同センターは，高等裁判所の所在地に本部および支部があり，それ以外にさいたま市，金沢市，静岡市に相談所があります。運営費用は保険会社からの拠出寄付によっており，利用者は無料で利用できます。同センターの業務は，法律相談，被害者・加害者の契約している保険会社などとの和解斡旋，「審査」です。これらの手続は，同センターの嘱託弁護士が行います。手続の特徴は，まず，申立人（通常は被害者）が，電話で相談の予約をして申し込み，センターを訪れて弁護士相談します。プロセスの入口が書面ではなく，日常的コミュニケーションの道具である「電話」で始まります。そして，相談だけで終了し，当事者自らが交渉する場合もありますが，相談者が希望すれば斡旋が行われます。相手方に同センターに来てもらうように連絡し，申立人，相手方双方が出席し，弁護士による斡旋案を双方が受け入れれば，和解が成立します。斡旋が不調の場合は，希望すれば，「審査」という手続に入ります。審査は斡旋を担当した弁護士が，斡旋の経過を踏まえて審査会の弁護士に報告し，これをもとに合意できない点について「裁定」を行い，これに申立人が同意すれば，和解が成立します。裁定に同意する・しないは，申立人の自由で，そこで同センターによる手続は終了します。裁定は，保険会社は異議は唱えない「片面的拘束」という形になっています。

　これらの手続には「斡旋和解」と「審査」の2段階があり，和解は相談を担当した弁護士が行い，審査になったとき，その弁護士は中立的な立場で手続を進めます。相談の段階では，弁護士は申立人に法律専門家としてアドバイスを提供し保険会社側と対等に交渉できるように努め，次の段階では中立なものとなるのです。このように双方が受け入れやすい環境になっており，手続自体が柔軟になっています。

　2018年度に同センターが取り扱った新規件数は6680件で，斡旋による終了の件数では，和解成立5269件，司法手続，解決手続教示5件，損害額算定・解決

手続教示54件，斡旋・不調取り下げ658件，その他148件でした。「審査」による終了では，和解成立568件，不同意・取り下げ43件，その他１件でした。なお，和解成立まで同センターを訪れた回数は，１回514件（8.8％），２回2090件（35.8％），３回1680件（28.8％）等となっています。70％以上が３回以下で和解に至っています。

④「裁判外紛争解決手続の利用の促進に関する法律」

A.D.R. に関連して，2007年に「裁判外紛争解決手続の利用の促進に関する法律」が施行されました。この法律の１条は，「裁判外紛争解決手続（訴訟手続によらずに民事上の紛争の解決をしようとする紛争の当事者のため，公正な第三者が関与して，その解決を図る手続をいう。以下同じ。）が，第三者の専門的な知見を反映して紛争の実情に即した迅速な解決を図る手続として重要なものとなっていることにかんがみ，裁判外紛争解決手続についての基本理念及び国等の責務を定めるとともに，民間紛争解決手続の業務に関し，認証の制度を設け，併せて時効の中断等に係る特例を定めてその利便の向上を図ること等により，紛争の当事者がその解決を図るのにふさわしい手続を選択することを容易にし，もって国民の権利利益の適切な実現に資することを目的とする」としており，一定の範囲のものを認証して信頼性を与えて，市民が利用しやすくしようとしています。

認証の基準は16項目と多岐にわたっており，①専門的な知見を活用して和解の仲介を行うこと，②その範囲に対応して和解の和解を行うのに手続実施者を選任することができること，③手続実施者が弁護士でない場合，その実施に当たり，法令の解釈に関し専門的な知識を必要とするときに，弁護士の助言を受けることができること，④申請者（手続実施者を含む）が支払いを受ける報酬または費用がある場合には，その額または算定方法，支払方法その他必要な事項を定めており，これが著しく不当なものでないこと，などが定められています。したがって，実施者は報酬を受けることができます。

認証を受けられない者のリストとして，①一定の暴力団員，②暴力団員でなくなった日から５年を経過しない者，③暴力団員等をその民間紛争解決手続の

業務に従事させ，または当該業務の補助者として使用するおそれのある者，④暴力団員等がその事業活動を支配する者，等が規定されており，暴力団員等を厳しく排除しています。

　もう 1 つ重要なのは，金銭の貸借などの場合，訴訟で請求すれば金銭債権の時効期間計算が中断されますが，本法でも時効が中断され裁判外紛争解決手続を利用しやすくしていることです。同法25条は，「認証紛争解決手続によっては紛争の当事者間に和解が成立する見込みがないことを理由に手続実施者が当該認証紛争解決手続を終了した場合において，当該認証紛争解決手続の実施の依頼をした当該紛争の当事者がその旨の通知を受けた日から 1 月以内に当該認証紛争解決手続の目的となった請求について訴えを提起したときは，時効の中断に関しては，当該認証紛争解決手続における請求の時に，訴えの提起があったものとみなす」となっています。

　総じて，本法は，対話交渉・合意による紛争処理などの特徴を積極的に取り入れるという視点よりも，A.D.R. を法律でかなり強力に管理することに重点がおかれている法律になっています。

　A.D.R. には，手続の迅速さ，簡便さ，低廉もしくは無料の手続，市民の日常的コミュニケーションに近い形での交渉，国家による裁定ではなく当事者の合意と納得による紛争解決といった利点を有していますが，数は多いものの，利用はそう多くないというのが現状です。その原因の 1 つは，調停や仲裁に比べてもその内容や実態があまり市民に知られていない点です。もう 1 つとして，特に民間型の A.D.R. についてですが，国つまり「お上」の行っていることの方が従いやすいという風潮があるのかもしれません。今後，これらを解消していく手立てが必要です。

◆参考文献
棚瀬孝雄編著『紛争処理と合意』ミネルヴァ書房，1996年
馬場健一「訴訟回避傾向再考―「文化論的説明」へのレクイエム」和田仁孝・樫村志郎・阿部昌樹 編『法社会学の可能性』法律文化社，2004年
山本和彦・山田文『ＡＤＲ仲裁法』日本評論社，2008年
和田仁孝『民事紛争処理論』信山社，2004年

索　引

■執筆者紹介（所属，専門：研究テーマ）＊50音順

大橋憲広（おおはし のりひろ）　第1部・第5部
　東京家政大学人文学部教授
　法社会学（紛争処理論，比較法文化論，比較法曹論）

後藤光男（ごとう みつお）　第2部
　早稲田大学名誉教授
　憲法，行政法，現代人権論

関　哲夫（せき てつお）　第4部
　國學院大學法学部教授，弁護士
　刑法（住居侵入罪，背任罪，共謀共同正犯など）

中谷　崇（なかや たかし）　第3部
　立命館大学法学部教授
　民法（錯誤，行為基礎，法律行為論）

Horitsu Bunka Sha

アソシエイト法学〔第2版〕

2016年10月10日　初　版第1刷発行
2020年4月1日　第2版第1刷発行

著　者　大橋憲広・後藤光男
　　　　関　哲夫・中谷　崇

発行者　田靡純子

発行所　株式会社 **法律文化社**

〒603-8053
京都市北区上賀茂岩ヶ垣内町71
電話 075(791)7131　FAX 075(721)8400
https://www.hou-bun.com/

印刷：亜細亜印刷㈱／製本：㈱藤沢製本
装幀：白沢　正

ISBN 978-4-589-04056-5

ⓒ2020 N. Ohashi, M. Gotoh, T. Seki, T. Nakaya
Printed in Japan

武居一正著

新入生のための法学部必勝学習法

四六変型判・130頁・1000円

合格発表から前期試験後まで，新入生がその時どきに直面する問題の心がまえや取り組み方をわかりやすく説明。先生のタイプ別ノートのとり方，ゼミの選び方，論文試験対策などの学習法を伝授する"最強の法学部攻略本"。

君塚正臣編

高校から大学への憲法〔第2版〕

A5判・222頁・2100円

高校までの学習を大学での講義に橋渡しすることをねらったユニークな憲法入門書。本文では高校で学んだ用語を明示するとともに大学での基本用語も強調し，学習を助ける工夫をした。高校の新指導要領を踏まえ全面的に改訂。

松本 博編

サイバー社会への法的アクセス
―Q&Aで学ぶ理論と実際―

A5判・208頁・2300円

初学者のためのネットワーク法学のガイドブック。基礎編では基本的な法律の枠組みを理解し，応用編では電子商取引，知的財産法や不正競争防止法について実務的視野から検討，問題解決力を修得する。

瀧川裕英編

問 い か け る 法 哲 学

A5判・288頁・2500円

賛否が分かれる15の論争的な問いを検討しつつ，法哲学の基礎的な概念や考え方がどのように役立つかを知る「いきなり実践」型の入門書。自由／平等／法と国家の3部構成で，どの問いからでも読み始めることができる。

塩谷弘康・大橋憲広・鈴木龍也・前川佳夫・林 研三・奥山恭子・岩崎由美子著

共 生 の 法 社 会 学
―フクシマ後の〈社会と法〉―

A5判・216頁・2600円

法社会学が「概念法学」に対する「自由法学」とともに誕生してから1世紀。原発事故が起き，いま，近代文明は見直しを迫られている。3.11後のフクシマを共通に意識し，これからの社会と法のあり方を考える。

三成美保・笹沼朋子・立石直子・谷田川知恵著
〔HBB⁺〕

ジェンダー法学入門〔第3版〕

四六判・312頁・2500円

ジェンダー・バイアスに基づく差別や法制度への影響を明らかにし，社会の常識を問い直す。「性の多様性」の章を新たに設け，LGBT，SOGIの課題についてより詳しく解説。2015年以降の法や判例，社会変化を反映し，バージョンアップ。

―― 法律文化社 ――
表示価格は本体（税別）価格です